U0399842

编委会

全国普通高等院校旅游管理专业类“十三五”规划教材
教育部旅游管理专业本科综合改革试点项目配套规划教材

全国普通高等院校旅游管理专业类“十三五”规划教材
教育部旅游管理专业本科综合改革试点项目配套规划教材

总主编◎马 勇

旅游接待礼仪

Reception Etiquette in Tourism

主　编　张金霞
副主编　杨洋　罗银川

华中科技大学出版社
http://www.hustp.com
中国·武汉

内容提要

本书主要根据中国"十三五"旅游业发展的需要和旅游行业礼仪规范的实际要求，总结了旅游接待礼仪的理论知识和学科体系，并与具体的旅游岗位和旅游活动相结合，介绍了旅游接待中各个环节的礼仪规范。

本书分为基础篇、应用篇和相关知识篇。每章前面有学习导引、学习重点，中间有大量的案例引导、知识拓展、知识关联、专家剖析和警语等，后面有思考题与案例分析。本书从礼仪的基础理论，到具体礼仪的应用，再到相关礼仪知识，涉及了旅游接待服务的各个环节，体现了理论的系统性和综合性，特别注重礼仪实践能力的培养。

本书既可作为高等院校、高职院校旅游管理和酒店管理专业的教材，也可作为旅游管理工作者、旅游接待人员和出入境旅游者的参考书。

图书在版编目(CIP)数据

旅游接待礼仪/张金霞主编. —武汉：华中科技大学出版社，2017.9（2022.1 重印）
全国高等院校旅游管理专业类"十三五"规划教材
ISBN 978-7-5680-3024-3

Ⅰ. ①旅… Ⅱ. ①张… Ⅲ. ①旅游业-礼仪-高等学校-教材 Ⅳ. ①F590.63

中国版本图书馆 CIP 数据核字(2017)第 144981 号

旅游接待礼仪 张金霞 主编
Lüyou Jiedai Liyi

策划编辑：李 欢 周清涛
责任编辑：封力煊
封面设计：原色设计
责任校对：张会军
责任监印：周治超
出版发行：华中科技大学出版社(中国·武汉) 电话：(027)81321913
武汉市东湖新技术开发区华工科技园 邮编：430223
录 排：华中科技大学惠友文印中心
印 刷：湖北新华印务有限公司
开 本：787mm×1092mm 1/16
印 张：13.75 插页:2
字 数：335 千字
版 次：2022 年 1 月第 1 版第 4 次印刷
定 价：48.00 元

总 序

Introduction

旅游业在现代服务业大发展的机遇背景下，对全球经济贡献巨大，成为世界经济发展的亮点。国务院已明确提出，将旅游产业确立为国民经济战略性的支柱产业和人民群众满意的现代服务业。由此可见，旅游产业已发展成为拉动经济发展的重要引擎。中国的旅游产业未来的发展受到国家高度重视，旅游产业强劲的发展势头、巨大的产业带动性必将会对中国经济的转型升级和可持续发展产生良好的推动作用。伴随着中国旅游产业发展规模的不断扩大，未来旅游产业发展对各类中高级旅游人才的需求将十分旺盛，这也将有力地推动中国高等旅游教育的发展步入快车道，以更好地适应旅游产业快速发展对人才需求的大趋势。

教育部2012年颁布的《普通高等学校本科专业目录(2012年)》中，将旅游管理专业上升为与工商管理学科平行的一级大类专业，同时下辖旅游管理、酒店管理和会展经济与管理三个二级专业。这意味着，新的专业目录调整为全国高校旅游管理学科与专业的发展提供了良好的发展平台与契机，更为培养21世纪旅游行业优秀旅游人才奠定了良好的发展基础。正是在这种旅游经济繁荣发展和对旅游人才需求急剧增长的背景下，积极把握改革转型发展机遇，整合旅游教育资源，为我国旅游业的发展提供强有力的人才保证和智力支持，让旅游教育发展进入更加系统、全方位发展阶段，出版高品质和高水准的"全国普通高等院校旅游管理专业类'十三五'规划教材"成为旅游教育发展的迫切需要。

基于此，在教育部高等学校旅游管理类专业教学指导委员会的大力支持和指导下，华中科技大学出版社汇聚了国内一大批高水平的旅游院校国家教学名师、资深教授及中青年旅游学科带头人，面向"十三五"规划教材做出积极探索，率先组织编撰出版"全国普通高等院校旅游管理专业类'十三五'规划教材"。该套教材着重于优化专业设置和课程体系，致力于提升旅游人才的培养规格和育人质量，并纳入教育部旅游管理本科综合改革项目配套规划教材的编写和出版，以更好地适应教育部新一轮学科专业目录调整后旅游管理大类高等教育发展和学科专业建设的需要。该套教材特邀教育部高等学校旅游管理类专业教学指导委员会副主任、中国旅游协会教育分会副会长、中组部国家"万人计划"教学名师、湖北大学旅游发展研究院院长马勇教授担任总主编。同时邀请了全国近百所开设旅游管理本科专业的高等学校知名教授、学科带头人和一线骨干专业教师，以及旅游行业专家、海外专业师资等加盟编撰。

该套教材从选题策划到成稿出版，从编写团队到出版团队，从内容组建到内容创新，均展现出极大的创新和突破。选题方面，首批主要编写旅游管理专业类核心课程教材、旅游管

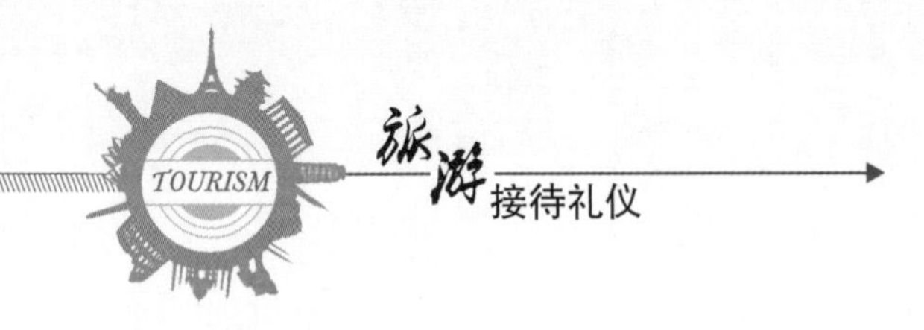

理专业类特色课程教材，产品设计形式灵活，融合互联网高新技术，以多元化、更具趣味性的形式引导学生学习，同时辅以形式多样、内容丰富且极具特色的图片案例、视频案例，为配套数字出版提供技术支持。编写团队均是旅游学界具有代表性的权威学者，出版团队为华中科技大学出版社专门建立的旅游项目精英团队。在编写内容上，结合大数据时代背景，不断更新旅游理论知识，以知识导读、知识链接和知识活页等板块为读者提供全新的阅读体验。

在旅游教育改革发展的新形势、新背景下，旅游本科教材需要匹配旅游本科教育需求。因此，编写一套高质量的旅游教材是一项重要的工程，更是承担着一项重要的责任。我们需要旅游专家学者、旅游企业领袖和出版社的共同支持与合作。在本套教材的组织策划及编写出版过程中，得到了旅游业内专家学者和业界精英的大力支持，在此一并致谢！希望这套教材能够为旅游学界、业界和对旅游知识充满渴望的学子们带来真正的养分，为中国旅游教育教材建设贡献力量。

丛书编委会

2015 年 7 月

前言

Preface

当前，旅游业作为一大产业，对促进世界经济增长的作用日益显著。中国的旅游市场也持续高速增长，据国家旅游局统计，2015 年，我国国内旅游市场达 40 亿人次，入境旅游人数达 1.34 亿人次，实现国际旅游收入 1136.5 亿美元。出境旅游人数达 1.17 亿人次，旅游花费 1045 亿美元，旅游对经济和就业的贡献率均超过 10%。由此可见，我国国内旅游、入境旅游和出境旅游全面繁荣，目前已成为世界第三大入境旅游接待国和出境旅游消费国，并形成全球最大的国内旅游市场，中国旅游大国的地位和作用受到各国重视。

然而，随着我国出入境市场和国内旅游市场规模进一步提升，旅游接待人员和旅游者一些不文明不礼貌的行为时有发生，他们的礼仪素养问题已提到了议事日程，这不仅是旅游企业的重要工作，而且也关系到我国旅游业的整体形象。

本书根据我国“十三五”旅游业发展的需要和旅游行业礼仪规范的实际要求，总结了旅游接待礼仪的理论知识和学科体系，并与具体的旅游岗位和旅游活动相结合，介绍了旅游接待中各个环节的礼仪规范。

本书分为基础篇、应用篇和相关知识篇。基础篇主要介绍了旅游接待礼仪的基本理论，礼仪的发展历史，旅游接待礼仪的内涵、原则、作用、基本要求和礼仪修养的培养；应用篇从旅游接待人员的角度，介绍了旅游接待人员的形象礼仪、日常礼仪和旅游接待中的迎送礼仪，然后从食、住、行、游、购、娱六个方面介绍了旅游接待人员应具备的服务礼仪；相关知识篇主要介绍了民族与宗教礼仪，以及我国的主要客源国、目的地国家及地区的礼仪。

本书主要有以下几个特点：

1. 理念先进。融入最新的教学理念，注重古为今用，与时俱进。

2. 结构新颖、图文并茂。本书分为基础篇、应用篇和相关知识篇；每章前面有学习导引、学习重点，中间有大量的案例引导、知识关联、专家剖析和警语等；后面有思考题与案例分析。

3. 内容丰富。从礼仪的基础理论到具体礼仪的应用，再到相关礼仪知识，本书涉及旅游接待服务的各个环节。

4. 理论与实践相结合。本书体现了理论的系统性和综合性，礼仪规范的可行性和操作性，特别注重礼仪实践能力的培养。

本书编写的具体分工如下：江汉大学张金霞编写第一、二、三章，湖北大学知行学院杨洋编写第四、五章，湖北第二师范学院罗银川编写第六、七章。全书由张金霞负责编写提纲并

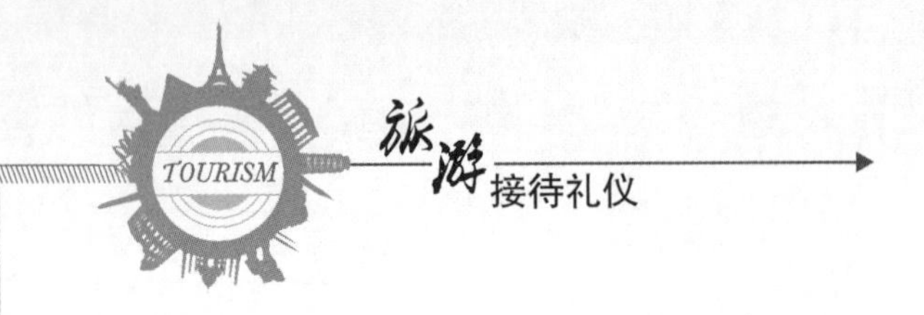

统稿。

在本书的编写过程中，得到了华中科技大学出版社的鼎力支持和李欢编辑的热情帮助，同时，书中也引用了一些相关著作和教材，在此，编者向他们一并表示衷心感谢。

由于编者的水平和能力有限，书中可能存在许多不足之处，欢迎广大读者批评指正。

编　者

2016 年 12 月

基 础 篇

应 用 篇

相关知识篇

基础篇

第一章

旅游接待礼仪总论

学习导引

早在2000多年前孔子就说过："不学礼，无以立。"2016年8月，国家旅游局发布的《中国公民文明旅游公约》(简称《公约》)提出：重安全，讲礼仪；不喧哗，杜陋习；守良俗，明事理；爱环境，护古迹；文明行，最得体。《公约》从道德规范和礼貌礼仪角度对公民提出了明礼的要求。旅游接待人员学习和掌握各种礼仪，是为了提高自身的素养，更好地从事旅游接待工作。本章主要阐述旅游接待礼仪的基本理论、礼仪及旅游接待礼仪的基本知识。

学习重点

通过本章的学习，重点掌握以下知识点：

1. 旅游接待礼仪的基本理论；
2. 礼仪在旅游接待中的作用；
3. 礼仪的起源与发展；
4. 旅游接待礼仪及相关基本概念；
5. 旅游接待礼仪的作用、原则和基本要求；
6. 礼仪修养的内涵和旅游接待礼仪的培育。

知识活页　**中国公民国内旅游文明行为公约**

营造文明、和谐的旅游环境，关系到每位旅游者的切身利益。做文明旅游者是我们大家的义务，请遵守以下公约：

1. 维护环境卫生。不随地吐痰和口香糖，不乱扔废弃物，不在禁烟场所吸烟。

2. 遵守公共秩序。不喧哗吵闹,排队遵守秩序,不并行挡道,不在公众场所高声交谈。

3. 保护生态环境。不踩踏绿地,不摘折花木和果实,不追捉、投打、乱喂动物。

4. 保护文物古迹。不在文物古迹上涂刻,不攀爬触摸文物,拍照摄像遵守规定。

5. 爱惜公共设施。不污损客房用品,不损坏公用设施,不贪占小便宜,节约用水用电,用餐不浪费。

6. 尊重别人权利。不强行和外宾合影,不对着别人打喷嚏,不长期占用公共设施,尊重服务人员的劳动,尊重各民族宗教习俗。

7. 讲究以礼待人。衣着整洁得体,不在公共场所袒胸赤膊;礼让老幼病残,礼让女士;不讲粗话。

8. 提倡健康娱乐。抵制封建迷信活动,拒绝黄、赌、毒。

中央文明办　国家旅游局

2006 年 10 月 2 日公布

第一节　旅游接待礼仪的基本理论

一、角色定位理论

案例引导

在一次宴会上,唐太宗对王珐说:“你善于鉴别人才,尤其善于评论。你不妨从房玄龄等人开始,都一一做些评论,评论一下他们的优缺点。”王珐回答:“孜孜不倦地办公,一心为国操劳,凡所知道的事没有不尽心尽力去做,是谓房玄龄;常常留心向皇上直言建议,认为皇上能力、德行比不上尧、舜很丢面子,是谓魏征;文武全才,既可以在外带兵打仗做将军,又可进入朝廷担任宰相,是谓李靖;向皇上报告国家公务,详细明了,宣布皇上的命令或转达下属官员的汇报,能坚持做到公平公正,是谓温彦博……”王珐的评论得到了唐太宗和大臣们的赞同。

【分析】 这个案例正是角色定位理论的具体运用,从中我们可以看出,在唐太宗的团队中,每一个人都有他应有的角色,每个人都各有所长,正是因为唐太宗能团结各个方面有能力的人为国效力,才成就了唐太宗的丰功伟绩。

(资料来源:http://www.ceconlinebbs.com。)

在旅游接待服务中，在特定的时空条件下，旅游接待人员与旅游者各自扮演着不同的角色，旅游接待人员必须明确定位自己的角色，才能在为旅游者服务时，提供符合旅游者要求的服务，才能按规范完成好服务工作。

一般来说，角色定位理论主要由角色确定、形象设计和角色调整三个方面组成。

（一）角色确定

“角色”一词源于戏剧，而社会学与心理学认为角色是指与社会地位相一致的社会限度的特征和期望的集合体。在一定的系统环境下（包括时间），在一个组合中拥有相对的不可代替性的定位，就是角色定位。实际上，一个人一生要扮演很多角色，如学生角色、家庭角色、职业角色、社会角色等。学生角色是基础，职业角色是关键，扮演好职业角色，才能有资格有能力履行家庭和社会角色。一个人想在社会上立足和成功，都必须有正确的角色定位。

对于旅游接待人员来说，最重要的是扮演好自己的职业角色，也就是明确在工作岗位上的角色定位，这也是旅游企业对员工的期待和要求。

在旅游接待服务中，旅游接待人员既要满足旅游者的要求，又要服从旅游企业管理人员的要求和旅游企业的规章制度，他们承担着多种角色，因此，旅游接待人必须认清自身的角色，才能按照规范化要求为旅游者提供服务。同样，旅游者也有其不同的角色，他们既是旅游者，也是旅游服务的生产者，旅游服务的兼职营销员，旅游接待人员只有明确了旅游者的角色定位，才能提供有针对性的和个性化的服务。

（二）形象设计

角色定位理论认为，一个人明确了自己在社会生活中的角色定位后，必须按照社会舆论对自己所要扮演的既定角色的常规要求、限制和看法对自己进行适当的形象设计。这实质上是要求自身的角色定位更加具体化、形象化和明确化。

对于旅游接待人员来说，其角色是“服务于旅游者”，因此在对其进行形象设计时，必须恪守本分，以朴素、大方、端庄、美观为第一要旨。在工作岗位上，旅游接待人员所做的一切都必须与这个形象相符。形象走在态度前面，态度走在能力前面，能力走在成果前面，有能力才能更好地做好本职工作。

（三）角色调整

角色定位理论认为，在社会生活中，人的角色定位并非一成不变，而是不断有所变化，有所调整。

在旅游企业管理中，员工角色定位也不是固定的，也会随着旅游企业的发展和企业管理的需要而不断变化。

在旅游接待活动中，旅游接待人员对客人的定位也会变化和调整。旅游接待人员了解旅游者需要一个过程，而旅游接待人员对旅游者的角色定位也会随着了解的增加而有所变化和调整。例如，在饭店服务中，我们可能接待一位明星或有身份有地位的人，他们非常低调，并不显山露水，但是随着双方接触时间的增多，对方的举止不会天衣无缝，时间一久，服务人员就知道他的身份了，虽然服务人员表面上不露声色，但在内心和行动上还是会对对方重新进行定位。只有明确了对方的真实身份，服务人员才能为其提供符合客人要求的服务。

二、首因效应理论

案例引导

一男青年去某家大公司应聘，恰逢那天大雨，秘书小姐引领男青年到办公室门口时，男青年注意到办公室内外环境的豪华干净以及自己鞋子的泥泞污秽，他立即用手绢擦干净自己鞋子并收好手绢。全部经过被路过的人事部经理尽收眼底，这第一印象的摄入使青年谋得了这个公司的工作。人事部经理认为，懂得爱护环境，珍惜自己形象与环境相符的人是有教养善于习礼的人。

【分析】 这个案例告诉我们，人的第一印象很重要。良好的第一印象，使男青年得到了这份工作，这实际上是心理学中的首因效应理论在起作用。

首因效应理论的核心是人们在初次接触某人、某物、某事时所产生的即刻的印象，通常会对该人、该物、该事的认知方面发挥明显的，甚至是举足轻重的作用。

一般来说，首因效应理论主要由第一印象、心理定势和制约因素等构成。

（一）第一印象

首因效应理论认为人们的第一印象至关重要，第一印象甚至会决定一切。所谓第一印象就是人们平日对于某人、某物、某事所产生的第一印象，大多是在看到或听到对方之后的瞬间形成的，而这个时间大约只需要 30 秒钟，对少数人而言，甚至只需要 3 秒钟。

实践证明，第一印象对一个人形象的形成在某种程度上起决定性作用，良好的第一印象，是一张最好的社交通行证，也是最有权威的介绍信。

（二）心理定势

首因效应理论认为，第一印象受到心理定势的影响。所谓心理定势是指一个人在一定时间内所形成的一种具有一定倾向性的心理趋势，即一个在其过去已有经验的影响之下，心理上通常会处于一种准备的状态，从而对其认识问题、解决问题带有一定的倾向性与专注性。一般心理定势分为两种，即肯定与否定两种形式，前者主要表现为对交往对象产生好感和积极意义的评价；后者主要表现为对于交往对象产生反感和消极意义上的评价。实际上，这种“跟着感觉走”的心理定势并不能保证全面、客观、正确，但是在现实的人际交往中，它却是客观存在的。

旅游接待人员应充分重视心理定势的作用，如果我们在初次亮相时能给旅游者留下良好的第一印象，即使后来的服务有所欠缺、有所失误，旅游者也会原谅我们；反之，一旦我们给旅游者留下了不良的印象，即使事后采取了很多补救措施，也常常弄巧成拙，适得其反，甚至我们与旅游者之间的关系会变得十分恶劣。

（三）制约因素

首因效应理论认为，第一印象还受到一些制约因素的影响。人们对某人、某物、某事形成的第一印象，主要来自于双方的交往、接触所获得的某些重要信息，这些信息就是人们第一印象形成的制约因素。这些制约因素包括自身的制约因素和客观环境的制约因素，前者如仪容、仪态、服饰、语言、应酬等；后者如观感、氛围、传播和人员等。

(1) 仪容。仪容主要指人的相貌与修饰，好的仪容自然给人们留下良好的印象，反之亦然。

(2) 体态。体态主要指人们的举止与表情，也就是人们所说的"体态语言"，它可以传递人们的思想、情感与态度等信息，这种信息是形成第一印象的重要组成部分。

(3) 服饰。服饰即打扮之物，它同样也体现出一个人的修养、阅历和品位。干干净净、整整齐齐，自然能给我们留下良好印象，反之亦然。

(4) 语言。语言是人们交往中传递信息的重要工具，它在传递信息中让人感受到尊重与否。会说话，能正确把握语言技巧，在人们交往中自然会受到对方欢迎，而不会说话，说错话，可能让人不舒服，甚至招致白眼。

(5) 应酬。在工作和生活中，应酬是必不可少的，应酬时的态度、表现，往往会给人们留下深刻印象。

(6) 观感。观感是指人们在接触某一事物的外观时形成的直观感受。比如，事物的形态、体积、大小、色彩、质地、质量等都可能影响人们对某事物第一印象的判断。

(7) 氛围。这里是指某一事物所处的具体环境，以及它在外景与情调方面带给人们的特别感受。不可否认，某一事物所处的具体氛围，往往影响着人们对它产生的第一印象的好坏。

(8) 传播。传播是指与某一事物相关的信息直接或间接地散布与交流，人们受到传播的影响，常常会先入为主地对某一事物产生整体的评价与看法。

(9) 人员。人员是指与某一事物存在某种关系的人物。旅游各部门的管理者、经营者，第一线的服务人员，他们的形象会影响旅游者对某一事物的印象。

因此，旅游接待人员在对客服务中，特别是在初次亮相之时，应力求使对方对自己产生较好的第一印象。其目的就是在旅游者面前建立好形象，维护好形象。旅游接待人员应当意识到：①形象是一种服务；②形象是一种宣传；③形象是一种品牌；④形象是一种效益。

旅游接待人员在学习首因效应理论时，要注意以下两个问题：

一是要真正认识到人际交往中留给旅游者良好的第一印象的重要性。

二是给旅游者留下良好的第一印象，需要从具体的细节做起。

知识活页　　行动指南

旅游接待人员如何塑造良好的第一印象呢？旅游接待人员的第一次亮相时需要重视"出面"、"出手"、"出口"。

“出面”是指旅游接待人员要显示出自己良好的仪容仪表、神态风度。

“出手”是指旅游接待人员表现在动作、姿态等方面的美好形象。

“出口”是指旅游接待人员所使用的语言、语音、语调和词语的丰富性和正确性。

三、亲和效应理论

案例引导

某酒店曾经接待了一位中东富豪，他举止轻浮，对女性极不尊重。一时间酒店接待人员忧心忡忡。后来酒店了解到这位富豪酷爱文学，并正式出版过两部散文集。于是，酒店特意买来他的散文集，还专门派了两名外语优秀、爱好文学的服务员。她们在对客服务中，虚心向这位客人请教，并请他在散文集上签字留念。结果，双方相安无事，大家担心的不愉快根本没有出现，而且那位富豪在服务人员面前表现的彬彬有礼，颇有绅士风度。

【分析】 这个案例告诉我们，在对客服务中，旅游接待人员要寻找与客人的共同点或相似之处，拉近彼此之间的距离，从而产生亲切感。有了亲切感，碰上再难缠的客人也会妥协，也会欣然接受我们的服务，进而双方平和友好的相处，这实际上就是亲和效应在起作用。

亲和效应是旅游接待礼仪的基础理论之一，对于旅游接待人员来说，为了更好地为旅游者提供良好的服务，为了使自己的热情服务获得服务对象的正确评价，有必要在对客服务过程中积极地创造条件，努力形成双方的共同点，从而产生如朋友一般的“情境”之中。

（一）何谓亲和效应

亲和效应是指人们在交往中，因为彼此之间存在某些共同之处或近似之处，从而感到相互之间更加容易接近。这种相互接近会萌生交往对象之间的亲切之感，从而更加相互接近、相互体谅。亲和力是旅游接待人员必备的基本功之一。

（二）亲和效应的产生

从亲和效应的概念可以看到，亲和效应的基础是彼此之间的共同之处或相似之处，这种共同之处或相似之处或者是血缘、姻缘、地缘、学缘、业缘关系，或者是志向、兴趣、爱好、利益关系，或者是共处同一组织或同一团体。一般来说，人们更愿意与彼此有相同之处或相似之处的人相处，从而表示自己对对方有安全感和信任感，而不愿意与自己没有共同点的人相处，甚至会夸大对方与自己的相反之处，从而表示自己对对方有不安全感和信任危机。

（三）间隔性

亲和效应并不是双方一见面就会产生的，它是彼此交往中逐渐产生的，也就是说，人们在与他人初次交往时，在双方见面的瞬间是不大可能发现彼此共同之处或相似之处的，只有在经过一段时间的观察、交流后才可能发生或感受到，这就是亲和效应的间隔性。

在旅游接待服务中，我们要做好准备工作，也就是要通过各种渠道了解客人的重要信息，特别是对 VIP 客人，我们更是要重视对方，要了解他们的经历、志趣、爱好等，这样我们的接待工作才能有的放矢，才能更好地发挥亲和效应。

四、晕轮效应理论

知识活页　一个实验

美国心理学家凯利以麻省理工学院的两个班级的学生分别做了一个试验。上课之前，实验者向学生宣布，临时请一位研究生来代课。接着告知学生有关这位研究生的一些情况。其中，向一个班学生介绍这位研究生具有热情、勤奋、务实、果断等项品质，而向另一班学生介绍的信息除了将“热情”换成了“冷漠”之外，其余各项都相同，但学生们并不知道。两种介绍间的差别是：下课之后，前一班的学生与研究生一见如故，亲密攀谈；另一个班的学生对他却敬而远之，冷淡回避。可见，仅介绍中的一词之别，竟会影响到整体的印象。学生们戴着这种有色眼镜去观察代课者，而这位研究生就被罩上了不同色彩的晕轮。

（一）何谓晕轮效应

晕轮效应，又称“光环效应”，最早是由美国著名心理学家爱德华·桑戴克于 20 世纪 20 年代提出的，是指当认知者对一个人的某种特征形成好或坏的印象后，他还倾向于据此推论该人其他方面的特征。晕轮效应是对别人认知的一种偏差倾向，实质上是“以点代面”的思想方法，只见一点，不见其余。

知识关联

爱德华·桑戴克(Edward Lee Thorndike, 1874—1949)，美国心理学家，心理学行为主义的代表人物之一。他几乎终生在哥伦比亚大学教育学院执教。他被认为是教育心理学的奠基人。

一个人的某种品质，或一个物品的某种特性给人以非常好的印象。在这种印象的影响下，人们对这个人的其他品质，或这个物品的其他特性也会给予较好的评价。反之，对人的某一品质，或对物品的某一特性有坏的印象，会使人对这个人的其他品质，或这一物品的其他特性的评价偏低。

例如，名人效应是一种典型的光环效应。不难发现，拍广告片的多数是那些有名的歌星、影星，而很少见到那些名不见经传的小人物。因为明星推出的商品更容易得到大家的认

同。一位作家一旦出名，以前压在箱子底的稿件全然不愁发表，所有著作都不愁销售，这都是晕轮效应的作用。

（二）晕轮效应的形成原因

晕轮效应的形成与我们知觉特征之一——整体性有关。我们在知觉客观事物时，并不是对知觉对象的个别属性或部分孤立地进行感知的，而总是倾向于把具有不同属性、不同部分的对象知觉为一个统一的整体，这是因为知觉对象的各种属性和部分是有机地联系成一个复合刺激物的。例如，我们闭着眼睛，只闻到苹果的气味，或只摸到苹果的形状，我们头脑中就形成了有关苹果的完整印象，因为经验为我们弥补了苹果的其他特征，如颜色（绿中透红）、滋味（甜的）、触摸感（光滑的），等等。由于知觉整体性作用，我们知觉客观事物就能迅速而明了，"窥一斑而见全豹"，用不着逐一地感知每一个个别属性了。

（三）晕轮效应的特征

1. 遮掩性

有时我们抓住的事物的个别特征并不反映事物的本质，可我们却仍习惯予以个别推及一般、由部分推及整体，势必牵强附会地推出其他特征。随意抓住某个或好或坏的特征就断言这个人或是完美无缺，或是一无是处，都犯了片面性的错误。青年恋爱中的"一见钟情"就是由于对象的某一方面符合自己的审美观，往往对思想、情操、性格诸方面存在的不相配之处都视而不见，觉得对象是"带有光环的天仙"，样样都尽如人意。同样，在日常生活中，由于对一个人印象欠佳而忽视其优点的事，举不胜举。

2. 表面性

晕轮效应往往产生于自己对某个人的了解还不深入，也就是还处于感觉、知觉的阶段，因而容易受感觉、知觉的表面性、局部性和知觉所带来的选择性影响，从而对于某人的认识仅仅专注于一些外在特征上。有些个性品质与外貌特征之间并无内在联系，可我们却容易把它们联系在一起，断言有这种特征就必有另一特征，也会以外在形式掩盖内部实质。如外貌堂堂正正，未必正人君子；看上去笑容满面，未必面和心慈。简单把这些不同品质联系起来，得出的整体印象必然是表面的。

3. 弥散性

对一个人的整体态度，还会连带影响到跟这个人的具体特征有关的事物上。成语中的"爱屋及乌"、"厌恶和尚，恨及袈裟"就是晕轮效应弥散的体现。《韩非子·说难篇》中讲过一个故事。卫灵公非常宠幸弄臣弥子瑕。有一次弥子瑕的母亲病了，他得知后就连夜偷乘卫灵公的车子赶回家去。按照卫国的法律，偷乘国君的车子是要处以刖刑（把脚砍掉）的。但卫灵公却夸奖弥子瑕孝顺母亲。又有一次，弥子瑕与卫灵公同游桃园，他摘了个桃子吃，觉得很甜，就把咬过的桃子献给卫灵公品尝，卫灵公又夸他爱君之心。后来，弥子瑕年老色衰，不受宠幸了。卫灵公由不喜爱他的外貌而不喜爱他的其他品质了，甚至以前被他夸奖过的这两件事，也成了弥子瑕的"欺君之罪"。

晕轮效应的理论告诉我们，在旅游接待服务中，接待人员要避免以下误区：

(1)抓住事物的个别特征，习惯以个别推及一般，就像盲人摸象一样，以点代面；

(2)说好就全都肯定，说坏就全部否定，应避免受主观偏见支配的绝对化倾向；

(3)把没有内在联系的一些个性或外貌特征联系在一起,断言有这种特征必然会有另一种特征。

五、投射效应理论

案例引导

宋代著名学者苏东坡和佛印和尚是好朋友,一天,苏东坡去拜访佛印,与佛印相对而坐,苏东坡对佛印开玩笑说:“我看见你是一堆狗屎。”而佛印则微笑着说:“我看你是一尊金佛。”苏东坡觉得自己占了便宜,很是得意。回家以后,苏东坡得意地向妹妹提起这件事,苏小妹说:“哥哥你错了。佛家说‘佛心自现’,你看别人是什么,就表示你看自己是什么。”

【分析】 这就是所谓投射效应在起作用,是内在心理的外在化,这也就是人们常说的“以小人之心,度君子之腹”,把自己的情感、意志特征投射到他人身上,强加于人,以为他人也应如此,结果往往对他人的情感、意向做出错误评价。

投射效应是一种自我防御的反应,有时会有利于人们相互理解,有利于进行自我心理调节,但在人际交往中由于主观猜测,也常常会造成误会和矛盾。

(一) 何谓投射效应

投射效应是指将自己的特点归因到其他人身上的倾向。在认知和对他人形成印象时,以为他人也具备与自己相似的特性的现象,把自己的感情、意志、特性投射到他人身上并强加于人,即推己及人的认知障碍。比如,一个心地善良的人会以为别人都是善良的;一个经常算计别人的人就会觉得别人也在算计他,等等。

投射使人们倾向于按照自己是什么样的人来知觉他人,而不是按照被观察者的真实情况进行知觉。当观察者与观察对象十分相像时,观察者会很准确,但这并不是因为他们的知觉准确,而是因为此时的被观察者与自己相似,因此,导致了他们的发现是正确的。反之亦然。

(二) 投射效应的产生

一般说来,投射作用的产生主要有以下两种情况:

(1) 对方的年龄、职业、社会地位、身份、性别等与自己相同。人们总是相信“物以类聚,人以群分”,认为同一个群体的人总是具有某些共同的特征,因此,在认识和评价与自己同属一个群体的人的时候,人们往往不是实事求是地根据自己的观察所得到的信息来判断,而是想当然地把自己的特性投射到别人身上。另外,人们总是喜欢评价与自己有某些相同特征的人,总是习惯于与这些人进行比较,但是,人们又不希望在比较中自己总是落败,处于不利之地,而投射作用在此正好起了一个保护作用,把自己的特点投射到别人身上,自己和别人

一样，没有什么区别，自己不错，别人也不错。

(2) 当人们发现自己有某些不好的特征的时候，为了寻求心理平衡，就会把自己所不能接受的性格特征投射到别人身上，认为别人也具有这些恶习或观念。成语“五十步笑百步”就是这样的一个例子，自己因为临阵逃脱而觉得难堪，是怯懦的表现，心里很不舒服，突然发现别人比自己逃得更远，便大肆嘲笑，以减轻自己心里的不安。

这时候，投射作用也是一种自我保护措施，这样做可以保证个人心灵的安宁，但往往影响自己对人和事的正确判断。在这种时候，人们更喜欢把自己所具有的那些不好的特征投射到自己尊敬的人或者比自己强得多的人身上，这样一来，心里的不安就会大减。

(三) 投射效应的表现形式

一般而言，投射效应主要有以下三种表现。

第一种是相同投射：与陌生人交往时，由于彼此不了解，相同投射效应很容易发生，通常在不知不觉中从自我出发做出判断。自己感到热，以为客人也闷热难耐，不问客人的意愿就大放冷气空调；有的老师讲课时对某些知识点不加说明，以为这是十分简单的道理，应该不用多讲，但是在老师看来很简单的知识，在学生看来则未必。这种投射的发生在于忽视自己与对方的差别，在意识中没有把自我和对象区别开来，而是混为一谈。

第二种是愿望投射：把自己的主观愿望强加给对方的投射现象。比如，一个自我感觉良好的学生，希望并相信老师对他的作业一定会给以好评，结果他就把老师一般性的评语理解成赞赏的评价。

第三种是情感投射：人们一般对自己喜欢的人越看越觉得优点很多；与此相反，对自己不喜欢的人，则越看越讨厌，越来越觉得他有很多缺点。于是，人们过度地吹捧、赞扬自己喜爱之人，严厉指责、肆意诽谤自己厌恶之人。这种认为自己喜欢的人或事是美好的，自己讨厌的人或事是丑恶的，并且把自己的感情投射到这些人或事上进行美化或丑化的心理倾向，失去了人际沟通中认知的客观性，从而导致主观臆断并陷入偏见的泥潭中。

根据投射效应理论，我们可以看到，投射效应是一种严重的认知心理偏差，在旅游接待服务中，接待人员应该辩证地、一分为二地去对待旅游者和对待自己。如果旅游接待人员把自己的某种品质、性格、爱好投射到甚至可以说是强加到旅游者身上，以自己为标准去衡量旅游者，从而使评价的客观性打了折扣，最终使评价结果产生误差。因此，在旅游接待服务中，接待人员应该秉承客观公正的原则，准确投射。如果投射效应过于严重，总是以己度人，那么接待人员将无法真正了解客人，也无法真正了解自己，当然也就不能保质保量地为旅游者服务了。

六、刻板效应理论

案例引导

《三国演义》中曾与诸葛亮齐名的庞统去拜见孙权，“权见其人浓眉掀鼻，黑面短髯、形容古怪，心中不喜"；庞统又见刘备，"玄德见统貌陋，心中不悦"。孙权和刘备都认为庞统这样面貌丑陋之人不会有什么才能，因而产生不悦情绪。

【分析】 造成这种偏见存在于人们的头脑里，有其认识方面的根源。由于人的思维总是从个别到一般，再从一般到个别，如果在没有充分掌握某一类人全面感性材料的基础上就做出概括，往往会形成不符合这一类人的实际特征的印象。而依据这种印象去评价与判断人时，又不考虑个人的具体生活经验，自然就会产生"刻板印象"偏见了。刻板效应既有积极作用也有消极作用，以上案例正是刻板效应的负面影响在发生作用。

（一）何谓刻板效应

刻板效应，又称刻板印象，它是指人们用刻印在自己头脑中的关于某人或事、某一类人或事的固定印象，作为判断和评价人或事的依据的心理现象。刻板印象虽然可以在一定范围内进行判断，不用探索信息，迅速洞悉概况，节省时间与精力，但是往往可能会形成偏见，忽略个体差异性，人们往往把某个具体的人或事看作是某类人或事的典型代表，把对某类人或事的评价视为对某个人或事的评价，因而影响正确的判断，若不及时纠正进一步发展或可扭曲为歧视。

（二）刻板效应的形成原因

刻板效应是经过两种途径形成的：一是直接与某人或事、某群体接触，将其特点固定化；二是由他人间接信息影响形成，间接的信息影响，是刻板效应形成的主要原因。

（三）刻板效应的主要特点

(1) 对个体、群体过于简单化的分类。

例如：老年人是保守的，年轻人是爱冲动的；北方人是豪爽的，南方人是善于经商的；农民是质朴的，商人是精明的；英国人是保守的，美国人是进取的，中国人是聪明的，犹太人是精明的，黑人是懒惰的，意大利人是热情的，法国人是浪漫的，等等。

(2) 在同一社会、同一群体中，刻板印象有惊人的一致性。

(3) 多是偏见，甚至完全错误。

由于刻板效应的影响，人们常常形成思维定势，一般开兰博基尼、宾利的"富二代"往往都被认为是飞扬跋扈、非常可恶的；"90后"往往被视为特立独行的一代；农民工往往被人看作是素质低、脏乱差的代表……其实这些刻板印象常常是偏见，甚至是错误的。例如，2011年12月28日，在石家庄一辆公交车上，一位农民工小伙子，好心给一位抱小孩的年轻女子让座，谁知女子并不领情，瞟了一眼小伙子说："不坐。"无奈小伙又只好坐下。谁知小孩子央求妈妈要坐，小伙子立刻又起来，准备让孩子坐。这时那女子冲着小孩发火道："坐什么坐，不嫌脏，不怕得病啊。"

这说明刻板印象常常是一种偏见，人们往往把某个具体的人看作是某类人的典型代表，把对某类人的评价视为对某个人的评价，因而影响正确的判断。

在旅游接待服务中，由于刻板效应的存在，接待人员常常会对接待对象先入为主，用一种有色眼光对待客人，常常不能取得好的接待效果。因此，在旅游接待中，接待人员要重视刻板效应的作用，一是要用发展、辩证的眼光看人；二是要适时、适当地表现自己，通过工作实绩和出色的表现改变别人于己不好的心理定势。

七、末轮效应理论

在为人处世方面，中国有一句人人皆知的至理名言——善始善终。在旅游接待服务里，接待人员在为旅游者提供服务的过程中，同样有必要关注这一问题。个别旅游接待人员在为旅游者进行服务时，往往也同样存在这种有始无终的不良情景。

末轮效应理论是旅游接待礼仪的一种重要基础理论。在这里，“末轮”一词是相对于首轮效应理论之中的“首轮”一词而言的。末轮效应的主要内容是：在人际交往之中，人们所留给交往对象的最后的印象，通常也是非常重要的。在许多情况下，它往往是一个单位或某个人所留给交往对象的整体印象的重要组成部分。有时，它甚至直接决定着该单位或个人的整体形象是否完美，以及完美的整体形象能否继续得以维持。

末轮效应理论的核心思想，是要求人们在塑造单位或个人的整体形象时，必须有始有终，始终如一。

在人们相互认知与彼此交往的整个过程之中，第一印象至关重要，但最后印象也同样发挥着关键的作用。因此，首轮效应理论与末轮效应理论并不是对立的、矛盾的，实际上它们只讨论的不过是同一个过程之中的两个不同侧面而已。二者同等重要，绝对不宜扬此抑彼，偏废其一。

在旅游接待服务中，得体而周全地运用末轮效应的理论，至少对于旅游行业存在三大好处。

一是有助于旅游接待单位与旅游接待人员始终如一地在旅游者面前维护自己的完美形象。

二是有助于旅游接待单位与旅游接待人员为旅游者热情服务的善意真正地获得对方的认可，并且为对方所愉快的接受。

三是有助于旅游接待单位与旅游接待人员在接待过程中克服短期行为与近视眼光，从而赢得旅游者的人心，并因此逐渐地提高本单位的社会效益与经济效益。

那么，旅游接待人员如何塑造良好的最终印象呢？根据旅游服务行业目前的具体情况，旅游服务行业与旅游接待人员在掌握并运用末轮效应理论时，应当抓好最后环节；做好后续服务；着眼两个效益，即着眼于旅游接待单位的社会效益与经济效益双丰收。在强调热情服务、推广热情服务的同时，完全不讲任何经济效益，不但毫无必要，而且也是不现实的。

如果说良好的第一印象主要体现在旅游接待人员迎客环节，那么美好的最终印象主要体现在旅游接待人员送客环节，而维护形象则贯穿在旅游接待服务的全过程之中。因此，维护形象比树立第一印象和留下最终印象往往更艰巨、更重要。比如，对客服务中不修边幅，说话不注意，承诺不兑现，经常迟到等，均会破坏良好的第一印象，也不利于工作的开展。因此，旅游接待人员应持之以恒，善始善终，既不能虎头蛇尾，也不能漫不经心，或对旅游者不冷不热，漠不关心。

八、空间距离理论

案例引导

一群豪猪在一个寒冷的冬天挤在一起取暖。但是,它们的刺毛开始互相击刺,于是不得不分散开。可是,寒冷又把它们聚在一起,于是同样的事又发生了。最后,经过几番的聚散,它们发现最好是彼此保持相当的距离。同样,群居的需要使得豪猪聚在一起,只是它们本身的令人不快的刺毛使得彼此厌恶。

它们最后发现的使彼此可以相安的那个距离,便是那一套礼貌;凡违犯礼貌者要受严重警告,用一句简单的话说,就是请保持适当距离。用这种方法,彼此取暖的需要可以满足了,而且彼此可以不互刺。

【分析】 距离是一种美,也是一种保护。人与人之间的相处,彼此需要有一定空间。要想友谊长久,一定不要忘记"好朋友也要保持距离"这一道理。

美国人类学教授爱德华·霍尔博士认为在人际交往中存在四种空间距离,各种距离都与对方的关系相称。人们的个体空间需求大体上可分为四种距离:公共距离、社交距离、个人距离、亲密距离。

爱德华·霍尔 Edward Twitchell Hall Jr.(1914—2009),美国人类学家,被称为系统地研究跨文化传播活动的第一人。

(一) 公共距离

这是一个开放的空间,其近距离为 360～760 厘米,远距离达 760 厘米以上。一般适用于演讲者与听众、彼此极为生硬的交谈及正式的场合。在旅游接待服务中,根据其活动的对象和目的,选择和保持合适的距离是极为重要的。

(二) 社交距离

这是一种较正式的社交空间,其近距离为 120～210 厘米,远距离为 210～360 厘米。一般用于社交聚会和工作场合。例如,在小型招待会上,与没有过多交往的人打招呼可采用此距离。在旅游接待中,接待陌生客人时多用这种距离。

(三) 个人距离

这是一种非正式社交空间,其近距离为 45～75 厘米,远距离为 75～120 厘米,多用于朋友、熟人、亲戚之间。交往双方可以自由进入这个空间,亲切握手,友好交谈。陌生人进入这个空间会构成对他人的侵犯而不受欢迎。在旅游接待服务中,随着服务人员与旅游者接触时间的增加,宾主双方了解加深,服务人员成为旅游者的朋友,有时也可用这种距离进行交谈。

（四）亲密距离

这也是一种非正式社交空间，其近距离为0～15厘米，远距离为15～45厘米，一般是亲人、很熟的朋友、情侣和夫妻才会出现这种距离。当无权进入亲密距离的人闯入这个范围时，比如，在拥挤的公共汽车、地铁和电梯上，这种亲密接触常常会令人不安。

在西方，当你在电梯或者公共交通工具里碰到拥挤的局面时，有一些不成文的规则是必须遵守的：你不能同任何人说话，即使是你认识的人；你的眼神必须始终避免同他人眼神的接触；面部不能有任何表情；人越拥挤，你的身体越不能随意动弹；在电梯里，你必须看着头上的楼层号码等。

在旅游接待服务中，旅游接待人员应尽可能不使用这种距离，如果用这种距离对客服务，尤其是异性，不管是有意还是无意，都是不礼貌的，只会引起客人的抵触、反感，甚至难堪。

因此，根据空间距离理论，在对客服务中，旅游接待人员主要应该使用社交距离，有时也可使用个人距离，但无论用哪种距离，已经没有与客人的直接身体接触，相互间的表情，特别是微笑和眼神就成了交谈中不可或缺的感情交流形式，否则，就会让客人产生强烈的被忽视、被拒绝的感觉。当然，有时候在对客服务中，如迎接客人，也可采取公共距离，这时语言就成了最重要的交流形式，这时旅游接待人员说话声音要洪亮，措辞要严谨，还要注意语言风格。

1963年，霍尔进一步研究认为，我们的动物本性决定了我们都具有个人空间，但是个人空间的大小因文化不同而差异很大。根据交际距离的远近，可分为"触摸"文化和"非触摸"文化。

阿拉伯文化属于典型的"触摸"文化，他们认为，除了心灵属于自己，其他都不属于自己，因此他们更喜欢簇拥在一起。而美国文化属于典型的"非触摸"文化。美国人的自我空间极限大概有45厘米。美国人对于偶然的触摸感到非常厌恶，也非常讨厌自我空间受到侵犯。

不同的文化决定了人们交流时的距离，旅游接待人员了解这个理论有助于其在对外交往中增进文化认知，互相尊重，避免发生不必要的文化冲突。

第二节　中国礼仪的渊源

一、中国礼仪源远流长

（一）礼仪起源于人类早期的宗教祭祀活动

礼仪的起源可追溯到原始社会的远古时代。那时，社会生产力十分低下，人类在大自然面前显得软弱无力，对斗转星移、四季交替、风云变幻、电闪雷鸣、地震、旱涝、疾病等各种自然现象和灾害感到神秘莫测、惶恐不解。凭着朴素的思维方式和质朴的感情，人们相信在天地之间，还有超自然的神鬼的存在，并主宰着万物。例如，主宰天的有天神，掌管地的有地神，日、月、山、川皆由神主管，并且还有形形色色的鬼在世间作祟。人们为了避免受伤害，便虔诚的向神鬼跪拜致礼，祈求免祸致福，从而产生了人类以祭天敬神为主要内容的礼的雏形。反复敬神祭鬼的结果，使得各种程序与形式逐渐固定下来，这就是最初的礼仪。所以，礼仪最初起源于祭神祀鬼，也就是最早的宗教祭祀活动。

据考证，距今 1.8 万年前的北京山顶洞人时代，就有“礼”的仪式。族人死了，要举行仪式，在其身上洒上赤铁砂粉，希望死者能复生。

郭沫若在《十批判书·孔墨的批判》中认为：“礼之起，起于祀神，其后扩展为吉、凶、军、宾、嘉等多种礼制。”阐明了礼仪的起源和发展的顺序。

从“礼”字的释义上也可以看出，礼仪起源于祀神。《说文解字》中释“礼”为“度也，所以事神致福也。”认为礼与“事神”的活动紧密相关，能为人类消灾降福。“礼”字的起源是“豊”，像用器具托着两块玉器奉献给神鬼，是人类早期祭祀活动的反映。汉语繁体字“禮”的字形和结构也反映了祭神所用的器物和仪式。

（二）礼仪是人类为协调矛盾冲突的需要

人除了具有自然属性，更重要的是人具有社会属性。在人类这个社会群体中，人与人之间是相互依赖、相互制约。在群体生活中，“男女有别，老少有异”既是一种天然的人伦秩序，又是一种需要被所有成员共同认定、保证和维护的社会秩序。人与人之间的交往需要借助一定的方式来传达善意。在以狩猎为主的人类祖先在打猎时，相互之间必须保持适当的距离；在不同部落的人相遇时，如果双方都怀着善意，便各自伸出右手，掌心向前，向对方表示自己手中没有石头或其他武器，走近之后，相互摸摸右手，以示友好。这一源于安全需要的动作沿袭下来，便成为今天人们常用的表示友好的握手礼。另外，在解决人们的矛盾和部落的冲突时，常常因“止欲制乱”而制礼。在这方面表现突出的黄帝、尧、舜、禹等“圣贤之人”他们是被当时的人们所普遍称道和尊重的典范。

二、中国是礼仪之邦

中国素有“文明古国”、“礼仪之邦”之称，在其五千年的历史进程中，不仅形成了一整套完整的礼仪思想和礼仪规范，而且重礼仪、守礼法、讲礼信、遵礼义已内化为公众的一种自觉意识而贯穿于社会经济活动的各个方面，成为鲜明的民族文化特征。

（一）中华民族礼制历史悠久

早在 2000 多年前，中国的礼仪思想和礼仪规范已趋于完整。

周朝对中国礼仪的建树颇多。特别是周武王的兄弟、辅佐周成王的周公，对周朝礼制的确立起了重要作用。《周礼》是中国流传至今的第一部礼仪专著。《周礼》又名《周官》，涉及天官、地官、春官、夏官、秋官、冬官。其中，春官主管五礼、乐舞等。由此可见，中国的基本礼仪在周朝已基本形成。

春秋战国时期是我国的奴隶社会向封建社会转型时期。出现了孔子、孟子、荀子等思想家，他们发展和革新了礼仪理论。

孔子是春秋时代大思想家、大教育家。他认为“不学礼，无以立”；他要求人们用道德规范约束自己的行为，要做到“非礼勿视，非礼勿听，非礼勿言，非礼勿动”；他倡导“仁者爱人”，强调人与人之间要有同情心，要互相关心，彼此尊重等。孔子较系统地阐述了礼及礼仪的本质与功能，把礼仪理论提高到一个新的高度。他编订的《礼仪》，详细记录了战国以前贵族生活的各种礼节仪式。《礼仪》与前述的《周礼》和孔子门生所编的《礼记》，全称“三礼”，是中国古代最早、最重要的礼仪著作。

孟子是战国时代儒家的主要代表人物，他主张“以德服人”、“舍生而取义”，讲究“修身”和培养“浩然之气”。荀子是战国末期的大思想家，他提倡礼法并重；他指出：“礼之于正国家也，如权衡之于轻重也，如绳墨之于曲直也。故人无礼不生，事无礼不成，国家无礼不宁”、“礼者，贵贱有等，长幼有序，贫富轻重皆有称者也”。

此时，中国礼仪已基本定型，它对中国长达 2000 多年封建社会产生了深远的影响。同时它对周边国家，乃至世界有着重要影响。

13 世纪初，意大利旅行家马可・波罗曾盛赞中国是“东方的天堂”。

明代初期，菲律宾有一位国王前来中国朝拜，因病逝世于中国，他临终前要求死后葬于中国，因为中国是礼仪之邦。

日本人频频鞠躬的礼节，“欢迎光临”、“请多关照”等礼貌用语，是依照我国唐朝的礼制沿袭下来的，被称为“唐风”，已成为日本的国风。

（二）中国古代礼制仪法完备——五礼

前文提到的五礼即吉礼、凶礼、宾礼、军礼、嘉礼，是周朝礼仪制度的重要方面，且礼制仪法已趋于完备，其内容涉及社会生活的各个方面。其中吉礼，指祭祀的典礼；凶礼，主要指丧葬礼仪；宾礼，指诸侯对天子的朝觐及诸侯之间的会盟等礼节；军礼，主要包括阅兵、出师等仪式；嘉礼，包括冠礼、婚礼、乡饮酒礼等。

古代五礼

一、以吉礼敬鬼神

祭祀之礼，向神鬼祈求，希望神鬼保佑人们吉祥安康、诸事如意，所以称为吉礼。

一类是由皇帝主持的祭祀，一般称为国家祀典，大多被列为朝廷礼制；另一类则是民间世代相传的种种祭祀仪式，属于礼俗的范畴。

国家祀典主要有以下几种。

（1）封禅，是皇帝祭天地的大典。古人以为泰山最高。在泰山筑坛祭天，称为封，在泰山下的小土山建台祭地，称为“禅”。

（2）郊祀，也是皇帝祭天地，不过是在国都的郊外举行。例如，天坛、地坛、日坛、月坛等。

（3）祭社，是专祭大地的，也包括作物神、高山大川在内。社是五谷之神，稷是作物之神。祭坛，有的分为社、稷二坛。

（4）腊祭，是农历十二月庆祝丰收、祭祀先祖和百神的一次大典。百神包括农神、作物神、田间亭舍诸神、兽神、水利设施神等。民间在十二月初八有吃“腊八粥”

的习俗。近现代,民间五祀,主要是祭门神、灶神、井神、厕神、床神。

(5) 高禖,是古代的生育神。古人不知道受孕的真实原因,就产生了图腾崇拜和性崇拜。民间多向观音、张仙、金花夫人等神灵求佑。

(6) 宗庙,是古代天子、诸侯祭祀祖先的地方。影响到民间,形成了祭祖的礼俗。例如,清明节、农历七月十五要扫墓等。

(7) 傩祭,是以驱逐疫鬼为目的的一种仪式。燃放爆竹、龙舟竞渡、秧歌等事象有其痕迹。傩戏是我国戏剧的活化石。

祭祀仪式一般程序:迎神—酬神—送神。

祭祀的类型:一是以家庭为单位,由家庭成员参加自行主持的;二是以家庭或一部分家庭联合为单位,请当地专门从事祭仪职业的人(巫师、祝司等)来主持的大型祭仪;三是以一个相当规模的地域为单位,成千上万人参加的大型祭祀仪式,如庙会。

二、以凶礼哀邦国

当别人遭遇不幸的时候,表示同情,给予必要的帮助,或是吊唁哀悼,这就是古代的凶礼。

(1) 丧礼,是指与自己有着不同关系的人死亡之后,自己按照名分应该怎样服丧以表示哀痛。

(2) 荒礼,是指国内发生自然灾害,如饥荒、瘟疫等变故,国家所采取的救灾礼仪措施。

(3) 吊礼,是对遭受水旱灾害、地震等灾害地区所表示的哀吊和慰问。

(4) 会礼,是指别国遭受侵略或动乱,造成重大损失时,与之结盟的国家要派使臣,筹集财物去救助。

(5) 恤礼,是指对遭受不幸的国家表示慰问和抚恤的礼仪。

三、以宾礼待客人

以宾礼待客人是指各路诸侯朝见天子、诸侯间相互会见以及使臣往来的种种礼节。

四、以军礼摄不协

以军礼摄不协是指军队里的操练、征伐的行为规范。

五、以嘉礼亲万民

以嘉礼亲万民主要是用来沟通人际关系的。

(1) 饮食礼,是天子宗族内部的宴饮礼仪,用来融洽宗族兄弟间感情,一般总是逢祭、逢节设宴。

(2) 乡饮礼,是地方官敬老尊贤的宴饮礼仪。

(3) 昏冠礼,是指婚礼和冠礼两种。

(4) 宾射礼,是射礼的一种。如宾射,是诸侯朝见天子时,大家射箭比赛,作为宴饮的助兴。

(5) 飨燕礼,可分为飨礼、燕礼两种。前者是天子大宴,在太庙举行。后者是天子的小型宴会。

(6) 脤膰礼，脤是祭社稷的肉，膰是祭宗庙的肉。

(7) 贺庆礼，是指对方有了值得祝贺、庆祝的事情，亲自或派人去表示庆贺，并馈赠一定规格的礼物。

（资料来源：顾希佳，《礼仪与中国文化》，人民出版社，2001 年版。）

（三）礼仪是中国传统文化的重要组成部分

孟子提出“仁、义、礼、智”，董仲舒扩充为“仁、义、礼、智、信”，后称“五常”。这“五常”贯穿于中华伦理的发展中，成为中国价值体系中的最核心因素。

仁，不仅是最基本的、最高的德目，而且是最普遍的道德标准。以仁为核心形成的古代人文情怀，经过现代改造，可以转化为现代人文精神。

义，与仁并用为道德的代表，“仁至义尽”。义成为一种人生观、人生价值观，如“义不容辞”、“义无反顾”、“见义勇为”、“大义凛然”、“大义灭亲”、“义正词严”等。义是人生的责任和奉献，如义诊、义演、义卖、义务等，至今仍是中国人崇高道德的表现。

礼，与仁互为表里，仁是礼的内在精神，重礼是“礼仪之邦”的重要传统美德。“明礼”从广义说，就是讲文明；从狭义说，作为待人接物的表现，谓“礼节”、“礼仪”；作为个体修养涵养，谓“礼貌”；用于处理与他人的关系，谓“礼让”。这些已经成为一个人、一个社会、一个国家文明程度的一种表征和直观展现。“礼之用，和为贵”，其价值取向为“和谐”。继承发扬礼，是构建和谐社会的需要。

智，从道德智慧可延伸到科学智慧，把科学精神与人文精神结合和统一起来，这是我们今天仍要发扬的。

信，是做人的根本，是兴业之道、治世之道。守信用、讲信义是中华民族共认的价值标准和基本美德。

由此可见，礼是中国传统文化的重要组成部分，当然，在礼的发展中，也伴随着一些封建糟粕，一些束缚女子交往的封建礼教就是我们应该摒弃的。例如：三纲五常，即君为臣纲、父为子纲、夫为妻纲；三从四德，即在家从父、出嫁从夫、夫死从子，妇德（一切言行要符合忠、孝、节、义）、妇言（说话要小心谨慎）、妇容（容貌打扮整齐美观）、妇功（把侍奉公婆和丈夫当作最重要的事情来做）。

三、中国礼仪的发展

（一）近代礼仪时期

鸦片战争使我国的国门被西方侵略者打开，西方的政治、经济、文化和思想渗透进来，我国近代的仁人志士在介绍西方文化、科技的同时，也把西方的礼仪引入中国。一些西方流行的礼节在我国被接受和运用，如握手礼、注目礼、敬礼等。

1911 年末，清王朝土崩瓦解。民权代替君权，平等、自由取代宗法等级制，普及教育，废除祭孔读经，移风易俗，剪辫子、禁缠足等，从而拉开了近代礼仪的帷幕。

20 世纪三四十年代，中国共产党领导的苏区、解放区，重视文化教育事业及移风易俗，进而谱写了近代礼仪的新篇章，如“同志”的称呼等礼节开始普遍运用。

（二）现代礼仪时期

1949年10月1日，中华人民共和国宣告成立，中国的礼仪建设进入了一个崭新的历史时期。旧的封建礼教被废除，如跪拜礼、三从四德等。中国传统礼仪中的精华，尊老爱幼、讲究信义、以诚相待、先人后己、礼尚往来等则得以继承和发扬。

改革开放以后，随着东西方交流的增多，西方的一些礼仪也以更快的速度传入我国，使我国的礼仪又增加了许多新的、符合国际惯例的因素，即国际通行礼仪。

第三节　旅游接待礼仪的内涵

旅游接待人员是指与旅游经营者建立劳动关系，为旅游者提供旅游服务的人员。旅游接待人员处于接待工作的第一线，直接为客人提供服务。他们的言谈举止、行为规范代表着旅游企业的形象，他们的服务水平及工作质量直接影响着旅游企业的服务效果，而接待人员的工作质量取决于他们自身的素质和礼仪修养。因此，做一个合格的旅游旅游人员，不仅要具备良好的职业道德、丰富的科学文化和业务知识、娴熟的服务技能以及健康的心理等基本素质，而且应具有较高的礼仪修养。

一、古代和现代礼仪的差异

古代中国是世界上礼学最为发达、礼的作用最为明显和重要的国家。从总体上讲，古代礼仪强调四个方面：第一，礼是天地、自然、人类社会的基本法则；第二，礼是人类社会道德规范和等级秩序；第三，礼即“天理”；第四，礼是治国之器。今天，旅游接待人员学习的主要是现代礼仪，它与古代礼仪是不同的，主要差异表现在以下几个方面。

（一）两者的基础不同

古代礼仪是以封建等级制度为基础的，现代礼仪虽承认身份差异，但更强调人格平等，并且以尊重人作为自己的立足点与出发点。

（二）两者的目标不同

古代礼仪以维护封建统治秩序为目的，而现代礼仪则重在追求人际交往的和谐与顺利。

（三）两者的范围不同

古代礼仪所讲的是“礼不下庶人”，因而与平民百姓无关，而现代礼仪则适用于任何交际活动的参与者。

二、旅游接待礼仪的内涵

（一）礼仪的内涵

礼仪在英文中有以下几种类似的词义：一是“courtesy”，即礼貌，泛指一般客气有仪态；二是“etiquette”，它是由法文演变而来，意为交际应酬的礼节；三是“protocol”，英文词典的

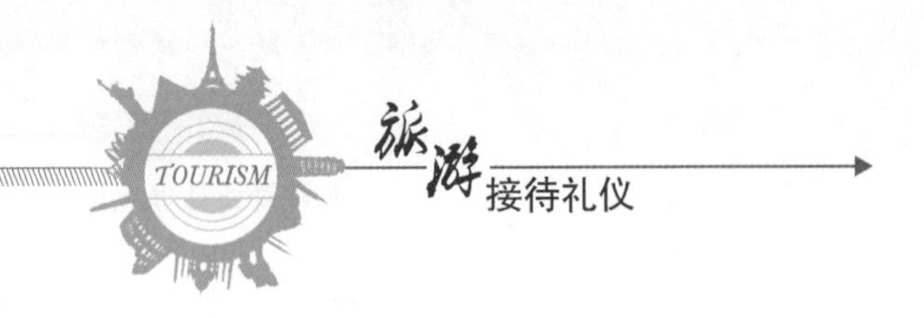

定义是“外交的或军事的礼节和秩序的规则”。例如,举行宴会时的座位的安排,介绍客人的顺序,悬挂国旗、演奏国歌的规则等。

礼仪的原意是敬神,表示敬意的活动。进入文明社会后,礼仪活动由敬神转向为敬人,从宫廷,扩展到社会各阶层,运用到人们广泛的社交活动之中。因此,礼仪就是指人们在各种社会交往中所形成的用以美化自身,敬重他人的行为规范和准则。具体表现为礼貌、礼节、仪表、仪式等。

(二) 礼仪的相关概念

(1) 礼貌。礼貌是指人们在相互交往过程中表示敬重和友好的规范行为。

(2) 礼节。礼节是指人们在交际过程中表示致意、问候、祝愿等惯用形式。

(3) 仪表。仪表是指人的外表,包括容貌、姿态、风度、服饰和个人卫生等,是礼仪的重要组成部分。

(4) 仪式。仪式是指为表示敬意或隆重,而在一定场合举行的、具有专门程序的规范化的活动。

显然,礼貌、礼节、仪表、仪式等是相互联系的,礼仪在层次上高于礼貌、礼节、仪式等,礼貌、礼节、仪式等都是礼仪的具体表现形式。

礼貌、礼节、仪表、仪式的区别主要在于,礼貌是表示尊重的言行规范,礼节是礼貌的惯用形式,仪式是礼的秩序形式,礼仪是表示敬意而举行隆重仪式和程序。

(三) 旅游接待礼仪

根据以上对礼仪及相关概念的分析,本书认为旅游接待礼仪是指旅游接待人员在提供旅游服务过程中为保证服务质量所应遵循的行为准则和工作交往规范。

旅游接待人员运用正确的礼仪规范,能更好地显示自身的教养,并能与交往对象更好地进行有效的沟通,从而建立和谐的人际关系。

第四节　旅游接待礼仪的原则、作用和基本要求

一、旅游接待礼仪的作用

(一) 增进人际交往,营造和谐氛围

礼仪是人际交往的“润滑剂”。俗话说,“礼多人不怪”。人际交往,贵在有礼。加强礼仪修养,处处注重礼仪,可以使你在社会交往中左右逢源;使你在尊敬他人的同时也赢得他人对你的尊敬,从而使人与人之间的关系更趋融洽,使人们的生存环境更加宽松,使人们的交往气氛更加愉快。

旅游接待要求旅游接待人员遵照礼仪规范向客人提供各种服务。这不仅有助于促进客我之间的友好交往,形成和谐友善的关系,而且有助于建立团结友爱、平等互助的新型人际关系。

（二）提高自身素质，加强职业道德

内在美与外在美统一于一身的人才称得上唯真、唯美，才可冠以“完美”二字。加强礼仪修养是实现完美的最佳方法，它可以丰富人的内涵，增加人的“含金量”，从而提高自身素质的内在实力。

旅游接待人员的素质是职业道德的重要体现，它包括良好的思想道德素质，渊博的知识，较强的独立工作能力和创新精神，较高的服务技能，竞争意识和进取精神，身心健康和仪容仪表等。显然，旅游接待人员的礼仪水平反映了其素质和职业道德的高低。通过旅游接待礼仪的教育和培养，有助于提高旅游接待人员的素质，加强旅游接待人员的职业道德。

（三）改善经营管理，树立企业形象

旅游接待人员工作在旅游服务的第一线，旅游接待人员的礼仪水平不仅反映出个人素养的高低，更折射出企业管理水平的高低。旅游接待人员的职业形象不仅是个人的形象体现，更多时候是代表企业的形象、地区的形象，甚至是国家的形象。

（四）增强友好往来，加深各国友谊

旅游服务是涉外性很强的工作。在提供旅游服务中讲究礼仪，注重礼节，热情友好，以礼相待，使各国客人能从中感受到我国作为礼仪之邦的传统美德和社会主义道德的新风尚，加深对中国的认识和了解，从而促进各国人民的友好往来，加强中外人民的友谊。

（五）促进社会文明，加快社会发展

旅游接待人员是社会的一员，文明的社会需要文明的成员一起共建，文明的成员则需要用文明的思想来武装，要靠文明的观念来教化。旅游接待人员礼仪修养的加强，可影响到千千万万个旅游者，进而可以使每位社会成员进一步强化文明意识，端正自身行为，从而促进整个国家和全民族总体文明程度的提高，加快社会的发展。“国家兴亡，匹夫有责”，在改革开放不断深化之际，我们每一位社会公民都有理由以自觉加强自身的品行修养（尤其是礼仪修养）为己任，一同投身于社会主义的两个文明建设之中。

二、旅游接待礼仪的原则

（一）以我为主，尊重他人

以我为主，尊重他人，就是要求旅游接待人员在施礼的过程中，以中国的礼节、礼仪作为行为准则，在此前提下，当我们的礼节、礼仪与客人的习俗矛盾时，要参考并适当地运用对方的礼节、礼仪活动，以表示对客人的敬重和友好。

（二）文明礼貌，客人至上

文明礼貌，就是旅游接待人员在对客服务时，要诚恳、谦恭、和善、有分寸，做到对待旅游者“德诚于中，礼形于外”。客人至上，就是要求旅游接待人员在与客人的关系上尊重客人，全心全意为旅游者服务；在处理某些问题时，要以旅游者利益为重，不能过多地强调自己的困难，更不能以个人的情绪来对待或左右旅游者，而应尽可能地满足旅游者的合理要求。

（三）自尊自爱，不卑不亢

自尊自爱，不卑不亢，就是要求旅游接待人员在对旅游者服务时，不在他人面前失身份，

不低三下四，更不能丧失人格和国格，做到交往时相互尊重。在具体服务中不得迎合个别旅游者的低级趣味，讲解、介绍中不得掺杂庸俗、下流的内容，有权拒绝旅游者提出的侮辱人格尊严或违反其职业道德的不合理的要求。

（四）一视同仁，真诚公道

一视同仁，真诚公道，就是要求旅游接待人员对不同国家、不同民族、不同肤色、不同地位、不同职业、不同性别的来自国内外的所有客人，都要一视同仁，以礼相待，平等周到，热情友好，真诚公道。不能看客施礼、厚此薄彼，也不能以貌取人，以财取人，而应以优质服务赢得客人的信任和尊重客观事实，使他们乘兴而来，尽兴而归。

三、旅游接待礼仪的基本要求

（一）热情接待

热情接待，是指旅游接待人员出于对自己从事的职业有肯定的认识，对客人的心理有深切的理解，因而富有同情心，发自内心地满腔热情地向客人提供的良好服务。热情服务主要是通过服务的言语，服务的表情，服务的态度体现出来，多表现为精神饱满、热情好客、动作迅速、满面春风。而与此相反的是表情冷漠、态度冷淡、语言生硬，行动迟缓等。

（二）主动接待

主动接待，就是要服务在旅游者开口之前，在旅游者提出要求之前。要做到这一点，旅游接待人员首先必须增强角色意识，有强烈的情感投入，对旅游者由衷的尊敬，使服务更具有人情味，让客人倍感亲切、舒适、自豪。在提供旅游服务中，要把握服务时机，善于抓服务的关键时刻和关键点，这样给客人施加的影响，留下的印象将远远超过平时，甚至会令客人终生难忘。

当然，在旅游服务工作中，自作聪明，未弄清客人的要求，遂草率做出判断，不可谓不主动，其结果很可能是南辕北辙，事与愿违，或令顾客啼笑皆非，或让客人大失所望。其实这种“迅速”与主动服务无缘，是冒失行为，故不可取。

（三）文明接待

文明，首先是发展到较高阶段和具有较高文化修养的一种社会状态。同时，也是人类创造的物质与精神成果的总和。现代人对文明的要求越来越高。

旅游接待人员为旅游者提供服务时，必须文明接待，接待的过程中要体现出文明素养。这个问题应该引起每一位旅游接待人员的高度重视，做不到文明接待将有损企业形象，而做好了文明接待则有助于企业形象的塑造。在旅游接待中，文明接待的总体要求是：在旅游服务过程中，要体现良好的企业文化和优异的个人服务素质。具体而言，它要求我们的旅游服务工作要做到以下几点。

1. 规范服务

规范服务是文明接待的前提。所谓规范，就是我们平常说的规矩。规范服务就是旅游接待人员按照组团的合同或约定的内容和标准向旅游者提供的接待服务。当然，在具体操作中，旅游接待人员也有自己的规范，要站有站相，坐有坐相，没有规矩，不成方圆。待人接物，从事旅游服务，如果不讲规矩，就毫无文明接待可言。总之，规范服务实际上就是要求我们旅游行业为旅游者提供标准化、正规化、规范化的服务。那么，怎样才能做到规范服务呢？

1）做到“待客三声”

待客三声，是指旅游接待人员在工作中，面对旅游者，必须自然而然地做到：来有迎声，问有答声，去有送声。这三声，是文明接待中每个旅游接待人员都应该具有的基本功。

2）做到“四个不讲”

面对旅游者，旅游接待人员有四种话不能讲：一不讲不尊重对方的语言；二不讲不友好的语言；三不讲不客气的语言；四不讲不耐烦的语言。

待客三声，四个不讲是全体旅游接待人员在其工作中必须做到的基本要求，只有做到这些，才能使旅游者高兴而来，满意而归，才能以文明规范的接待树立良好的企业形象。

2. 科学服务

科学服务，就是要求广大旅游接待人员，在接待过程中掌握科学有效的现代服务方法。这实际上谈的是旅游服务技巧问题。科学服务就是要有方法、有方式，就是在旅游服务中不能无规矩地乱来，这是规范服务的进一步的、高层次的要求。具体来讲，我们所要求的科学服务主要有以下三点可操作性的具体要求。

1）练好基本功

以导游为例，讲解是导游人员的基本功，“祖国山河美不美，全靠导游一张嘴”。其基本礼仪要求是：

（1）口齿清楚，见解明了，层次分明，逻辑性强。

（2）文物古迹的历史背景和艺术价值，自然保护景观的成因及特征必须交代清楚。

（3）使用通俗易懂的语言，忌用有歧义和生僻的词汇。

（4）导游员的目光应正视旅游者，即视线与旅游者平行。在讲解中还需环视以观察旅游者的动向和反应。另外应注意，导游员的视线停留在某一旅游者的时间不宜过长，以免引起旅游者的误解和反感。

（5）在讲解中可以适当增加一些娱乐性的细节，这样会更加生动。加入一点导游员的个人信息，有时可以引起旅游者较强烈的反应，效果更好。

（6）在旅游车中讲解时要注意交通状况，适当调整讲解内容的长短，让旅游者有休息和思考的时间。另外，要使用明确的指示语，如“在你们（旅游者）的右边”、“在你们的左边红色的建筑是……”做到讲解车外景物时，让景物正好在旅游者的视线内。

（7）在车上讲解时，导游员应有正确的站姿，微笑着面对全体旅游者，应注意自己的位置和声音，尽可能使全体团员都能听到。不应始终把眼睛盯着一个地方或看着车顶，调试车上喇叭音量时，不能用手拍喇叭，也不能用嘴吹口哨，以免引起旅游者的不快。

（8）在景点进行现场讲解时，应做到声音洪亮、语言生动，原则上不用喇叭，为了兼顾全团成员，要站在团队的居中并能照顾到每一位旅游者观赏景观的位置。

2）了解旅游者的心理

对于一个优秀的旅游接待人员而言，了解旅游者的真实心理是十分必要的，只有了解旅游者，才能摸清旅游者的需求，才能做到科学服务。了解旅游者的心理的途径有以下几点。

（1）通过国籍、年龄、性别、所属阶层等方面了解旅游者。

(2) 通过分析旅游者所处的地理环境来了解旅游者。

(3) 通过旅游者的出游动机来了解旅游者。

(4) 通过旅游者的不同个性特征来了解旅游者。

(5) 通过分析旅游活动各阶段旅游者的心理变化来了解旅游者。

3) 掌握正确的方法

旅游接待人员要做到科学服务,还必须有正确的方法。旅游市场上的产品和服务有不同的特点,有的是试销产品,有的是新产品,有的是改进型的产品,有的是引进的产品。旅游接待人员只有了解不同产品和服务的特点才能做到有的放矢地为旅游者做出满意的服务。

3. 优质服务

优质服务,就是对旅游服务的精益求精。从某种意义上来讲,强调优质服务,就是要不断提高自身服务质量,做到人无我有,人有我优。现在的旅游市场竞争激烈,逆水行舟,不进则退。在这样的环境中生存,旅游接待人员必须注意以下几点。

一是尽心尽意。在力所能及的条件下尽心尽意地服务好。

二是尽力而为。能做到的事情尽力以实际行动做到。

三是力求完美。在力所能及的情况下把事情做得尽量完美,力争完善。

四是争取满意。旅游服务是不是优质,关键是旅游者认可不认可,要力求让旅游者做到满意。

在文明接待的要求中,规范服务、科学服务与优质服务有连带关系。没有规范服务,谈不上科学服务、优质服务。科学服务不到位,也就无优质服务可言。只有三者都做到了,才能真正实现文明接待。只要做到了规范服务、科学服务和优质服务,旅游服务质量才能提高。

(四) 礼貌接待

案例引导

吴女士是一位经验丰富的导游,在她带团过程中称呼客人的名字,这已经成为她的工作习惯和职业习惯。

【分析】 导游员用姓名称呼客人,不仅是人之常情,而且使导游员能够在和谐的气氛中表现出对客人的尊重。在绝大多数情况下,导游员能够准确地叫出客人的名字,往往会使客人从一种意外中间感到亲切,如果导游员只是用先生、小姐、太太、师傅、同志一类的礼貌称谓去招呼客人,千篇一律,机械呆板,不仅难以给客人留下深刻的印象,而且难免会影响接待服务工作质量的进一步提高。

礼貌接待是指旅游接待人员按旅游接待的礼仪规范要求对旅游者的服务。它既是一种特殊的礼节要求,又是礼仪学的具体应用,是旅游优质服务的一个重要组成部分。

礼貌接待要达到以下的基本要求。

1. 讲话要用柔性语言(见表 1-1)

表 1-1 柔性语言的使用效果表

客人喜欢听的话	客人不喜欢听的话
我明白了	知道了
您要是看见了的话……	要是看见了……
请稍等片刻……	等会儿
是,我明白了	哦,知道了
您好吗?	怎么样啊?
请用餐	请吃吧
对不起,请您接个电话	请接电话
真对不起,给您添麻烦了	对不起
您的行李、衣服	行李、衣服
请问是这个吗?	是这个吗?
您要这个吗?	要这个吗?
您要在这儿等着吗?	是要在这儿等着吗?
您,诸位	你,你们
男士,女士	男的,女的

2. 衣着整洁,合乎规范

按照礼仪要求,旅游接待人员的着装应符合其身份,要方便旅游服务工作;衣着要整洁、整齐、大方、自然,佩戴首饰要适度,不浓妆艳抹。

3. 举止要规范得当

古人曰:"站如松、坐如钟,行如风,卧如弓。"这也正是旅游接待人员举止的基本要求。例如,导游员不能除就餐时间外,在客人面前吃东西,不能当着客人的面抽烟,不能模仿客人的举止和动作,不能与客人勾肩搭背,不能挖耳朵、抠鼻子、跷二郎腿等。

4. 提供微笑服务

微笑服务是旅游接待人员通过微笑的形式向旅游者提供的礼貌服务。它是自信的象征,是友谊的表示,是真诚欢迎的反映。旅游接待人员要向旅游者提供礼貌服务,就得学会提供微笑服务,要笑口常开,"笑迎天下客"。只有养成逢人就亲切微笑的好习惯,才能广结良缘,事事顺利成功。

（五）周到接待

案例引导

上海某旅行社全陪小熊一路上和日本客人相处得十分融洽。这团里有一位70岁的老者，他说自己在上海住过，特别喜欢上海的小吃，尤其爱吃豫园的小笼包子。到了上海，他又提出了要吃小笼包子的要求。可是旅游团在上海的日程非常紧张，豫园又是繁华的商业区，道路拥挤，容易迷路，让客人自己去买可能会发生意外。于是，小熊利用晚餐地点离豫园比较近的机会，打车到那里买了小笼包子。当小熊回来的时候，发现这位日本客人竟一直站在餐厅外面等候。小熊与客人一起回到座位上时，全体旅游者报以热烈的掌声。

【分析】 这个例子是周到接待的最好说明，小熊能主动为旅游者提供个性化服务，做到"想客人之所想，急客人之所急"，获得了较好的效果，很值得我们深思。

所谓周到接待，是指在服务内容和项目上急客人所急，想客人所想，处处理解、体谅、方便客人，想方设法为客人提供更为主动、灵活、具体、细致的服务，使客人从中获得安全感、方便感、舒适感。周到服务还体现在不但能做好规范服务，还能做好个性服务。在当前旅游业竞争日益激烈，产品同质化的情况下，最根本、最有效、最持久的竞争手段，是通过向客人提供竞争对手无法学到或短期内无法仿效的、客人需要的、旅游企业可以长期坚持下去并能促进赢利的服务，这也就是人们常说的个性化服务。

个性化服务有别于一般意义上的规范服务，它要求有超常的更为主动、周到的服务。所谓超常服务，就是用超出常规的方式满足客人偶然的、个别的、特殊的需求。

按照著名心理学家马斯洛的理论，人的需求可划分为生理需求、安全需求、归属需求、尊重需求和自我实现需求等五个等级。旅游者来到旅游目的地后，除了要求得到吃饱、睡好、安全等起码的要求外，还希望得到其他方面的满足，如个人所好的满足，隐私问题被保护的满足，人格被尊重的满足和特殊要求被解决的满足等。客人的这些高层次、深层次的要求，往往不是按标准程序操作规范服务所能完全解决的，这样，就需要针对不同旅游者的国籍、年龄、性别、职业、身份、性格等的不同，因人而异地、力所能及地向他们提供周到、细致的优质服务。

第五节　旅游接待人员礼仪修养的培育

修养是指人们在道德、知识、技能等方面，经过长期锻炼和培养所达到的一定水平。而礼仪修养是指在交往过程中，在礼貌、礼节和礼仪方面，自觉地按照社会公共准则和职业道德的要求，不断地进行自我锻炼、自我养成、自我提高的行为活动，同时提高自己对礼貌待客行为的评价和选择能力，克服自身和外来的不礼貌的行为。

礼仪修养对于旅游接待人员来说具有重要意义。首先，在旅游接待中主要是人与人、面对面的关系，旅游接待人员要与旅游者进行良好的沟通，进而在旅游业中有所作为，必须强化礼仪修养；其次，旅游业是一个经济性和文化性十分强的产业，旅游接待人员良好的礼仪修养基础上的礼仪艺术和礼仪服务水平必将大大推动文化交流、文化传播，促进旅游经济的发展；最后，礼仪修养还有助于增进旅游企业的凝聚力，争取更多的客源，提高旅游企业的竞争力。

礼让一寸，得礼一尺。

——曹操

那么，旅游接待人员如何提高礼仪修养？

一、通过旅游职业道德教育，提高礼仪修养

职业道德与礼仪是内容和形式的关系，职业道德的水平影响和决定礼仪的水平，一定的礼仪水平又反映了一定的职业道德水平。提高旅游接待人员的礼仪水平，进而提高旅游接待质量，必须狠抓旅游职业道德的培育和建设，这是治本的措施。但是，职业道德与礼仪又是相对独立、自成系统的。因此，必须把职业道德建设与礼仪训练有机地结合起来，同时，通过加强职业道德教育，形成礼仪修养的外部压力，只有这样，才能使旅游接待人员对礼仪有深刻的理解，从而增强礼仪表现的自觉性。

二、通过坚持不懈的礼仪实践，提高礼仪修养

礼仪修养不是一日之功，需要坚持不懈的礼仪训练，对照礼仪的规范和要求，不断地克服自身存在的不良习惯，提高自身对礼仪修养的评价和选择能力，从而把习惯变成自然，指导自身的行为活动。

礼仪修养的提高，固然要靠外在的压力，以礼仪的准则规范自己的言谈举止，但更重要的是："慎独"和"悟性"。

所谓"慎独"，是道德修养的一种极高境界，它是指人们在独处时，在无人监督时，有做各种不道德的事情的可能而又不会被发现的时候，仍能坚持道德准则，坚持不做任何不道德的事情。在旅游服务中，接待人员独处的机会很多，更需要强调"慎独"。

所谓"悟性"，是指旅游接待人员对人与人之间的关系，特别是与旅游者之间的微妙关系的敏感性和领悟力。有了较高的悟性，旅游接待人员才能更快地掌握礼仪知识，才能更恰当地提供有针对性和满意的服务。

三、通过综合素质的培养，提高礼仪修养

旅游接待人员的素质是多方面的，它包括良好的思想道德素质，渊博的知识，较强的独立工作能力和创新精神，较高的服务技能，竞争意识和进取精神，身心健康和仪容仪表等。而礼仪是一个人各方面素质的综合表现，培养和提高旅游接待人员的综合素质，不仅可以加快礼仪修养的进程，尽快形成规范的礼仪服务，而且在旅游服务中面对新情况、新问题时，能

发挥创造性和艺术性。在实际旅游接待工作中，我们常常看到，一个知识丰富、素质较高的服务人员，能显示出个人的魅力，给旅游者以美的享受，而一个知识平平，素质较差的服务人员，则与人交往时显得木讷、缺乏灵气，给人以浅薄的印象，让旅游者感到遗憾。可见，在礼仪修养中，必须加强旅游接待人员素质的提高，而素养的提高最重要的是有意识地广泛涉猎科学文化知识。

本章通过旅游接待礼仪的基本理论、礼仪的起源与发展、旅游接待礼仪与相关基本概念、旅游接待礼仪的作用、原则和基本要求，以及礼仪修养的内涵和旅游接待礼仪的培育的阐述，使学生对旅游接待礼仪产生初步的认识，为后面的学习奠定了基础。

思考与练习

1. 简述旅游接待礼仪的相关理论。
2. 为什么说中国是礼仪之邦？
3. 简述礼仪及相关概念。
4. 简述旅游接待人员的礼仪原则。
5. 旅游接待人员礼仪有哪些基本要求？
6. 如何提高旅游接待人员的礼仪修养？

案例分析

案例一　新加坡：在公园吸烟挨“鞭刑”

新加坡政府为建立一个良好的社会秩序和优美、清洁的环境，制定了一系列的法律法规。其中，许多罚款十分具体，可操作性特别强。随地吐痰要处罚70新元，乱丢垃圾、果皮者要罚款500新元或扫大街半日。新加坡还规定在公共场所不要吸烟，否则要罚款。吸烟者除罚款外，还要脱光衣服、打屁股、挨“鞭刑”。曾经有一名青年因在公园吸烟，被脱掉裤子尝到了“鞭刑”，叫苦不迭。据说一位异国青年在新加坡游览时，乱写乱画，结果也被打肿了屁股。

试分析礼仪教育的重要性。

案例二　酒店的“礼仪礼貌周”

1996年3月1日，在宁波东港大酒店员工餐厅的通道上，一位20多岁的姑娘，肩上斜套着一块宽宽的绸带，上面绣着：礼仪礼貌规范服务示范员。每当一位员工在此经过，示范员小姐便展露微笑问候致意。餐厅里，喇叭正在播放一位女员工朗诵的一篇描写酒店员工文明待客的散文诗。不一会儿，另一位员工在广播中畅谈自己对礼仪礼貌的认识和体会。原来东港大酒店正在举办“礼仪礼貌周”，今天是第一天。

东港大酒店自被评为四星级酒店以后，一直处于营业的高峰期，个别员工过于劳累，原先的服务操作程序开始有点走样，客人中出现了一些服务质量的投诉。酒店领导觉察到这一细微变化后，抓住苗头进行整改，在员工中间开展了每月一周的"礼仪礼貌周"活动。在活动周，每天换一位示范员，连总经理们也轮流充当服务员，在员工中引起了很大的反响。此后，一月一度的"礼仪礼貌周"活动在东港大酒店成为一项雷打不动的制度，整个酒店的礼仪礼貌水平大大提高。

试分析礼仪对于酒店的重要性。

案例三　导游员的礼仪修养

一散客旅游者打算去某一旅游风景区旅游，因对该景区不熟，请该风景区所在市的一家小有名气的旅行社派一位全程导游，该社立即为其派了一位导游小姐。一路上导游小姐带领他参观游玩，兴致颇高，他对这位导游小姐的讲解艺术和热情服务较为满意。可是当他要离开该风景区时，听到旁边有游人谈论起某景点自己却没去过，不禁想："我付了钱，她总不会骗我吧?"后来一打听才知道，原来是导游小姐根本就没带自己去。结果该社信誉在此旅游者心理大打折扣。

试分析礼仪与职业道德的关系。

本课程阅读推荐

[1]金正昆.服务礼仪教程[M].4版.北京:中国人民大学出版社,2014.
[2]金正昆.国际礼仪[M].北京:北京大学出版社,2005.
[3]金正昆.政务礼仪[M].北京:北京大学出版社,2005.
[4]鄢向荣.旅游服务礼仪[M].北京:科学出版社,2013.
[5]顾希佳.礼仪与中国文化[M].北京:人民出版社,2001.

应用篇

第二章

旅游接待人员的形象礼仪

学习导引

一项调查显示，人与人交往的第一印象：58%是通过视觉来传递的，也就是通过你的外表来传递的；35%是通过听觉来实现的，也就是通过声音等来传递的；只有7%才是通过语言本身来传递的。这项调查说明了一个人的形象礼仪的重要作用。当今时代，中国旅游业发展迅猛，旅游接待人员会接触到形形色色的客人，如何把握形象礼仪，展示接待人员的修养与能力，树立接待人员良好的职业形象，表达对客人的尊敬、友善、真诚，给客人留下良好的印象，这是本章主要探讨的问题。

学习重点

通过本章的学习，重点掌握以下知识点：

1. 仪表、仪容，仪态，谈吐在旅游接待中的重要性；
2. 仪表、仪容礼仪的基本要求，学会正确修饰和装扮；
3. 仪态礼仪的基本要求，学会优雅举止；
4. 谈吐礼仪的基本要求，学会规范谈吐。

第一节　形象礼仪在旅游接待中的重要性

形象礼仪主要包括仪表、仪容，仪态，谈吐礼仪三个方面，形象礼仪不仅反映了个人的礼仪修养，同时也折射出旅游企业的管理水平。

一、仪表、仪容，仪态，谈吐直接反映旅游企业的整体形象

客人和公众往往从仪表、仪容来评价旅游接待人员的道德修养、文化水平、审美情趣和文明程度，员工的仪表、仪容是旅游企业的整体形象的一部分，它在一定程度上反映着所在

旅游企业的管理水平和服务水平。

二、注重仪表、仪容，仪态，谈吐是尊重客人的需要

美国康奈尔大学旅游界权威人士从实践中得出结论：旅游业最关心的是其最终产品——旅游者美好的回忆。这“美好的回忆”包括旅游者对外在景物的审美感知（物质上的满足），也包括旅游者对旅游服务的审美印象（精神上的满足）。因此，旅游接待人员注重仪表、仪容，仪态，谈吐，有助于树立其良好的形象，而且这也是对客优质服务的一部分。

三、注重仪表、仪容，仪态，谈吐是接待人员自尊自爱的需要

礼仪的本质就是尊重，树立良好的形象不仅是对客人的尊重，也是对自己的尊重。旅游接待人员好比一名演员，一登台，一亮相，就要以其特殊的魅力把观众吸引住，这实际是自尊自爱的表现。良好的仪表、仪容，仪态，谈吐往往会产生一种“光环效应”，有助于接待人员在客人面前维持良好的形象。

第二节　仪表、仪容礼仪

知识活页　有趣的实验

行为学家迈克尔·阿盖尔曾做过一个实验，他本人以不同的装扮出现于同一地点，结果截然不同：当身着西装的他以绅士模样出现时，无论是向他问路还是问时间的陌生人，大多彬彬有礼，这些人看似属于上流阶层，颇有教养；而当迈克尔扮成无业游民时，接近他的人以流浪汉居多，他们或是来对火或是来借钱的。

心理学家的实验证明，对于第一次接触的人来说，第一印象的形成主要来自视觉，即人的仪表、仪容。

仪表是人的外表，包括容貌、服饰、姿态、个人卫生等，是一个人的精神面貌的外在体现。仪容是指人的容貌。

人们不难发现，人的仪表、仪容往往与个人的生活情调、思想修养、道德品质、文明程度密切相关。在人际交往中，仪表、仪容是一个不容忽视的因素，因为良好的仪表、仪容，会给人留下美好的第一印象。人的仪表、仪容主要通过其容貌、穿着、打扮等表现出来。

一、修饰礼仪

“爱美之心，人皆有之”。旅游接待人员相貌端庄，精神饱满，会使对方感到这位接待人

员充满活力，从而平添几分好感。

（一）两个原则

1. 干净、整洁与卫生

保持干净、整洁与卫生是最基本的要素，也是最重要的要素。一个人的容貌，从上至下最被关注的是整洁的发型、清爽的面孔和干净的手部。

2. 修饰避人

例如，一位小姐梳理自己的秀发本属常事，但她若在工作岗位上这样做，会被认为是缺乏敬业精神；若在大庭广众之下，当着不熟悉的异性这样这样做，还有可能被误解为搔首弄姿，举止轻浮。

（二）仪容的礼仪要求

案例引导

华盛集团公司的卫董事长有一次接受电视台的采访。为了郑重起见，事前卫董事长特意向公司为自己特聘的个人形象顾问咨询有无特别需要注意的事项。顾问专程赶来后仅仅向卫董事长提了一项建议：换一个较为儒雅而精神的发型，并且一定要剃去鬓角。理由是：发型对一个人的上镜效果至关重要，果不其然，改变了发型之后的卫董事长在电视上亮相时，形象焕然一新。他的发型使他显得精明强干，他的谈吐使他显得深刻稳健。二者相辅相成，令电视观众纷纷为之倾倒。

1. 整洁的发型

头发是每个人身体的制高点，也是被人注视第一眼时，断难“错过”的地方。因此，要维护个人的形象，自然要从“头”做起。头发的基本要求是干干净净、整整齐齐、长短适当，发型简单大方，朴素典雅。整理发型要注意以下几点。

(1) 要保持头发的清洁和健康。

(2) 要注意发型与脸型、体型、年龄相配合。

(3) 兼顾发型的美观与方便。

从事旅游接待工作的女性的发型应该干净利落、持重端庄，以短发为宜，切不可把头发染成红色或多色，并佩戴色泽鲜艳的发饰。从事旅游接待工作的男性鬓发不能盖过耳部，头发不能触及后衣领，也不允许烫发。

2. 清爽的面孔

脸部保持干净是第一要素。脸上生了痤疮、疱疹、疖子等要遵医嘱，不要自行处理。负了伤，涂药、包扎之后，原则上不宜再参加宴会、舞会等活动。看起来不雅的体毛应予以修剪

或遮掩。对男士而言，重要的是要经常修面；对女士而言，重要的是得体的化妆。

修面是男士特殊的卫生要求。应在修面之后，把脸擦干，并抹上一些润肤用品。旅游接待人员往往工作时间较早，不妨在前一天晚上进行修面。请记住，修面既是为自己的美观，也是对他人的尊重。

在一般的人际交往中，化妆是女性的专利。适度的化妆，可显示出女性的魅力。

1）化妆的原则

（1）美化。化妆要适度矫正不足，能够避短藏拙。

（2）自然。化妆要自然，其最高境界是没有人工修饰的痕迹。

（3）协调。化妆应和场合、身份协调，以体现出自己的不俗品位。

（4）得体。化妆虽然讲究个性化，但也要得体。工作时，一般应淡妆；舞会时可适度浓妆。

2）化妆的礼规

（1）不要当众化妆。

当众化妆有卖弄之嫌，显得肤浅。

（2）不要在异性面前化妆。

这种情况更是有卖弄风骚之嫌，使自己的形象大打折扣。

（3）不要因化妆而妨碍其他人。

浓妆艳抹就是对别人的妨碍，因为化妆过浓、过重，且香气扑鼻，令人窒息。

（4）不要乱化妆。

不要乱化妆，如绿色的眼影，黑色的口红；使用多种香型的香水。

（5）不要借用别人的化妆品。

这样既不卫生，也是对别人的不尊重。

（6）不要使妆面出现残缺。

妆面如果出现残缺，要及时避人补妆，否则会让人觉得低俗，没有教养。

（7）不要评论别人的妆容。

对于旅游接待人员来讲，化妆要少而精，要强调和突出本身所具有的自然美的部分，一般以浅妆、淡妆为佳。不能浓妆艳抹，还要避免使用香味浓烈的化妆品，也不能使用多种香味的化妆品。

3）化妆的步骤

从技巧上讲，进行一次完整而全面的化妆，其程序与步骤也有一定之规。下面列举一位女性全套化妆的大体步骤，仅供参考：

第一步，沐浴。沐浴时使用沐浴液，浴后使用护肤品护理全身肌肤，并注意保护手部。

第二步，做发型。在沐浴时，使用香波洗净头发。浴后吹干头发，冷烫定型，或使用发胶、摩丝，做出合适的发型。

第三步，洁面。用洗面奶去除油污、汗水与灰尘，使面部彻底清洁。随后，在脸上扑打化妆水，为面部化妆做好准备。

第四步，涂敷粉底。先用少量的护肤霜，以保护皮肤免受其他化妆品的刺激。接下来，在面部的不同区域使用深浅不同的粉底，使妆面产生立体感。完成之后，即可使用少许定妆粉，来固定粉底。

第五步，描眉画眼。首先，修眉、拔眉、画眉；其次，画好眼线；再次，运用睫毛膏、睫毛器，对眼睫毛进行造型；最后，通过涂眼影来为眼部着色，加强眼部的立体感。

第六步，美化鼻部。画鼻侧影，以掩盖鼻形的缺陷。

第七步，打腮红。使用胭脂扑打腮红的目的，是为了美化面颊，使人看上去容光焕发。涂好腮红之后，应再次用定妆粉定妆。

第八步，修饰唇形。先用唇笔描出口形，然后填入色彩适宜的唇膏，使其红唇生色。

第九步，喷涂香水。美化身体的“大环境”。

第十步，修正补妆。检查化妆的效果，进行必要的调整、补充、修饰和矫正。

以上是旅游接待人员化妆的基本步骤。

3. 干净的手部

手是旅游接待人员的“第二张名片”，一双保养良好、干净的手，能给人以美感。一双“年久失修”、肮脏不堪的手，则会使人大倒胃口，甚至会影响对你的总体评价。

手部的基本礼仪要求有以下几点：

一是要保洁双手。勤洗是保洁的最好方式。

二是要保护双手。应每晚用润手霜按摩双手，经常除去手上的死皮，经常进行手部运动，注意手部的防晒，防止手部浮肿与粗糙。

三是不留长指甲。要随时清理双手，要经常修剪和洗刷指甲。不应留有长指甲，也不能涂色彩鲜艳的指甲油。

当然口腔、鼻腔等也是值得关注的地方。个人保持口腔清洁是讲究礼仪的先决条件，旅游接待人员上班前不要喝酒，不要吃有异味的食物，以免引起客人的反感；要经常清理鼻腔，修剪鼻毛，以保持容貌的端庄。

二、服饰礼仪

旅游接待人员的工作性质和特点要求其一定要注意穿着得体。我国酒店服务人员、景区工作人员等有规定的制服，但导游员还没有统一的着装，然而每一个导游员都要认真把握自己的着装问题，把着装看成关乎“德诚于中，礼行于外”的大事情。

案例引导

案例一

一位明星在与某公司签约广告的仪式上误穿了一条用英文写满脏话的裤子，引起媒体的指责。这位明星本来有着不错的外貌，健康、健美的体态和很高的知名度，以及在年轻人中良好的人缘，但这件事使这位明星健康、青春的形象大打折扣，也使花大钱请他做广告的该公司跟着倒霉，让该公司品牌形象也受到很坏的影响。

案例二

1983年6月，美国前总统里根出访欧洲回国时，由于他在庄严的正式外交场合没有着黑色礼服，而穿了一套花格子西装，引起西方舆论一片哗然。有的新闻媒体批评里根极不严肃、缺乏责任感；有的新闻媒体评论里根自恃大国首脑、狂妄傲慢，没有给予欧洲伙伴应有的尊重和重视。

【分析】 以上例子说明了服饰礼仪的重要性。服饰是一种礼仪，是一种文化，也是一个国家和民族经济发展的标志之一。俗话说，“三分人样，七分衣装”。衣着是人们审美的一个重要方面，人们对对方的第一印象常常来源于其衣着打扮。

（一）影响着装的因素

1. 受服装潮流的影响严重，盲目追求时尚而失去自我，忽视了自己的职业与身份

时装设计师们为了刺激大众购买欲，每年都会推出各式新款时装，而流行的时装，或许是很出色的晚装、舞台装，却未必是合适的职业服装。

2. 在不知不觉中，选择了含有“性”意识的服装

诸如露背装、低胸装、迷你裙、紧身衣、透明衣等都是维系良好人际关系的障碍，男士们或许暂时会被含有性意识的服装所迷惑，但这种迷惑是极其短暂的，紧接下来便是轻视。因此，特别是初入社会的女性在工作场所中应保持和谐、端庄的着装和严谨、适度、温雅的仪表。

知识关联

警语：

一个人的穿着打扮就是他教养、品位和地位的真实写照。

——莎士比亚

不修边幅的人在社会上是没有影响力的。

——马克·吐温

（二）着装的基本原则

1. 着装的色彩原则

色彩是择衣的黄金规律第一条。其中，最重要的是掌握色彩的象征意义、色彩的特性和色彩的搭配。

1）色彩的象征意义（见表2-1）

表2-1 色彩的象征意义

色 别	象 征 意 义	主要适用地区
白色	纯洁，光明，坦率，美好 不受欢迎，卑贱	日本及欧美国家 印度
黑色	罪恶，死亡；沉稳，朴实	欧美国家

续表

色　别	象征意义	主要适用地区
黄色	崇高，尊贵，辉煌，爱情，期待 叛逆，嫉妒，怀疑，色情，耻辱	欧美及亚洲国家 许多国家
红色	幸福，好运，富裕，欢乐 庄严，热烈，兴奋，革命 危险，警告，恐怖，专横	泰国 欧美国家 法国
棕色	憎恶感，无耻凶残，贬义象征	欧美国家
蓝色	信仰，生命力，西方文明 积极向上，乐观进取	欧美国家 捷克共和国
绿色	不吉利，不祥 阴暗，反面人物之色 喜爱，受欢迎之色 春天，青春，生机，平静，安全	日本及巴西 英国 伊斯兰国家 许多国家

2）色彩的特性

（1）色彩的冷暖：色彩的相貌特征就是色相。色彩因色相不同，会使人产生冷暖的感觉。例如，红色、黄色，使人产生温暖、热烈、兴奋的感觉，被称为暖色；蓝色、黑色等，使人产生寒冷、平稳的感觉，被称为冷色。

（2）色彩的缩扩：一般而言，冷色、深色属收缩色；暖色、浅色属扩张色。

（3）色彩的轻重：色彩的明暗度就是明度。不同明度的色彩，给人留下轻重不同的感觉。色彩越浅，明度越强，使人产生上升感；色彩越深，明度越弱，使人产生下垂感、重感。

（4）色彩的软硬：色彩鲜艳明亮的程度就是纯度。色彩的纯度越高，越鲜艳纯粹，给人的感觉越软；色彩纯度越低，越深暗，给人的感觉越硬。

3）色彩的搭配

（1）同色搭配：由色彩相近，明度有层次变化的颜色相互搭配达到统一、和谐的效果。一般而言，同色搭配时宜掌握一个原则就是上浅下深、上明下暗。

（2）相似色搭配：如奶黄与橙，绿与蓝，绿与青紫，红与橙黄等。相似色搭配时，两个色的明度、纯度须错开，如深蓝与浅绿。

（3）主色调搭配：一种起主导作用的基调为主色，相配各种颜色，造成一种相互陪衬，相映成趣之效。

掌握以上色彩知识后，旅游接待人员必须根据自身的具体情况，如肤色、身材、脸型、季节、场合等有针对性地选择符合自己的色彩。一般来说，黑、白、灰是安全色，它们最容易与其他色彩搭配，并取得良好的效果。

2. 着装的 TOP 原则

TOP 分别代表时间（time）、场合（occasion）和地点（place），即着装应该与时间、场合、地

点相协调。

1）时间原则

不同时段的着装规则对女士尤其重要。男士有一套质地上乘的深色西装或中山装足以包打天下，而女士的着装则要随时间不同而变换。白天工作时，女士应穿着正式套装，以体现专业性；晚上出席鸡尾酒会就须多加一些修饰，如换一双高跟鞋，戴上有光泽的佩饰，围一条漂亮的丝巾；服装的选择还要适合气候特点，保持与潮流大势同步。

2）场合原则

衣着要与场合协调。与客人会谈、参加正式会议等，衣着应庄重考究；听音乐会或观看演出，应按惯例着正装；出席正式宴会时，应穿中国的传统旗袍或西方的长裙晚礼服；而在朋友聚会、郊游等场合，着装应轻便、舒适。试想一下，如果大家都穿便装，你却穿礼服就有欠轻松；同样的，如果以便装出席正式宴会，不但是对宴会主人的不尊重，也会令自己感到尴尬。

3）地点原则

在自己家里接待客人，可以穿着舒适但整洁的休闲服；如果是去公司或单位拜访，穿职业套装会显得专业；外出时，要顾及当地的传统和风俗习惯，如去教堂或寺庙等场所，不能穿过露或过短的服装。

（三）着装的基本规范

1. 面料要好

(1) 尽可能选择纯毛、纯棉、纯丝、纯麻等纯天然质地的面料，统称“四纯”，其质地较好，美观、挺括、耐磨、贴身、吸湿、透气，显得高雅而华贵。

(2) 从经济实惠的角度，可选择混纺面料，如毛絛、毛麻、棉麻、毛加丝等，只要选择得当，外观上不出问题，也是可以的。

(3) 最好不要选择涤纶、涤丝、尼龙、中长纤维等人造化学纤维的面料。因为它们经不起考验，时间一长，磨得发光发亮，表面起毛起球，还易产生静电，其外观给人以劣质低档的感觉，有损旅游企业的整体形象。

2. 色彩要少

全身一色可以，两种色彩不少，但全身色彩不要多过三种颜色。要坚持三色原则：

(1) 采用两色或三色时，其中最好有一种色彩是白色。

(2) 切勿按等比例搭配服饰的色彩，以免显得呆板。

(3) 蓝、灰、棕、黑等几种色彩为基本色。

3. 款式要雅

服装的样式应当端庄、典雅，使人穿上去显得文质彬彬，精明干练。服装的样式应力戒露、透、短、紧、异。

1）露

乳沟、肚脐、脊背、胸毛、腋毛、腿毛等不宜“曝光”，双腿、双脚不宜暴露。

2）透

内穿的背心、文胸、内裤等不能若隐若现，甚至一目了然。

3）短

衣服不能过分短小，不宜露出锁骨、腋窝、肚皮，工作场合不宜穿短裤。男士的裤子不宜露出袜子，女士的裙子不应短过膝盖。

4）紧

衣服不能过分紧身，不要让内衣、内裤的轮廓在外面显得“一览无余”。

5）异

衣服的样式不宜过分新奇古怪，以保守、庄重为好。

4. 做工要细

精细严谨，不允许偷工减料。

5. 穿着要美

中规中矩，且干干净净，忌乱、脏、破、皱。

1）乱

比如忌在正式场合，把衣服袖子高高挽起，不扣扣子等。

2）脏

衣服上不能有油垢、汤渍、牙膏等痕迹。

3）破

衣服上哪怕是挂了一点“彩”，或是让香烟烧了一个洞，即使打了一个很好的补丁，最好也不要穿。

4）皱

皱巴巴的衣服穿在任何一个人身上都会让他“一蹶不振”。

（四）正装的选择

考虑到旅游接待人员的实际需要，他们也常常需要穿西装或西装套裙，这是旅游接待人员在正式场合标准服装。

1. 西装（见图 2-1）

1）西装上衣

选择西装以宽松适度、平整、挺括为标准。

穿好西装后，两臂自然下垂时，两肩以及前后襟应无折皱；两袖的折皱不明显，衣领要平整。

穿着西装时，一定要系好领带，要保持西装整洁、挺括，皱巴巴的西装是不能穿出去当礼服的。同时，要注意外衣、衬衫和领带颜色的协调。

西装纽扣的功能主要在于装饰。西装上衣可以敞开穿，但双排扣西装上衣一般不要敞开穿。在扣西装纽扣时，如果穿的是两个纽扣的西装，不要把两个纽扣都扣上，一般只扣上面一个。如果是三个纽扣只扣中间一个，全扣上显得拘谨，扣上面一个显得土气，扣下面一个显得流气。

图 2-1　潇洒的西装

西装上衣的几个前襟外侧口袋,统统是作装饰用的。除了左上方的口袋可以根据需要置放折叠考究的西装手帕外,其他的口袋不应放入任何东西,以保证西装的笔挺。钱夹、名片卡、手纸、钥匙等物品应放入西装前襟两边内侧的口袋里。

西装裤兜内不宜放重物,最好不要放东西。

2）西裤与裤带

西裤的选择除面料外,主要应考虑两个因素:一是大小,二是长短。

西裤的腰部大小要适中,选择方法是,将前面的纽扣扣好,拉好拉链之后,一只手的五指并拢,看看手掌能否自由地插进去。如果能,则大小合适;如果能插进两只手,则太大;如果一只手掌都插不进,则太小。西裤裤脚长度正好接于脚面,则裤长最标准。西裤太长,会影响西裤的笔直、挺括;西裤太短,则可能在入座时会露出腿部和腿毛,有失雅观。

西裤两侧口袋不宜放置物品,特别是容易造成隆起的物品。

西裤皮带的选择。由于西裤皮带的前方显露于外,因此,必须以雅观、大方为原则进行选择。一般而言,西裤皮带的颜色以深色,特别是黑色为最好;皮带带头要美观大方,不要太花哨;皮带的宽度以 2.5～3 厘米为佳,具体的宽度应考虑一下自己的体型;皮带带头应是内藏式的,即扎好后,皮带带头不要显露在外,为了系解方便和不让皮带带头露出,扎好后的皮带带头长度应在 12 厘米左右。

皮带扎好后,不应在皮带、裤鼻上扣挂钥匙等物品,特别是在不穿西装上衣时,以免让人觉得俗气。

3）穿西装的十戒

一戒袖口商标不除;

二戒上衣衣扣扣得不得法;

三戒衣袋里乱放东西;

四戒鞋袜与西装不配套;

五戒领带打得长短不适当;

六戒乱用领带夹;

七戒内穿多件羊毛衫;

八戒不见衬衫的袖口;

九戒不打领带时依然扣着衬衫的领口;

十戒衬衫内穿高领内衣。

2. 套裙(见图 2-2)

如果说,西装套装是男士在正式场合的最佳服装,那么西装套裙则是女士的最佳选择。时至今日,在包装职业女性方面,还没有任何一种女装能够与西装套裙相匹敌。

从根本上说,西装套裙与其他一般套裙的不同之处在于它的上衣为女式西装。

一套经典的西装套裙,应具备以下特征:它必须由高档面料精工制作,上衣与裙子使用同一质地,同一色彩的素色面料,它的造型讲究挺括、贴身,上衣的肩部垫得非常平整,其外观少有装饰。裙子以窄裙为主,且是下摆长过膝盖的长裙。

图 2-2 典雅的套裙

穿西装套裙的六个规范:

一不允许过大过小;

二不允许衣扣扣不到位;

三不允许不穿衬裙;

四不允许内衣外现;

五不允许随意自由搭配;

六不允许乱配鞋袜。

三、佩饰礼仪

(一) 领带与衬衫

1. 领带(见图 2-3)

领带被称为西装的灵魂。穿西装不打领带总让人感到有所欠缺。欧美有一种说法,能让男士穿西装漂亮起来的东西只有三个:领带、袖扣和手表。还有一句戏言:“男士的领带永远总是缺少一条。”

图 2-3 领带

穿西装要打好领带。领带的长度要适当,以达到皮带扣为宜。如果穿毛衣或毛背心,应将领带下部放在毛衣领口内。系领带时,衬衣的第一个纽扣要扣好,如果佩带领带夹,一般应夹在衬衣的第四、第五个纽扣之间。

打领带有三个技巧:

一是领带打得端正、挺括,外观上呈倒三角形。

二是收紧领结时，有意在其下压出一个窝或一条沟来，使其看起来美观、自然。

三是领带结的具体大小应令其大体上与同时所穿的衬衫衣领的大小成正比。注意穿立领衬衫时，不能打领带，穿立领衬衫时适合系蝴蝶结。

2. 衬衫

案例引导

郑先生是一位东奔西走的业务人员，遵照公司的规定，他必须每天穿着蓝色西装上班，同时配上白衬衫及深色领带。郑先生自认为这身服装让他显得英姿焕发，但是他的上司却经常指着他的领结处说："不及格呀！"

经过同事的点醒，郑先生才晓得原来上司是怪他没扣上衬衫的第一颗纽扣，但他不以为然："反正我已打了领带，有它箍着，衬衫的领子固定得很好，何必令自己不舒服呢？上司真是会找茬！"

【分析】 和郑先生持相同想法的人绝对不在少数，不过，他们的上司是在找茬吗？不是的，那才是"礼"的要求。第一颗纽扣不扣，或许感觉比较舒服，但在视觉上并不雅观。

衬衫是西装搭配的重点，也被称为"第二上班装"。天气炎热，或无人在场时，将衬衫直接外穿，以之与西裤或裙子配套组合，也不为失礼。如果天气较冷，衬衫外面可穿上一件毛衣或毛背心，但毛衣一定要紧身，不要过于宽松，以免穿上显得臃肿，影响穿西装的效果。穿西装时必须要穿长袖衬衣，短袖衬衫属于休闲装。衬衣要挺括、整洁、无皱褶，尤其是领口。衬衫下摆要掖在裤子里，领子不要翻在西装外，不系领带时领口不可扣上，一般衬衫袖长于西装袖1厘米，这样不仅可避免西装袖口的磨损，而且可衬托西装的美观，显得干净利落、有生气。衬衫袖口必须扣上，不可卷起。

（二）鞋子与袜子

在社交活动中，人们通常将鞋子与袜子称作"腿部的时装"。

1. 鞋

俗话说："脚底无好鞋，显得穷半截。"可见鞋的重要性。我们常用"西装革履"来形容一个人的正规打扮。因此，在正式场合穿西装就一定要穿皮鞋，不穿凉鞋、球鞋和旅游鞋。皮鞋以黑色系带皮鞋为上乘，偶尔也可穿咖啡色皮鞋，皮鞋的鞋面一定要整洁光亮。

穿鞋子要注意以下三个问题：

1）鞋与衣要配套

拖鞋配睡衣，旅游鞋配牛仔裤，皮靴配冬装，西装自然要配皮鞋。

2）鞋与人要般配

不穿夹脚或不合脚的鞋子，鞋跟高度要适宜。

3）鞋与景要适宜

一是保持皮鞋干净，经常擦得油光锃亮。

二是不得在公共场合，尤其是异性客人面前随便脱鞋。

三是常换常晒，以免味道难闻。

四是用鞋垫的人，不要让它在行走中“运动”出来。

2. 袜子

与西装配套的袜子，质地要好，色彩宜素，尽量不要有复杂的图案，袜子应长一点，以坐下跷腿时不露出小腿为适宜。袜子的颜色最好是深色的，或者是皮鞋与西装的过渡色。女士如穿裙子，穿肉色的长筒袜或连裤丝袜最为规范。当然，如果穿黑色或红色套裙时，选择一双具有透明感的黑色丝袜，则会使自己魅力倍增，显得更为高贵典雅。

在正式场合要注意以下问题：

（1）不穿彩色袜、多色袜。

（2）不穿图案复杂、怪诞的袜子或“零碎”过多的袜子。

（3）不穿网眼袜子。

（4）不穿过短的袜子。

（5）不穿多双袜子。

（6）不要以裤代袜。

（7）不穿过分松垮的袜子。

（8）不穿破的袜子。

（9）不穿有味道的袜子。

旅游接待人员的工作环境时常变化，在正规的场合自然是西装革履，在工作场合应该穿制服，而在郊外、登山等场合，可以穿休闲装、旅游鞋，配吸汗的棉质同色袜子。

（三）皮包与手表

有人说，公文包是上班族的标志，而手表则是其手饰。

1. 皮包

无论是男士的公文包，还是女士的坤包都应与所穿服装相协调，要保持包的清洁和美观。正式场合，皮包最好拿在手里，而不是背在肩上。

2. 手表

手表往往能体现其地位、身份和财富状况。国外有一句名言：“不戴手表的人，是没有时间观念的人，也是不值得信赖的人。”有人把手表称为男士的首饰，还有人把它与钢笔、打火机一起叫作“男士三件宝”。

旅游接待工作的特性要求接待人员的时间观念要比较强，因而佩戴合适的手表是其职业的要求。但是要注意：

（1）不戴劣质低档的手表。

（2）不戴形状怪异的手表。

（3）不戴花色繁杂的手表。

（4）不戴用途特殊的手表。

（5）不戴广告手表。

在旅游服务过程中，旅游接待人员，比如导游，由于工作需要带包，可以选择斜挎包或腰包，而且应该选择准确而朴实的手表。

（四）眼镜

眼镜影响到整个轮廓的印象，佩戴适合的眼镜将使轮廓衬得格外漂亮。有人说："眼镜是脸上的一道风景。"

处于第一线的旅游接待人员，如果需要戴眼镜，建议戴隐形眼镜；导游人员由于在户外工作，常常需要戴墨镜。同时，眼镜也是一种装饰品，它能使人平添几分神秘感和魅力，给人以严肃、深沉之感。选择墨镜时，主要考虑因素有自己的脸型、头饰、肤色等，尤其要注意它们的整体效果。

旅游接待礼仪对戴墨镜的要求是：在室内活动时，不要戴墨镜；在室外，遇有礼仪性活动时，不应戴墨镜；与人握手、说话时，暂时不要戴墨镜。

（五）首饰

1. 佩戴首饰的原则

首饰种类很多，有戒指、项链、挂件、耳环、手镯、手链、脚链、胸针等。佩戴首饰有以下几个原则：

1）数量原则

一般以少为佳，不戴也可以，总量上不超过三种。

2）色彩原则

佩戴首饰应力求同色，以达到锦上添花的效果，色彩杂乱会使人感觉庸俗。

3）质地原则

佩戴首饰要在质地上争取同质，达到和谐美。

4）搭配原则

佩戴首饰也应与衣服的质地、色彩、款式等方面相匹配。

5）习俗原则

佩戴首饰要尊重习俗。例如，中国人讲究男左女右，男戴观音女戴佛。

2. 戒指

戒指是最重要的首饰之一，女性可戴，男性也可戴，它往往暗示佩戴者的婚姻和择偶状况。例如，食指佩戴戒指，表示求婚；中指佩戴戒指，表示热恋；无名指佩戴戒指，表示已订婚或结婚；小指佩戴戒指，表示独身；大拇指通常不戴戒指。

现在，不少西方国家的未婚女子经常把戒指戴在右手。修女戴戒指在右手的无名指上，表明她已经把爱献给了上帝。

四、旅游接待人员着装打扮的基本要求

（一）得体

得体是旅游接待人员穿着打扮的基本要求。具体体现在以下几个方面。

1. 合身

合身是指服装的规格必须与自己的身高体型相一致。这就要求量体裁衣。无论何种场合,穿着过大或过小的服装都是不合适的。

2. 合时

合时是服装的穿着应符合环境、场合和季节。符合环境是指服装要因地制宜、入乡随俗。符合场合是指在正式的场合应穿正式的服装,在一般的场合应穿休闲的服装,在户外应穿适合运动的服装。把衣服穿错是很糟糕的,如登山时穿笔挺的西服,参加宴会时穿运动装等。符合季节是指服装的款式、质地和颜色要与季节相一致,不要穿反季节的服装。夏季应选择柔软、凉爽的服装,冬季应选择厚实、保暖的服装。

3. 合适

合适是指服装的款式和颜色要符合个人的身份、地位、年龄、身材和长相。由于男士服装的款式和颜色变化很小,相应地,可供选择的余地也很小。因此,这里主要指女士的服装。

(二) 导游人员着装打扮应该注意的问题

导游人员着装打扮应该注意的问题,主要有以下几点。

(1) 导游人员着装要讲究度,也就是讲究分寸,着装不能过于随便或过分奢华。

(2) 夏装要透气、吸汗,不暴露过多。

(3) 女导游人员不要穿超短裙。

(4) 无论天气多热,切勿撩裙当扇。

(5) 男导游人员不要穿圆领衫,不要穿短裤。

(6) 冬天的服装要柔和、保暖。

(7) 鞋袜要讲究,可因时间、地点而变换。

(8) 可以光脚穿凉鞋,如果穿丝袜,袜子口一定不要让人看见。

(9) 导游人员所戴首饰应少而精,佩戴金戒指、宝石手表等既不便于工作,又容易使客人感到不舒服。

(三) 酒店服务人员着装打扮应该注意的问题

酒店服务人员着装打扮应该注意的问题,主要有以下几点。

(1) 按规定穿着工装并穿戴整齐。

(2) 左胸前应正确佩戴胸牌。

(3) 不能染发、烫发、发型怪异,男员工头发不及衣领,不能留胡须,女服务员如留长发应戴发夹、发网。

(4) 指甲修剪整齐,不能涂指甲油。

(5) 不佩戴手饰及耳环、项链。

(6) 女员工应化淡妆。

(7) 制服不能破损和有油污,口袋中不放杂物。

(8) 工鞋、袜子符合规范,不能有污迹。

第三节 仪态礼仪

仪态是指人的举止、动作、姿势、体态等，它是一个人的知识、阅历、文化和教养的集合。在旅游接待礼仪要求中，“站有站相，坐有坐相”是对旅游接待人员行为举止最基本的要求。

一、规范的站姿

站立是人们生活、工作及交往中最基本的举止之一。正确的站姿是旅游接待人员必须把握的，而一切错误的站姿都会被看作不雅或失礼。

图 2-4 规范的站姿

（一）正确的站立姿势

正确的站立姿势应该做到以下几点。

(1) 头正、颈直、两眼平视前方，表情自然明朗，收下颏、闭嘴。

(2) 挺胸、双肩平，微向后张，使上体自然挺拔，上身肌肉微微放松。

(3) 收腹。收腹可以使胸部突起，也可以使臀部上抬，同时大腿肌肉会出现紧张感，这样会给人以“力度感”。

(4) 收臀部，使臀部略上翘。

(5) 两臂自然下垂。男士手背在身后，或垂于体侧；女士手放在身前(见图 2-4)。

(6) 两腿挺直，膝盖相碰，脚跟略分开。对男士来讲，双腿张开与肩同宽。

(7) 身体重心通过两腿中间，落在脚掌前部。

（二）错误的站立姿势

错误的站立姿势主要有以下几个方面。

(1) 垂头。

(2) 垂下巴。

(3) 含胸。

(4) 腹部松弛。

(5) 肚腩凸出。

(6) 臂部凸出。

(7) 耸肩。

(8) 驼背。

(9) 屈腿。

(10) 斜腰。

(11) 倚靠物体。

(12) 双手抱在胸前。

（13）双腿抖动。

二、优雅的坐姿

（一）正确的坐姿

正确的坐姿应该做到以下几个方面。

（1）坐下之前应轻轻拉椅子，用右腿抵住椅背，用右手轻轻拉出，切忌发出大的声响。

（2）坐下的动作不要太快或太慢，太重或太轻。太快显得有失教养，太慢则显得无时间观念，太重给人粗鲁不雅的印象，太轻给人谨小慎微的感觉。应大方自然、不卑不亢轻轻落座。

（3）坐下后，上身应与桌子保持一个拳头左右的距离，坐满椅子的三分之二，不要只坐在一边或深陷椅中。

（4）坐下后，上身应保持直立，不要前倾或后仰，更不要搭肩膀、驼背、含胸等，给人以萎靡不振的印象。

（5）肩部放松，手自然下垂，交握在腿上，五指并拢；也可以一只手放在沙发或椅子的扶手上，另一只手放在腿上。男士可将双手分别搭在扶手上，女士最好只搭一边扶手。

（6）两腿、两膝并拢，一般不要跷腿，千万不要抖动双腿；两脚踝内侧互相并拢，两足尖距 10 厘米左右（见图 2-5）。

图 2-5　优雅的坐姿

（7）坐着与人交谈时，双眼应平视对方，但时间不宜过长或过短；也可使用手势，但不可过多或过大。女士的其他几种坐姿：双腿垂直式、双腿叠放式、双腿交叉式、双腿内收式。

无论哪一种坐姿，都要自然放松，面带微笑。在社交场合，不可仰头靠在座位背上或低着头注视地面；身体不可前俯后仰，或歪向一侧；双手不应有多余的动作。双腿不宜敞开过大，也不要把小腿搁在大腿上，更不要把两腿直伸开去，或不断地抖动。这些都是缺乏教养和傲慢的表现。

（二）错误的坐姿

错误的坐姿表现在以下几个方面。

（1）脊背弯曲。

（2）头、身过于向下。

（3）耸肩。

（4）瘫坐在椅子上。

（5）跷二郎腿时频繁摇腿。

（6）双脚大分叉、呈八字形或双脚交叉。

（7）坐下后脚尖相对或足尖翘起。

（8）半脱鞋。

（9）双脚伸得很远或在地上蹭来蹭去。

（10）双脚搭在椅子、沙发、桌子等上。

（11）坐下后手中不停地摆弄东西，如头发、饰品、戒指之类。

三、得体的走姿

以站姿为基础，面带微笑，眼睛平视，重心前倾，双肩平稳，双臂自然摆动，步幅适当，有节奏感，呈一条直线。

（一）正确的走姿

正确的走姿应该做到以下几个方面。

（1）速度适中，不要过快或过慢，如图 2-6 所示。过快给人轻浮印象，过慢则显得没有时间观念，没有活力。

图 2-6　正确的走姿

（2）头正颈直，两眼平视前方，面色爽朗。

（3）上身挺直，挺胸收腹。

（4）两臂收紧，自然前后摆动，前摆稍向里折约 35°，后摆向后约 15°。

（5）男性脚步应稳重、大方、有力。

（6）身体重心在脚掌前部，两脚跟走在一条直线上，脚尖偏离中心线约 10°。

（二）错误的走姿

错误的走姿表现在以下几个方面。

（1）速度过快或过慢。

（2）笨重。

（3）身体摆动不优美，上身摆动过大。

（4）含胸。

（5）歪脖。

（6）斜腰。

（7）挺腹。

(8) 扭动臂部幅度过大。

(9) 走路时,两脚呈内八字或外八字。

(10) 走路时抽烟,双手插裤兜,左顾右盼等。

(11) 走路时突然停下来捡东西。

四、优美的蹲姿

蹲姿不像站姿、坐姿、走姿那样使用频繁,因而容易被人忽视。一件东西掉在地上,一般人都会随便弯下腰,把东西捡起来,但这种姿势会使臀部后撅,上身前倒,显得非常不雅。对于旅游接待人员来说,应当讲究蹲姿。

女性可以左脚在前,右脚在后向下蹲去,左小腿垂直于地面,全脚掌着地,大腿靠紧,右脚跟提起,前脚掌着地,左膝高于右膝,臀部向下,上身稍向前倾,以左脚为支撑身体的主要支点(见图 2-7)。男性也可以这样做,不过两腿不要靠紧,可以有一定的距离。

图 2-7　优美的蹲姿

五、准确的首语

首语是通过头部活动所传递的信息。它包括点头语和摇头语。一般来说,点头表示首肯;摇头表示否定。实际上,首语还有更多的含义,如点头表示致意、同意、肯定、承认、赞同、感谢、应允、满意、认可、理解、顺从等。但是,在保加利亚和印度的某些地方,他们的首语是“点头不算摇头算”,首语表达方式恰好相反。因此,作为旅游接待人员应正确把握首语,特别要注意民族习惯的差异。

六、恰当的手势语

手势语是通过手和手指活动所传递的信息,包括握手、招手、摇手和手指动作等。手势语在人际交往中使用频率很高,范围很广,很多手势都可以反映人的修养、性格。例如,捶胸表示“悲痛”,搓手表示“为难”,拍脑门表示“悔恨”,以相互握手表示“祝贺”、“感谢”等。

(一) 手势语的礼仪要求

1. 宜少不宜多

多余的手势让人觉得有些夸张,不够稳重,故作姿态。特别是不加节制地下意识乱用或滥用手势,如有人讲话时莫名其妙地挥手,有人高兴时手舞足蹈,均会让人产生反感,也可能给人留下装腔作势,没有涵养的印象。

2. 手势使用应规范

例如,为他人引导或指示方向,应手臂伸直,四指并拢,手心朝上,含义是“您请”、“这边走”,如图 2-8 所示。竖起拇指,指尖向上,并将拇指腹面向对方是“夸奖称道”的意思;竖起拇指,指尖向下,是“打的”的意思;竖起拇指,指尖向上,但以将拇指的反面指向交谈对象外的另一个人,则是对第三者的藐视与嘲讽。

图 2-8　规范的手势

3. 手势的使用应注意地区差异

中国人见到同性朋友，在肩头上拍一下或是携手并肩或是挽臂而行，可表示亲密无间，而欧美人却认为是"同性恋"者的典型做派。中国人招呼别人过来，常常伸出手臂，掌心向下，上下挥动几下，可在国外许多地方，却是用来招呼狗的动作。

旅游接待人员特别要注意手指语的应用，因为文化传统和生活习俗的差异，在不同的国家、不同的民族中，手指动作的语义也有较大的差异，旅游接待人员一旦使用不当，可能会引起误会和尴尬。

竖起拇指，在世界许多国家包括中国都表示"好"，但在韩国表示"首领"、"部长"、"队长"或"自己的父亲"，在日本表示"最高"、"男人"或"您的父亲"，在美国、墨西哥、澳大利亚等国表示"祈祷幸运"，在希腊表示叫对方"滚开"，在法国、英国、新西兰等国是"请求搭车"。

伸出食指，在新加坡表示"最重要"，在缅甸表示"拜托"、"请求"，在美国表示"让对方稍等"，在澳大利亚表示"请再来一杯"。

伸出中指，在墨西哥表示"不满"，在法国表示"下流的行为"，在澳大利亚表示"侮辱"，在美国和新加坡表示"被激怒和极度不愉快"。

伸出小指，在韩国表示"女朋友"、"妻子"，在菲律宾表示"小个子"，在日本表示"恋人"、"女人"，在印度和缅甸表示"要去厕所"，在美国和尼日利亚表示"打赌"。

伸出食指往下弯曲，在中国表示"九"，在墨西哥表示"钱"，在日本表示"偷窃"，在东南亚一带表示"死亡"。

用拇指和食指指尖形成一个圆圈并手心向前，这是美国人爱用的"OK"手势，是赞扬和允诺之意，在中国表示"零"，在日本表示"金钱"，在希腊、巴西表示"诅咒"。

伸出食指和中指构成英文字母中的"V"，西方人表示预祝胜利或庆祝胜利，但如果手心背对观众，则被视为下流动作。

（二）应避免出现的手势

应避免出现的手势，如掏耳朵、抠鼻孔、咬指甲、剜眼屎、搓泥垢、修指甲，用手指在桌上乱画，大声咳嗽、打喷嚏不捂住口，随地吐痰，乱扔废物等。

另外，旅游接待人员要特别注意，不能用手指去指点旅游者。例如，清点人数时用食指点人数，这在西方国家是很不礼貌的动作，他们会认为，这是在数牲口。

七、柔和的表情

案例引导　悲剧家罗西的台词

意大利著名的悲剧家罗西有一次应邀为外宾表演节目，他在台上用意大利语念起了一段台词，尽管外宾听不懂他念的是什么内容，但却被他那辛酸、凄凉、悲怆的语言和表情所感染，大家禁不住泪如泉涌。当罗西表演结束后，翻译解释说，刚才罗西念的根本不是什么台词，而是大家面前桌子上的菜单！

20世纪70年代，美国心理学家阿尔培特曾经通过调查研究，给友好、合理的谈话建立了一个公式，即表情公式：感情的表达＝7％言语＋38％语音＋55％表情。从上面的例子和表情公式，我们不难看出表情的重要性。

表情是指发生在颈部以上各个部位的情感体验的反应。心理学研究表明，人的六种基本表情如快乐、惊讶、恐惧、愤怒、厌恶、蔑视都是通过颈部以上部位表示的。旅游接待人员在旅游接待中所运用的表情有很多，不过一般来说，认真的眼神和真诚的微笑是基本表情。

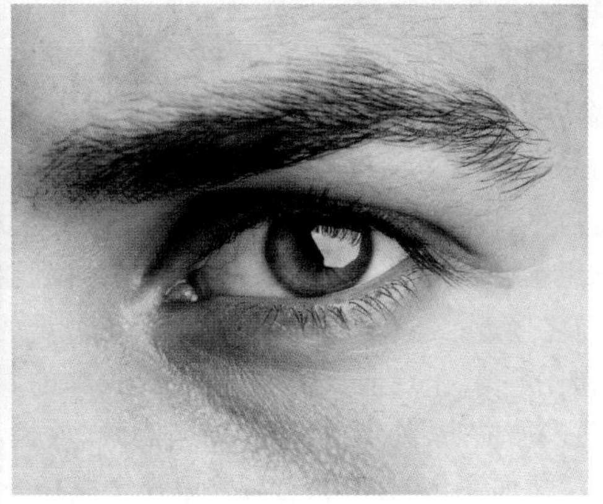

图2-9　认真的眼神

（一）认真的眼神（图2-9）

1. 视线

在双方直接见面交谈中，用眼睛注视对方是必不可少的，这是一种礼貌行为。

依注视的区间，视线可分为以下几种。

(1) 公事视线。

公事视线就是以双眼为下底线，以前额中部为顶点，构成一个等边三角形。这种视线的特点是公事公办，严肃郑重，不含任何个人感情色彩，能深刻地影响到对方情绪，使对方立即进入“角色”，采用此种视线，能帮助人们掌握谈话的主动权。

(2) 社交视线。

社交视线就是以双眼为上边线，下顶点到唇部中央，构成一个倒三角形。这种视线是亲切温和的，能造成一种融洽和谐的气氛，让对方感到平等舒服。使用场合是上下级友好交谈、同事交往以及各种联谊会、茶话会、座谈会等。

(3) 亲密视线。

亲密视线就是以双眼为上边线，下顶点可延长至胸部。这种视线的特点是热烈柔和的，能将炽热的感情很快地传达给对方，使对方体会到一种关切或热爱之情。使用场合是好朋友或恋人之间。

依注视的方向，视线可分为：正视、仰视、俯视、侧视等。

(1) 正视，具有平等、友好、尊重之意。面对值得尊敬的人或生疏的人时，不妨在其左侧，约45°的位置，去平视对方。在人际交往中，“相互尊重”的目光语是通过目光的正视来表达的，正视会使人感到你的自信和坦率。

(2) 仰视，可表示尊重、友好、盼望之意。

(3) 俯视，可表示爱护、教训、尊严和先发制人之意，在旅游活动中要慎用。

旅游接待人员注视对方必须善于运用视线，正确把握注视的区间和方向。

2. 目光

目光就是看人所用的眼光。旅游接待人员在对客服务中要注意自己目光所显示的自信心，做到“散点柔视”。注视的部位相对松散一些，目光应当柔和一些，不要长时间“只盯一点，而不及其余”。

3. 眼神

眼神就是通过目光、视线的综合运用。“眼睛是心灵的窗户”，人们可以用不同的眼神来表达不同的思想感情。热情洋溢的眼神，表示友好和善意；轻蔑傲慢的眼神，表示拒人于千里之外，难以与之接近；深邃犀利的眼神，是睿智力量的象征，与之交往会得到启迪；明亮欢快的眼神，是胸怀坦荡、乐观向上的表现；阴险狡黠的眼神，表露着为人阴暗和刻毒，与之交往要小心谨慎，多加提防；关爱的眼神，令人温暖、放松。人的眼神不是一成不变的，它常常随着人的情绪变化而变化，有时会有几种眼神交织在一起。

热情、友好、善良、坦荡、真诚的眼神是旅游接待人员应具备的眼神。

4. 旅游接待人员在旅游接待中应注意的问题

旅游接待人员在旅游接待中应注意的问题，主要有以下几点。

(1) 不要长时间正视、凝视或盯视对方。

(2) 不要激光扫描式地打量对方。

(3) 不要眯着眼看人，这是一种暧昧的目光。在西方，对异性眯着一只眼，并眨两下眼皮，是调情的信号。

(4) 尽量不用斜视、瞟视、瞥视等眼神。

(5) 一旦被人注视,不要将视线马上移开。因为这样易给对方造成自卑胆怯、自惭形秽的印象,在异性之间还会被认为是一种爱的表示。

(二) 真诚的微笑

案例引导

案例一　希尔顿永恒的微笑

19 世纪 20 年代,号称"全球旅业之冠"的美国希尔顿旅馆,其创始人——唐纳德·希尔顿 1919 年以 5000 美元起家,先后吞并了"旅馆之王"、"旅馆皇后"等大旅馆,使其扩展到 70 家,遍布于世界五大洲各大城市,成为全球最大规模的旅馆。他总结出简单可行、不花本钱、行之久远的办法——微笑。

案例二　值百万美元的微笑

被誉为"日本推销之神"的原之平,身高仅 145 cm。他 27 岁进入明治保险公司时,穷得吃不起中饭,没钱搭电车而只能走路上班,露宿公园。但他内心有着一股永不服输的热情。经过努力锻炼,他能发出 40 种不同的笑,他的笑被誉为"值百万美元的微笑"。通过艰苦奋斗,36 岁,他终于创下了全日本寿险推销冠军的业绩。从 1949 年起,连续 17 年,他一直是"百万美元圆桌会议"的会员,后来成为其终身会员。

【分析】 把微笑运用得如此熟练,的确罕见。以上例子说明,笑也是人际交往的重要武器,是事业成功的有力保证。

微笑是通过不出声的笑所传递的信息。微笑语作为最基本的表情语言,在人类各种文化中的含义是基本相同的,是真正的"世界语言"。在人际交往中,微笑是最具个人魅力的表现。从礼仪的角度上看,微笑是人们对美好的事物表达愉快感情的心灵外露,是善良、友好、赞美的象征,是对他人的理解、关注、爱护的表现,是自己谦恭、含蓄、自信的反映,是礼貌、修养的综合体现,更是心理健康的重要标志。

知识关联

泰国曼谷东方饭店,曾数次摘取了"世界十佳饭店"的称号,其成功秘诀之一,就在于把"笑容可掬"引入迎宾的规范。

1. 微笑应当是真诚的

微笑时要力求表里如一。微笑并非只挂在脸上,而是需要发自内心,做到表里如一,否则就成了"皮笑肉不笑"。

2. 微笑应当与所处的场合相吻合

例如,旅游者满面哀愁或出了洋相而感到极其尴尬时不应微笑，否则往往会使自己陷于十分不利的处境。

3. 微笑应力戒矫揉造作

旅游服务中要求的笑应是心到、意到、神到、情到。

4. 微笑应合乎规范

微笑的基本特征是声不出，齿不露。微笑要做到目光柔和发亮，双眼略为睁大，眉头自然舒展，眉毛微微向上扬起，嘴角微微向上翘起，让嘴唇略呈弧形，在不牵动鼻子、不发出笑声、不露出牙齿的前提下，轻轻一笑。现代服务业认为，微笑时应露出8颗牙，并以此作为考核服务质量的标准(见图2-10)。

知识关联

世界微笑日，是唯一一个庆祝人类行为表情的节日。从1948年起世界精神卫生组织将每年的5月8日确定为世界微笑日，这一天会变得特别温馨，在对别人的微笑中，你也会看到世界对自己微笑起来。

图2-10　真诚的微笑

第四节　谈吐礼仪

一个人的知识、阅历、教养、才智和应变能力等，都可以通过谈吐得到体现。“言为心声”、“听其言，观其行”，这说明只有通过交谈，交往双方才能了解对方，也才能为对方所了解。旅游接待人员的职业形象只有通过交谈才能进一步得到展示。

一、交谈的指导原则

（一）准确

旅游接待人员在与旅游者进行谈话中，语言是否准确，往往至关重要。如果旅游接待人员语言含糊，词不达意，是不利于与旅游者沟通的。要确保语言准确，需要注意以下几个方面：

1. 语言标准

语言标准就是要求旅游接待人员对内接待时，一般讲普通话；对外接待时讲客源国的语言，主要是标准的日语、韩语、英语、俄语等。当然，对旅游接待人员要求太高也是不现实的，能像播音员那样讲相当标准的广播语言，即一级标准固然好，但能讲二级标准的普通话就可以了。

要做到语言标准，要避免以下两个错误倾向。一是滥用外语。使用外语，主要适用于同外国人打交道的场合，反之则有卖弄之嫌。二是只讲方言。方言、土语只适合老乡之间的交流，旅游接待中如果碰到老乡，讲一下可以调节气氛，但仍应讲普通话为好。

2. 用词正确

要保证语言准确，首先要做到用词正确。用词正确也就是遣词造句准确，词语组合、搭配恰当。例如，导游介绍说："这幅壁画所体现的艺术手法值得我们珍惜。"这里，"珍惜"属于用词不当，应该为"珍视"。又如，导游介绍说："这里的景色真叫人心旷神怡。"这里"叫"同心旷神怡的搭配就不如用"令"字好。

3. 内容熟悉

熟悉所讲、所谈的内容是运用语言的基础。如果旅游接待人员对所讲内容有充分的准备，谙熟于胸，讲起来不仅能侃侃而谈，旁征博引，而且遣词造句也十分贴切，就能准确地反映所讲的内容，易为旅游者所接受。反之，很难想象其语言能表达得清楚、准确，更谈不上流畅、优美了。

（二）文明

语言文明，既表现出使用者良好的文化素质和待人接物的友善态度，又使人产生高雅、温和、爽心、脱俗之感。主要注意以下两个方面。

1. 要使用文雅词语

使用文雅词语即使用雅语。例如，用"卫生间"代替"厕所"，用"丰满"代替"肥胖"，用"您找哪位"代替"你找谁"等。

2. 不使用不雅之语

在谈话中要有意识地回避诸如粗话、脏话、黑话、荤话、气话等。

（三）礼貌

在谈话中使用礼貌语言，是得到旅游者好感与体谅的最为简单易行的做法。要求语言礼貌，实际上就是要求旅游接待人员尽量多使用礼貌用语。首先要记住表 2-2 中的内容。

表 2-2　常用礼貌用语七字诀

与人相见说"您好"	问人姓氏说"贵姓"	问人住址说"府上"
仰慕已久说"久仰"	长期未见说"久违"	求人帮忙说"劳驾"
向人询问说"请问"	请人协助说"费心"	请人解答说"请教"
求人办事说"拜托"	麻烦别人说"打扰"	求人方便说"借光"
请改文章说"斧正"	接受好意说"领情"	求人指点说"赐教"
得人帮助说"谢谢"	祝人健康说"保重"	向人祝贺说"恭喜"
老人年龄说"高寿"	身体不适说"欠安"	看望别人说"拜访"
请人接受说"笑纳"	送人照片说"惠存"	欢迎购买说"惠顾"
希望照顾说"关照"	赞人见解说"高见"	归还物品说"奉还"

续表

请人赴约说"赏光"	对方来信说"惠书"	自己住家说"寒舍"
需要考虑说"斟酌"	无法满足说"抱歉"	请人谅解说"包涵"
言行不妥"对不起"	慰问他人说"辛苦"	迎接客人说"欢迎"
客人来到说"光临"	等候别人说"恭候"	没能迎接说"失迎"
客人入座说"请坐"	陪伴朋友说"奉陪"	临分别时说"再见"
中途先走说"失陪"	请人勿送说"留步"	送人远行说"平安"

旅游接待人员常用的礼貌用语，也就是敬语，可归纳为文明五句。

(1) 问候语：你好。

(2) 请(请坐，这边请，请用茶)。

(3) 感谢语：谢谢。

(4) 抱歉语：对不起。

(5) 道别语：再见。

二、交谈时的主题

任何交谈，都是由谈话者、倾听者及其交谈主题三大基本要素所构成。交谈的主题又称为话题，是指交谈时所具体涉及的中心内容。从某种意义上讲，能否选择好交谈的主题，往往从根本上决定着一次交谈的格调及其成败。

(一) 一般话题的选择

在一般人际交往中，与人交谈时，尤其是与人初次交谈时，应选择既定的话题、高雅的话题、轻松的话题、时尚的话题、擅长的话题，忌讳谈论的话题有关于个人隐私的话题、刁难捉弄的话题、非议他人的话题、令人反感的话题，如表 2-3 所示。

表 2-3　话题界线表

安全的话题	应避开的话题
天气，共同的经历	自己或他人的健康状况
交通，书籍	物品的价格，收入
体育，文学艺术	有争议的兴趣爱好
无争议的新闻	低级笑话
旅游	小道消息
环境	宗教
对会址或城市的赞美	私生活细节

(二) 旅游接待人员如何选择话题

旅游接待人员与旅游者交谈时特别应当注意该讲什么，不该讲什么。

与人交谈时，应该谈大家共同感兴趣的、令人愉快的、比较轻松的话题。比如和外国旅游者初次相识，可以谈谈今天遇到什么最愉快的事情，今天的天气如何，等等。

下列话题应列入“不该讲”的范畴:“多大年纪了?”、“职业是什么?”、“有孩子吗?”、“工资有多少?”。这类话题,西方人认为是令人讨厌的问题,不是海关的官员最好不要提及。

作为旅游接待人员,更应该注意不要问旅游者“你吃饭了吗?”、“结婚了吗?”、“你的衣服多少钱买的?”这类问题在中国人之间是表示相互关切之意,但外国人却感到个人隐私权被侵犯了。

在旅游接待过程中,要善于变换旅游者感兴趣的话题,可根据不同旅游者的心理特点,做出如下选择:

(1) 满足求知欲的话题。

(2) 刺激好奇心理的话题。

(3) 决定行动的话题。

(4) 满足优越感的话题。

(5) 具有娱乐性的话题。

三、谈话者礼仪

(一) 交谈时的态度:真诚、庄重

旅游接待人员在与旅游者交谈时,态度要庄重、真诚。不能傲慢,傲慢会伤害对方的自尊心;不能冷漠,冷漠会让对方感到不亲切;不能太随便,太随便会给对方一种消极的感觉;不要慌乱,慌乱会给对方留下不诚实、不成熟的感觉,从而使对方产生不信任感;不能唯唯诺诺、卑躬屈膝,否则会让对方瞧不起。

(二) 交谈时的表情:大方、自然

旅游接待人员与旅游者交谈时,神情要自信、大方、自然,不要惊慌失措,不能心不在焉,不要时时看表,避免打哈欠、伸懒腰及其他不雅观的小动作。

(三) 交谈时的目光:坦率、诚实

旅游接待人员与旅游者交谈时,要坦诚地注视对方的眼睛,忌讳左顾右盼,躲躲闪闪,不要惶惑不安,切忌居高临下。

(四) 交谈时的体态:适当配合

旅游接待人员与旅游者交谈时,要注意体态的适当配合,要避免手舞足蹈,不要用手指指人,双手不能交叉在胸前或背在背后,不要手插裤袋,更不要攥紧拳头,不要疯笑,切忌对人动手动脚。

(五) 交谈时的语言:文雅、得体

旅游接待人员与旅游者交谈时,谈话内容要有中心,要简洁明了;语言表达要得体,要掌握分寸;谦虚要适当,赞语不宜过分,不乱用俚语。总之,要努力使用高雅、文明的语言。

(六) 交谈时的音量、语调与语速:适中

一般而言,旅游接待人员的音量大小应以对方能听清为宜。但在游览过程中应根据旅游者人数、讲解内容和所处环境,适当地调整语音和语速。

不同的语调伴随着不同的感情状态。升调多用于表示兴奋、激动、惊叹、疑问等感情状

态；降调多用于表示肯定、赞许、期待、同情等感情状态；直调多用于表示庄严、稳重、平静、冷漠等感情状态。旅游接待人员要善于运用不同的语调。

例如：①先生，对不起，请您重复一遍好吗？

②您说什么呀！我不懂，请您重复一遍！

③对不起，我还不太清楚，请您讲慢一点！

④您说什么，听不清楚，讲慢一点好不好！

显然，第①、③句话显得尊重的多。

在旅游接待中，较为理想的语速应控制在每分钟200字左右。但对老年人讲话要放慢语速，语调中要体现对长辈的尊敬。对于个性急的人、年轻人则不要慢条斯理地说话。

（七）注意不同语言在表达上的区别

与国内旅游者打交道时常说："天气冷了，多穿点衣服。"这是表示关心，但外国旅游者可能会不高兴："你以为我还是孩子，还要来指导我。"

有这样一则笑话，台湾某位官员携夫人访美，美方官员到机场迎候。美方官员说了一句奉承话："Your wife is very beautiful."台方官员谦虚地回答："哪里，哪里。"美方译员不懂得中国文化习惯，直译为"Where? Where?"。逼得美方官员只得说："Everywhere."

（八）注意忌讳

十里不同风，百里不同俗。不同国家、不同民族的习俗就会有不同。西方人不喜欢别人打听年龄、收入、婚姻、学历、体重等；日本、德国人不愿意提起二战、法西斯等话题；阿拉伯人不喜欢谈女人、妻子和与猪有关的话题，等等。

（九）交谈时的距离

1. 距离的分类

人与人交往的距离也是人们交谈礼仪的重要保障，它直接说明人对仪态的控制和礼仪修养的细致程度。

前文已经介绍过爱德华·霍尔博士的空间距离理论，它把人际交往的距离分为公众距离、社交距离、个人距离区和亲密距离。一般而言，亲密距离多用于夫妇、恋人、父母子女之间；个人距离多用于朋友之间；社交距离多用于一般熟识的人；公众距离多用于教室、小型集会、大型演讲等场合。

2. 影响交谈距离的因素

旅游接待人员在接待旅游者中，一般应采用社交距离。当然，这种划分也不是绝对的，交谈的距离还受以下因素的影响。

1）亲密程度和了解程度

这是最主要的因素，越亲密，越了解，彼此交谈的距离越近。

2）文化背景

欧美国家人与人交往习惯于彼此相距一定的空间，他们理解的自我包括皮肤、衣服及体外几十厘米；阿拉伯国家人与人交往愿意与对方靠得很近，他们理解的自我仅仅局限于心灵，皮肤也当成身外之物；东方人理解的距离介于两者之间。

3）社会地位

社会地位相差较大，交际距离较远；相差较小，交际距离较近。

4）性别的差异

同性之间，男性的“个人圈”较大；女性戒心不强，更喜欢簇拥在一起。异性之间，除夫妇、恋人、父母子女之间距离较近，其他距离较远。

3. 交谈中的“六不谈”

（1）不非议政府、国家。

（2）不谈国家机密和行业秘密。

（3）不谈内部事务。

（4）不谈格调不高的话。

（5）不议论同行、领导与同事。

（6）不谈私人问题。

4. 私人问题“五不问”

（1）不问收入。

（2）不问年龄。

（3）不问婚姻家庭。

（4）不问健康。

（5）不问个人经历。

四、倾听者的礼仪

任何谈话都是双方的，从某种程度说，在交谈中“说”的一方往往难度不大，难就难在“听”的一方表现如何。古人云：“愚者善说，智者善听。”

（1）学会倾听能使您富有——富有朋友，富有金钱，富有成功、幸福和满足。

（2）您听到下级对上级的感叹吗？——“如果我的上司能微笑着听我讲完，而不是闭眼，我会更勤快。”

（3）您听过一位妻子对丈夫的抱怨吗？——“他从不听我说话，只是我说完他抬眼看我一下。”

（一）倾听的“三心”

1. 耐心

约束自己，集中思想听，不要左顾右盼、胡思乱想。

2. 会心

主动反馈，做出心领神会的反应。

3. 虚心

尊重对方意见，平等交谈。不要随意打断对方谈话，如果要插话，应客气地提出并表示歉意。

(二) 倾听者的礼规

1. 神态专注,认真配合

这是对谈话者最大的尊重,因而也是倾听者所应有的表现。在倾听他人陈述时,应当目视对方的双眼,全神贯注,聚精会神。千万不要表现得用心不专。当然,也不能死盯着对方,让对方感到不自在。

2. 对其所讲内容表现出浓厚的兴趣

当对方的见解高人一筹,让自己心悦诚服,或是为了引导对方畅所欲言时,应以微笑、点头等动作或不时表示"哦"、"是"、"是吗"等,及时地表示对谈话者的肯定与兴趣。

3. 倾斜你的身体

身体的姿态显示出我们内心的感受。一般而言,我们感兴趣的,会趋前驻足倾听;我们讨厌的,会抽身后撤。向谈话者倾斜你的身体,对方是可以感受到你的诚意的。

4. 吃透主题

要用心体会谈话者的真正意思,不要急于改变谈话者正在讲的主题,可以试着从其主题中引发出一些相关问题,试着继续提问,谈话者会更加兴趣盎然。

5. 有针对性地提问

作为倾听者,不仅要用耳朵听,还要用眼看,用大脑去思考谈话者的话,经过努力筛选、过滤、分析,进而提出自己的问题和看法。

6. 不贸然打断对方

听谈话者把想讲的内容讲完,谈话者会很高兴。如果倾听者想插话,可用商量的语气:"请稍等一下,我想提个问题可以吗?"切不可粗暴地打断对方,即使有不同的意见,也不要急于表达自己的见解。话没说完,就急于下结论,很可能打断对方的思路,这样不但是不礼貌的行为,而且会使谈话不欢而散。

7. 用自己的话重复一下

这无疑在向对方证明,你不仅听得仔细,并能用你的经验加以总结。一般来说,谈话者都很受用。例如,有人向你反映:"昨晚房间里的灯坏了",你可重复道:"哦,房间里的灯昨晚坏了。"

五、谈话的艺术技巧

通过以上对谈吐礼仪的梳理,我们可总结以下六个方面的谈话技巧。

(一) 谈话技巧之一——音量适中,语言规范

在旅游接待服务中,一般应保持音量适中,但在一些特定场合,如在游人很多的情况下,在行驶的旅游车上,导游人员的声音应该洪亮;在酒店里,服务人员的声音一般应为语气柔和、轻声细语;特殊场合下,如接待人员看到客人在睡觉或接电话时一定要放低声音。当然,用规范的语言,是最基本的谈话技巧。

案例引导　曹操错杀吕伯奢一家的故事

《三国演义》中，曹操错杀吕伯奢一家的故事经过如下：曹操刺杀董卓不成，仓皇逃出京城，半道上与陈宫结伴，来到成皋这个地方。天色将晚，曹操以鞭指树林深处对陈宫说："这里有个吕伯奢，是我父亲的结义兄弟，咱们到他家借住一宿。"来到吕伯奢家中，吕伯奢安顿他俩歇息，自己进了里院很久才出来对曹操和陈宫说："家中无好酒，我到西村去买酒。"说完匆匆骑驴而去。曹操与陈宫歇了一会儿，忽听里院有磨刀之声。曹操生性多疑，对陈宫说："吕伯奢不是我的至亲，走得可疑，我俩出去打听打听。"这时，只听院里有人说："捆牢杀掉，如何？"听到这里，曹操二话没说，拔剑直入，顷刻之间将吕伯奢一家八口人全都杀死了。搜到厨房，却看见里面捆着一只待杀的猪。曹操顿时傻了眼。误杀了好人，曹操和陈宫忙出庄上马，准备离去，正好遇到买回好酒的吕伯奢。曹操怕吕伯奢带人来追杀他们，索性连真心款待他的吕伯奢也杀死了。陈宫说："明知是好人却还要杀死他，这是最大的不义！"曹操心里感到内疚，嘴上却不认输："宁让我对不起天下人，也不叫天下人对不起我。"陈宫见曹操如此凶残，趁着夜色离开了他。

【分析】 关于语言规范问题，千万马虎不得，这个经典的案例很好地说明了这个问题。

（二）谈话技巧之二——神情专注，少说多听

最重要的是做到以下四点：不打断对方；不补充对方；不纠正对方；不质疑对方。

（三）谈话技巧之三——问寒问暖，打开话匣

比如，如果你是接待方，客人已到，领导还未到，你如何打开话匣？对此，我们不妨用以下四种方式打开话匣。

（1）问候式，询问身体、事业、孩子等。

（2）言他式，谈天气、环境等。

（3）触景生情式，如您特别像我们班主任，和蔼可亲，给了我特别多帮助。

（4）赞美式，如您的衣服真漂亮！您的发型真棒！您的皮肤保养的真好！您的孩子真聪明！

（四）谈话技巧之四——条理清晰，得体幽默

1. 妙说数字

例如，你为什么选择旅游专业？可能有喜欢、适合、圆大学梦等理由，这时不妨采用"第一"、"第二"、"第三"这种形式，做到层次分明，条理清晰。注意每一个数字后面都应有一个关键词。

2. 巧打比方

例如，有人问爱因斯坦相对论是什么？爱因斯坦机智地用一个比方巧妙地回答了这个问题："如果一对恋人在火炉旁谈恋爱，他们不觉得时间长、温度高；如果一个人在火炉旁等人，他会觉得时间长、温度高。这就是相对论。"

3. 趣用幽默

导游人员在带团中可以适时运用幽默式提醒。幽默式提醒是导游人员用有趣而意味深长的词语对旅游者进行提醒的方式。如前方有一段还未修好的公路，导游人员可以对旅游者说，"请大家做好准备，前方将为各位免费按摩10分钟"。

4. 插入笑话

在旅游接待服务中，适当地插入一些笑话，可以活跃气氛。例如，旅游者正在一家动物园游览，其中一位小朋友问导游："请问这里谁是百兽之王？"导游员回答："动物园园长！"

(五) 谈话技巧之五——巧用态势，加强互动

遭人拒绝是令人尴尬的事，为了避免遭遇这种难堪，一般人通常选择不轻易求人。在旅游接待中，不论是何种情况，旅游接待人员都不应直截了当地拒绝客人的要求。但有时客人提出的一些要求，我们又不得不拒绝，旅游接待人员可以用巧妙的态势语言礼貌地拒绝客人，同时也可以表示歉意。这时微笑是最好的选择，满怀歉意地微笑不语，本身就向客人表达了一种"我真的想帮你，但是我无能为力"的信号。微笑不语有时含有不置可否的意味。

知识关联

警语：

微笑是一种重要的态势语言，它是社交活动最好的通行证。

本章小结

形象礼仪是旅游接待礼仪的基础，它贯穿于旅游接待服务的全过程。本章通过仪表、仪容，仪态，谈吐礼仪的介绍，让学生明确了形象礼仪就是要在仪表、仪容上给人以稳重、大方的感觉；在仪态上要合乎规范，做到端庄稳重，自然亲切；在态度上要做到和蔼可亲，热情好客，表情柔和，微笑服务；在语言上，要做到谈吐文雅，表达得体，讲究语言艺术。

思考与练习

1. 判断题(T 或 F)

(1) 女性接待人员在涉外正式场合中一定要穿西装套裙,不应该穿民族服装或休闲装。

(2) 双排扣的夹克敞着穿没有关系。

(3) 隆重场合,男性穿西装时最好加背心。

(4) 在旅游接待活动中,一定要注重修饰,越时髦越好。

(5) 不时用手理头发,确保仪容整齐。

(6) 女性最好不要采用跷二郎腿的姿势就座。

(7) 与人交谈时应双眼看着对方。

2. 讨论题

(1) 如果单位组织员工去郊游,你是西装革履,还是穿休闲的夹克?

(2) 如果有一位长者接见你,当他伸出手时,你是从容的走向前与其握手,还是小快步趋向前与之握手?

(3) 为什么微笑是最积极、最受欢迎的表情? 如果你的内心此刻正经受着痛苦,但你的工作却要求你微笑,你是笑还是不笑? 为什么?

(4) 如果在交谈中已经不可避免地引出了争论的话题,而且参与谈话的人已形成了针锋相对的两种意见,你作为第三者该怎么办?

3. 小论文

论以貌取人的对与错。

案例分析

案例一　维护好个人形象

郑伟是一家大型国有企业的总经理。一次,他获悉有一家著名的德国企业的董事长正在本市进行访问,并有寻求合作伙伴的意向,便想尽办法,请有关部门为双方牵线搭桥。让郑总经理欣喜若狂的是,对方也有兴趣同他的企业进行合作,而且希望尽快与他见面。到了双方会面的那一天,郑总经理对自己的形象刻意地进行了一番修饰。他根据自己对时尚的理解,上穿夹克衫,下穿牛仔裤,头戴棒球帽,足蹬旅游鞋。无疑,他希望自己能给对方留下精明强干、时髦新潮的印象。然而事与愿违,郑总经理自我感觉良好的这身时髦的"行头",却偏偏坏了他的大事。

请思考:郑总经理的错误在哪里? 他的德国同行对此会有何评价?

案例二　导游的着装

(1) W先生是北京某旅行社的导游员，他在工作中一贯很注重自己的着装。1997年7月，他带一个马来西亚的旅游团，在去承德的路上，该团的领队C小姐对他说："W先生，我的客人很欣赏你的外表，因为他们注意到你每天都换衬衫。上次那位导游先生，人很好，可是大家都对他敬而远之，因为他的T恤七天里只换过一次，身上的味道很难闻。"

(2) 2001年，台湾某期《中国日报》上登有杨乃藩的一篇《案内小姐》的文章，描述日本导游员的风采：她们都穿着文雅的制服，和航空小姐的差不多。从车子开始发动起，她就拿着小小的麦克风，用温柔悦耳的语调不停地讲，连姿态和表情也有特定的模式——背微俯，手臂微弯，五指伸开，指向解释的景物或建筑，眼神也随着手自然地跟过去。日本导游员的训练有素无疑是值得中国导游员学习的，单是着装，寒冬盛夏清一色的衬衫、领带加西装，已经当得起中国导游员着装的楷模。

试问，导游员着装应注意什么？

案例三　不与小朋友说话的导游

某旅行社某导游员一次带了一个幼儿园小朋友旅游团，回来以后该导游遭到了随团的幼儿园阿姨的投诉，原因是导游员在带团过程中除了与幼儿园阿姨说话外，没有与小朋友说过一句话。后来幼儿园阿姨找到该导游员询问情况时，她说："反正我说了他们也听不懂。"

试从礼仪的角度，分析导游员的失误之处，导游员应如何与小朋友们说话？

本课程阅读推荐

[1]王琦.旅游实用礼仪[M].北京：清华大学出版社，2010.

[2]陈刚平.旅游社交礼仪[M].北京：旅游教育出版社，2006.

[3]胡静.实用礼仪教程[M].武汉：武汉大学出版社，2003.

[4]李建荣.礼仪训练[M].3版.武汉：华中科技大学出版社，2015.

第三章

旅游接待中的日常礼仪

学习导引

有一位年轻人到一家大型国企公司去应聘，学历比他高、条件比他好的应聘者有很多。然而只有他一个人被录取了。原来，当应聘者挤着进入电梯的时候，只有这位年轻人注意到在另一边的电梯里有一个坐着轮椅的老人。同行的人都看到了，但他们都没有上前帮忙。只有这位年轻人上前帮了忙，推了老人的轮椅一把。老人说："年轻人，谢谢你了。"年轻人回答："不用谢，这是应该的。"你知道那个老人是谁吗？没错，老人正是那家国企的董事长。

【分析】 也许有人会说，这些都是日常生活中的小问题，不注意也没什么，做人应随便一点，开心就好。但是，一个习礼的人，在任何时候都会注意这些细节，实际上，日常礼仪最在乎细节，细节决定成败。

学习重点

通过本章的学习，重点掌握以下知识点：

1. 人际交往的礼仪通则；
2. 常见的会面礼仪、致意礼仪、馈赠礼仪和电话礼仪；
3. 公共场所中应遵循的基本礼仪。

第一节　礼仪通则

在旅游接待中，旅游接待人员需要出入各种不同类别的场合，要想树立良好的职业形象，成为一个受欢迎的人，就必须遵循最基本的礼仪通则。

一、衣冠整齐

在一些饭店、商场的门口都明确标明:“衣冠不整者,恕不接待。”这说明衣冠整洁与否不再是个人卫生的一部分,而成为一种公共生活准则,是社会文明程度的标尺之一。

二、女士优先

女士优先,要求男士在任何时候、任何情况下,都要在行动上从各个方面尊重女士、帮助女士、保护女士。女士优先,在世界各地尤其是在西方国家十分普遍。

进门时,男士应走前几步,打开房门,请女士先行进入,自己随后;上楼梯时,女先男后,下楼梯时,男先女后;在马路上与女士同行,男士应走在外侧,以避免女士受到骚扰;在狭窄且人多的路上行走,男士应给女士让路;进入电梯,男士负责按电梯按钮,并有礼貌地询问女士所在楼层;在社交场合,女士走进来时,男士应起身,待其坐定后方可坐下。

三、不妨碍他人

不妨碍他人,要求在人际交往中要尊重他人的隐私权及不因自己的行为而影响到他人,自觉遵守公德,维护公共生活秩序。

例如,交谈时不随意打听对方的年龄、经历、收入、家庭背景等;进门前须敲门,即使门是虚掩着的;在公共场所不高声喧哗、大声谈话;在公共场所不宜向别人毫无顾忌地打喷嚏、擤鼻涕、打哈欠;在马路上、饭店里、住宅楼里,不宜朝他人敞开的房间里张望、窥视;不随地吐痰、乱扔果皮纸屑;不随意横穿马路;不践踏草坪;不可在无烟商场、车厢里吸烟等。

四、遵守时间

交际必须有约在先,有约在先就必须遵守时间。无论是开会、拜访、参观等,准时赴约是社交中极为重要的礼规。如果旅游接待人员不遵守时间,对于旅游者来说就像买了一件残次品一样。

第二节　会面礼仪

案例引导

有一位先生为一位外国朋友订做生日蛋糕。他来到一家酒店的餐厅,对服务小姐说:“小姐,您好,我要为我的一位外国朋友订一份生日蛋糕,同时打一份贺卡,可以吗?”小姐接过订单,忙说:“好的。请问先生,您的朋友是小姐还是太太?”这位先生也不太清楚这位外国朋友结婚没有，从来没有打听过，他为难地抓了抓后脑勺想了想说："小姐？太太？一大把岁数了，太太。"生日蛋糕做好后，服务员小姐按地址到酒店客房送生日蛋糕，敲门，一女子开门，服务员小姐有礼貌地说："请问，您是怀特太太吗？"女子愣了愣，不高兴地说："错了！"服务员小姐丈二和尚摸不着头脑，抬头看看门牌号，回去打了个电话问那位先生，房间号码没错。服务员小姐又敲开了门，说："没错，怀特太太，这是您的蛋糕。"那女子大声说："告诉你错了，这里只有怀特小姐，没有怀特太太。"接着"啪"的一声，门被大力地关上，蛋糕掉地。

【分析】 这个案例就是错误的称呼造成的。在西方，特别是女子，很重视正确的称呼，如果搞错了，引起对方的不快，往往好事变成坏事。

一、称呼礼仪

称呼即称谓，反映了人与人之间的关系，显示出一个人的修养。称呼的运用与对待旅游者的态度直接相关，是给对方的第一印象。因此，如何称呼旅游者至关重要。尊重客人，首先要从尊重客人的姓名开始，从有礼貌的、友好的称呼开始。在与旅游者交往中，我们既要学习掌握称呼的基本规律和通行的做法，又要特别注意各国之间的差别，认真区别对待。

（一）几种主要的称呼方式

在旅游接待服务中，称呼应当庄重、规范、得体，以表示对旅游者的尊重和友好。

1. 泛尊称

泛尊称，即泛称某人为"先生"、"夫人"、"小姐"、"太太"等。值得注意的是，称呼女子时，要根据其婚姻状况，已婚的女子称"夫人"，未婚女子称"小姐"，对不知婚否和难以判断的，可称之为"女士"。

泛尊称可以同姓名、姓氏和行业性称呼分别组合在一起，在正式的场合使用。如："布什先生"、"上校先生"、"秘书小姐"、"张小姐"等。

2. 职务称

职务称，即以其所担任的职务相称，如经理、处长、校长等。

职务性称呼也可以同泛尊称、姓名、姓氏分别组合在一起使用，如李总理、部长先生等。

对职务高的官方人士，如部长以上的高级官员，不少国家称为"阁下"，如"总统阁下"、"大使先生阁下"等。对有官衔的妇女，也可称"阁下"。但在美国和德国等国家，则不称"阁下"，而是称"先生"。

3. 职衔称

对交往对象拥有社会上受尊重的学位、学术性职称、军衔和爵位的，可以称呼"博士"、"教授"、"律师"、"法官"、"将军"、"公爵"等。

这些职衔性称呼可以同姓名、姓氏和泛尊称分别组合在一起在正式场合使用，如王林教授、李博士、法官先生等。

4. 职业称

对不同行业的人士，可以以职业作为称呼，如“老师”、“教练”、“警官”、“医生”等。这些职业称呼也可以同姓名、姓氏和泛尊称分别组合在一起，如“导游小姐”。

5. 姓名称

彼此比较熟悉的人之间，可以直接称呼其姓名或姓氏。为了表示亲切，可在姓氏前加上“老”、“大”或“小”，或直呼其名，如“乔治·史密斯”、“老王”、“小李”、“志鹏”等。

此外，还有代词，如“您”、“他”等；亲属称，亲属、好友间的称呼。

旅游接待人员在面对单个旅游者时应重视称谓并正确运用，若能在短时间内记住旅游者的姓名，了解他们的身份，并能在日常交往中正确地称呼他们，会产生很好的效果。

以导游人员为例，在面对团队旅游者时，一般的称谓有三种：一是交际关系型，主要强调导游人员与旅游者在旅游活动中的角色关系，如“各位旅游者”、“各位团友”、“各位嘉宾”；二是套用尊称型，在各种场合都比较适用是对各个阶层、各种身份的通称，如“女士们、先生们”，“各位女士、各位先生”等；三是亲密关系型，多用于比较密切的人际关系的称谓，如“各位朋友”、“朋友们”等。

（二）称呼禁忌

在与旅游者交往中，称呼不当就会失敬于人，失礼于人，有时后果不堪想象。因此，一定要注意以下几项称呼的禁忌。

1. 错误的称呼

称呼客人，记不起对方的姓名或张冠李戴，叫错对方姓名，都是极其不礼貌的行为，是对客服务的大忌。如果没有听清楚或没有把握，宁可多问对方几次姓名，也不要贸然叫错。

2. 易产生误会的称呼

例如，“爱人”在中国是称呼自己的配偶，但外国人则理解为“婚外恋”或“第三者”；“同志”，易被外国人理解为“同性恋”；“老人家”的称呼，外国人不爱听。

3. 带有歧视、侮辱性的称呼

在正式场合，不要使用低级、庸俗的称呼或用绰号称呼。在任何情况下都不能使用有歧视性、侮辱性的称呼，如“洋妞”、“黑鬼”等。

二、问候礼仪

问候是社会交际场合中不可缺少的一个重要环节。礼貌而得体的问候，能够增进人们的友谊，加强人们之间的情感联络。由于民族、文化、习俗等多种社会因素的影响，在不同的国家、地区或民族中，有不同的问候方式和问候礼节。

（一）问候方式

问候就是人们相逢时打招呼。“您好”是符合国际潮流的问候语。

在西方发达国家，正式的社交场合以及公共场所，通用的问候方式是“你好！”或“你好，见到你很高兴!”而不必过于啰嗦。在日常交际场合,“哈罗”一词是常用的问候语,在美国,比较陌生的人,在路上遇到时喊一声“哈罗”,也不为失礼。在年轻人中间,介绍过姓名之后,说一声“哈罗”是友好的表示。

在西方发达国家的政界、商界、金融界等领域,人们在工作和日常生活中还是习惯于问候“早上好”。在用餐时则说“祝你胃口好”或者“吃得愉快”等。在晚上相遇的时候,说“晚上好”或“你好”。

中国人常用的问候语是“你吃饭了吗?”或者“你上哪里去?”或者是“你最近忙些什么?”这类问候语仅表达关心之意,被问候者不需明确回答,只需随声附和即可。

某些特定的国家和民族,有着自己特有的问候语。在中东和巴基斯坦等伊斯兰教传统的国家和民族,人们见面问候的第一句话是“真主保佑”。在东南亚信奉佛教的国度里,人们问候的第一句话是“愿菩萨保佑”。

在社交场合中,当有人问候“你好,见到你很高兴”时,正确的回答是“你好,见到你我也很高兴”。有人问候“你好吗?”时,正确的回答是“很好,谢谢!”。

(二) 问候的礼仪要求

问候的礼仪要求主要有以下几点。

(1) 问候时的表情应当和蔼可亲,面带微笑,姿态应自然大方。

嬉皮笑脸或面无表情,冷若冰霜,都会使人怀疑问候者的诚意。在所有的社交场合,面带微笑,自然大方的问候,永远受人们的欢迎。

(2) 对于出自善意的任何问候,都应礼貌地进行回答,而不应毫无表示。

通常听到对方向自己问好以后,应表示“谢谢”。在所有的社会交际场合,都不允许省略问候,都应遵循问候的基本礼节。

(3) 在问候时,“你”和“您”两个字的用法,要加以区别,并恰当运用。

在中文、德文、俄文等多种语言中,“你”和“您”不像英文中那样是融为一体的,而是严格分开的。一般情况下,问候“你好”,表示两种含义:一是同对方关系亲密而友好;二是交流双方的地位和身份是大体相等或相似的。问候“您好”,则表示如下两种含义:一是同对方关系一般;二是表示交流双方的社会地位和身份是不相等的,是尊卑有序的。当遇到年长者或身份、地位比自己高得多,且是受尊敬的人,则宜用“您好”问候。当遇到同龄人或身份、地位大体相同或关系比较密切,彼此熟悉的人问候,则宜用“你好”。

(4) 中国式的问候语,在同西方人交往中不宜采用。

中国式的问候语与西方国家的公民强调个人自由不容干涉,个人隐私不容窥视的文化传统格格不入。当用中国式问候语问候客人时,西方人会误认为,这是多管闲事,无事生非,或者蓄意窥探他们的隐私,干涉他人的行动自由。因此,在涉外场合进行交际时,宜用国际社交场合通用的问候方式。

三、介绍礼仪

介绍是一切社交活动的开始,是人际交往中与他人沟通、建立联系的一种最基本、最常

见的形式。在旅游接待活动中，介绍可缩短旅游接待人员与旅游者之间的距离，广交朋友，增进彼此的了解，消除不必要的误会和麻烦。

案例引导

两对夫妇在傍晚的大街上相逢。两位男士是大学同班同学，毕业后就再未相见，意外的邂逅使他们激动万分，他们只顾着聊天叙旧，把两个妻子晾在一边，置于极为尴尬的境地。

【分析】 他们犯了一个日常交际中的礼仪大忌，没有先介绍一下自己的妻子，这是对对方的不礼貌，也是对自己妻子的不礼貌。

（一）介绍的顺序

在社交生活中，介绍两人相互认识时，总的礼规：把被介绍的人介绍给所尊敬的人，即先卑后尊。

(1) 先介绍男士，后介绍女士，即把男士介绍给女士。

(2) 先介绍年少者，后介绍年长者，即把年少者介绍给年长者。

(3) 先介绍地位低的人，后介绍尊者，即把地位低的人介绍给地位高的人。

(4) 先介绍未婚者，后介绍已婚者，即把未婚者介绍给已婚者。

(5) 先介绍主人，后介绍客人，即把主人介绍给客人。当在主客身份相当时，先介绍主人是对客人的尊重。

(6) 集体介绍。若被介绍者双方地位、身份大体相当，应当先介绍人数较少的一方或个人，后介绍人数较多的一方或多数人。若被介绍者地位、身份差异明显，特别是年龄、性别、婚否、师生以及职务有别时，应后介绍尊贵一方人员，而先介绍另一方人员。介绍时，可一一介绍，也可笼统介绍。如，“这是我的同事”或“他们是我的家人”，等等。

（二）介绍的类型

根据介绍人的不同，可分为自我介绍与他人介绍。

1. 自我介绍

1) 自我介绍的四种形式

(1) 应酬型。适用于一般人际交往。如，“您好，我的名字叫高峰”。

(2) 沟通型。适用于普通人的人际交往，但希望对方认识自己。如，“您好，我叫李健，上海人，现在在一家旅游公司工作。刚才看见您在读舒婷的诗集，老实说，我也是她的崇拜者”。

(3) 工作型。适用于比较正式一些的场合。例如，“各位游客，你们好！首先导游小张在这里给大家拜年了，祝愿大家在新的一年里心想事成，万事如意，财源滚滚，猴年大吉！拜年的话说完了，该自我介绍一下了，我叫张勋，是本次行程的导游，来自重庆园林旅行社，大家可以叫我小张,也可以叫我张导”。

(4) 礼仪型。适用于最为正规的场合,礼仪性最强。例如,“大家好!请允许我作一个自我介绍。我叫李红,来自北京恒达公司。我的具体职务是公司的公关部经理。虽然我刚到武汉没有几天,但是我很喜欢这里的湖光山色,很愿意在这里生活下去,很乐意同大家交朋友”。

2) 自我介绍的礼仪要求

(1) 选好时机。最好是能接过话头,自然地引入介绍。

(2) 要有特点。自我介绍可以先声夺人,一下子使对方认识你,记住你,并产生好感。如,一位导游这样介绍自己:“各位旅游者,你们好!欢迎各位来三峡观光游览。大家看我的个子虽然不高,可是我有世界第一高原城市的名字,我叫李拉萨……”旅游者一下子就记住了她,并被她的开朗、幽默所打动。

(3) 要自信、友善。在进行自我介绍时要面带微笑,充满自信和勇气,敢于正视对方的双眼,显得胸有成竹;同时,语气要自然,语速要正常,语音要清晰,这对自我介绍的成功十分有好处。

3) 最蹩脚的自我介绍

(1) 急于表现自己。打断别人的谈话,把自己的话硬插进去。

(2) 夸大表现自己。信口开河,离题万里。

(3) 不敢表现自己。躲躲闪闪,唯唯诺诺。

(4) 不能表现自己。没有给别人留下清晰的概念和印象,别人连名字都没听清楚。

2. 他人介绍

他人,指的是介绍者,被介绍者则指的是介绍的对象。

1) 两种情形

(1) 把一方介绍给另一方

例如,“各位好,我十分荣幸地把长江海外旅游公司的总经理李建国先生介绍给大家。希望大家都能跟李建国先生成为好朋友”。

(2) 对双方都进行介绍

例如,“两位好!我想介绍两位认识一下。夏小姐,这位是鼎鼎大名的希尔顿酒店的总经理徐勇先生。徐先生,这位是湖北省招商旅行社的总经理夏丹小姐”。

2) 四种形式

(1) 引见型,适用于较随便的应酬之中。例如,“两位认识一下,怎么样?好,你们自报家门吧”。

(2) 简介型,适用于一般的家庭聚会。例如,“老刘,这是小王。你们来认识认识”。

(3) 标准型,适用于比较正式的场合。例如,“两位好!我来介绍一下:这位是华美达天禄大酒店人力资源部总监李萍小姐,这位是长江海外旅游公司副总经理赵玉玲小姐”。

(4) 推荐型,适用于比较正式的场合。例如,“大家好!我先来介绍一下赵先生,赵刚先生在中南信息工程公司电脑部工作,他是一位电脑专家。赵先生,这位是新星公司的总裁苏天宇先生，苏先生，赵先生也是武汉大学毕业的，你们两位校友认识一下吧”。

（5）礼仪型，适用于最为正规的场合，礼仪性最强，内容却不多。例如，“蔡小姐，请允许我把东方大酒店餐饮部经理邵军先生介绍给您。邵先生，这位就是中国青年旅行社人力资源部经理蔡文君小姐”。

3）他人介绍的礼仪要求

（1）明确由什么人充当介绍者。一般应与被介绍者比较熟悉，比较容易受到被介绍者的尊重。一般来说，由主人扮演最为合适，按“女士优先”的原则，由女主人充当介绍人。

（2）明确被介绍者当时有没有被介绍给其他人的意愿。

（3）介绍时严格遵守约定俗成的礼仪顺序。

（4）介绍时所表述的内容要进行斟酌。

四、名片

名片在我国古已有之，它源于中国，并已使用了2000多年。早在西汉，当时还没有纸，而是以削竹、木为片，上书名字供拜访者使用，古称“谒”。到了唐宋出现了纸，被称为“名纸”。现代，名片已成为人们社交中一种雅致而实用的交际手段。一张精心设计的名片能给人留下深刻的印象，它能显示性格特点，体现职业特点，展示企业精神，代替广告宣传。

（一）名片的作用

对旅游接待人员来说，名片的作用表现在以下几个方面。

（1）减少自我介绍的麻烦。

（2）缩短彼此的距离。

（3）显示使用者的修养。

（4）起到推荐他人、牵线搭桥的作用。

（二）使用名片的规范

1. 递交的礼仪

（1）放在容易拿到的地方。男士可放在西装上衣的内侧口袋里或公文包里，女士一般放在手提包内。

（2）掌握递交的时间。初次见面，相互介绍之后，可递上名片，如是熟识的朋友，可在告辞的时候递过去。

（3）递名片时，为表示对对方的尊敬，一般应双手递过去。

（4）递名片时，应将名片的下方指向对方，以便对方观看。

（5）递名片时，应面带微笑，说些友好、礼貌的话语。

2. 接受的礼仪

（1）双手接过名片。

（2）认真观看，读一下，并说“谢谢”。如能对别人的名片讲两句欣赏的话，则效果更好。交际心理学家告诉我们，所有人都愿意听到别人重复自己的名字，被人重视和欣赏是一件十分愉快的事情。

(3) 接受名片拜读后,仔细收好,一般放在名片夹里。随便将名片放在桌子上,待会儿再到处寻找是十分失礼的;如果当着对方的面将名片放在裤子后侧口袋里,也是令人不快的。

(4) 收到名片两三天之内,按名片上的电话联系一下对方,问声好,并提醒对方你是他的名片的持有者,对方会感到受重视,这为进一步交往打下了基础。

3. 交换的礼仪

交换名片的礼仪主要体现"先低后高,先幼后长,先客后主"的原则。一般是地位低者、晚辈或客人先递名片给地位高者、长辈或主人,再由地位高者、长辈或主人予以回赠。

如果地位高者或长辈先递过名片,此时地位低者或晚辈不必谦让,大大方方地收下即可。如果没有名片回赠,可以说:"谢谢,但很抱歉,我没有名片回赠。"

切忌跳跃式、交叉式递送名片。

第三节 致意礼仪

案例引导 失去良机

行政助理向一位刚刚进门的应聘者伸出了手,这位应聘者不仅没有伸出自己的手,而且还说:"我从不跟女士握手。"

这位助理把应聘者的档案交给他的老板时,把刚才的事情告诉了他,应聘者没有得到这份需要经常与人打交道的工作。第二天,应聘者打来电话为自己的行为道歉,可惜为时已晚。

【分析】 握手是最基本的致意礼节,在日常交往中,一个连手都不愿意握的人,是极其不礼貌的,也是求职的大忌。

致意是不需要用语言表达,但需要用动作表达的礼仪。一般而言,致意的基本规则是:男士应当先向女士致意,年轻者应当先向年长者致意,学生应当先向老师致意,下级应当先向上级致意,而旅游接待人员自然应当先向旅游者致意。在旅游接待服务中,旅游接待人员与旅游者之间常常互相致意。

一、握手礼

(一) 握手的礼仪通则

握手的礼仪通则主要有以下几点。

(1) 场合。一般在见面和离别时用。冬季握手时应该摘下手套,以示尊重对方。一般应站着握手,除非生病或特殊场合,但也要欠身握手,以示敬意。

(2) 握手方式。和新朋友握手时,应伸出右手,掌心向左虎口向上,以轻触对方为准。如果男士和女士握手,则男士应轻轻握住女士的手指部分。时间为1～3秒钟,轻轻摇动1～3下,如图3-1所示。

(3) 握手力量轻重。根据双方交往程度确定。和新朋友握手应轻握,但不可绵软无力;和老朋友应该握重些,表明礼貌、热情。

(4) 握手时表情应自然、面带微笑,眼睛注视对方。

(二) 握手的顺序

地位高者、年长者、女士、主人享有握手的主动权;平辈或朋友见面,先伸手者更为礼貌。商界主要看地位的高低。见面的对方如果是自己的长辈或贵宾,先伸了手,则应该快步走近,用双手握住对方的手,以示敬意,并问候对方。

图3-1　正确的握手方式

(三) 握手礼仪禁忌

握手礼仪禁忌主要有以下几点。

(1) 不要戴着帽子、手套握手(女士、身份高者例外)。

(2) 不要把另一只手插在裤兜里,或边握手边拍对方的肩膀。

(3) 不要一边握手却眼看他人或跟他人打招呼。

(4) 不要低头哈腰。

(5) 不要用左手握手(特殊原因除外)。

(6) 人多时要避免交叉握手或与两人同时握手。

(7) 一般情况下握手时间不宜过长,尤其是异性之间。

二、鞠躬礼

鞠躬礼是向他人表示尊重和敬佩的一种方式。

(一) 鞠躬礼的形式

鞠躬礼分为三种:90°鞠躬、45°鞠躬、15°鞠躬。如图3-2所示。

图 3-2 鞠躬礼的形式

(1) 90°鞠躬属最高礼节,一般用于三鞠躬。

(2) 45°鞠躬通常用于下级向上级,学生向老师,晚辈向长辈,以及服务员对来宾等。

(3) 15°鞠躬用于一般的应酬,如问候等。

在中国,鞠躬礼通常被用来表示由衷的敬意,或者向他人表达深深的感激。例如,谢幕、演讲、领奖、婚礼、悼念活动等场合常常适合鞠躬礼。

(二) 鞠躬礼的礼仪要求

鞠躬礼的礼仪要求,主要有以下几点。

(1) 必须脱帽、立正。

(2) 嘴里不要吃东西、嚼口香糖或叼着香烟。

(3) 礼毕抬起身时,双目注视对方,面带微笑。

三、合十礼(合掌礼)

合十礼是深受佛教文化影响的国家的见面礼节,如印度、泰国、尼泊尔等国十分盛行。其基本做法是双手手掌在胸前对合,五指并拢向上,掌尖和鼻尖基本平视,手掌向外侧倾斜,微微欠身低头,神态安详。

旅游接待人员与佛教人士交往时,不妨使用合十礼。

四、拥抱礼

拥抱礼是与握手礼、接吻礼同样重要的见面礼节,在西方国家和国际交往中十分流行。其标准做法是两人正面站立,自然大方,面带微笑,各自举起右臂,将右手搭在对方的左肩后面。左臂下垂,左手扶住对方的右后腰(见图 3-3)。

旅游接待人员一般不主动向外国旅游者行拥抱礼,但如果外国客人对接待人员表示敬意行拥抱礼,接待人员应当欣然接受,而不应躲躲闪闪。

五、亲吻礼

亲吻礼是表示亲密、热情和友好的一种见面礼和告别礼。

图 3-3　拥抱礼

(一)亲吻礼的方式

一般而言,吻手表示敬意,吻额表示友情,吻颊表示欢喜,吻唇表示恋爱,吻眼表示幻想,吻掌表示热望。不同人际关系,应亲吻不同的部位。

(1)夫妻、恋人或情人之间——吻唇。

(2)长辈和晚辈之间——吻脸部或额头。

(3)平辈之间——贴面部。

现在,许多国家的迎宾场合,宾主双方往往以握手、拥抱、左右吻面或贴面的连续性礼节表示敬意和热烈的气氛。

(二)亲吻礼的禁忌

在深受伊斯兰教影响的阿拉伯国家,亲吻礼是不能用到男女之间的,一对夫妇会因为在停靠在海边的汽车内接吻,而被判刑或罚款。在有些非洲国家,接吻被认为是一件极为羞耻的事情,其羞耻程度,无异于当众发生性关系。

中国旅游接待人员一般不主动向外国旅游者行亲吻礼,但如果外国客人对旅游接待人员表示敬意行礼节性的亲吻礼,旅游接待人员也不必害羞或躲躲闪闪。

六、吻手礼

吻手礼是产生于西方社会交际场合的一种礼节。目前,在西方正式而隆重的社交场合,吻手礼仍被广泛采用。一般身着礼服的男士,自然而大方地行至女士面前,立正垂首致意,然后以右手或双手轻轻抬起女士的右手,并俯身弯腰使自己的嘴唇靠近女士的右手,接着再微闭双唇,象征性地轻轻触及一下女士的手背或手指。中国没有行吻手礼的习俗,如果女性接待人员在接待海外旅游者时,遇到西方男士以吻手礼向自己表示敬意,则应按照国际惯例自然而大方地接受,而不应当连连退缩。

(一)吻手礼的礼仪要求

吻手礼的礼仪要求如下:

(1)吻手礼仅限于室内。一般是室内正式社交场合。

(2)女士同意是男士行吻手礼的首要前提。男士强行行吻手礼是十分失礼的。

(3)吻手礼仅限于男士向自己特别敬重和爱戴的已婚女士表示崇高的敬意;对未婚少女是不行此礼的。

(4)吻手礼的服饰。要求男士穿着礼服,女士则最好是穿晚礼服,女士一般不戴手套,男士必须摘下帽子。

(二)吻手礼的禁忌

吻手礼的禁忌如下:

(1)吻手礼所吻的部位是女士的手背或手指,绝不能吻女士的手臂或裸露的肩膀。

(2) 吻手礼的吻是象征性的轻吻,不是大吻特吻,更不能连吻不放。

(3) 行吻手礼不能把唾液留在女士的手背或手指上。

(4) 行吻手礼不能不分场合、不分对象地滥用。

七、点头礼

点头礼也是一种常见的致意礼节。它一般在比较肃静的环境中使用,如图书馆、音乐厅、教堂等。某些特定的场合,如在舞会上,见面时,也可以不用“您好!”或“早上好!”等有声语言致意,此时点头即为礼。

规范的做法是面向对方,面部表情自然、大方,头部向下微微一动即可。

八、招手礼

招手礼也是一种常见的致意礼节。它通常适用于与自己的空间较远的人打招呼,但不需要采取用语言来表达。

规范的做法是伸出右手,右臂伸直高举,掌心朝向对方,轻轻摆一下即可。例如,旅游接待人员与客人道别时,可采用招手礼(见图 3-4)。

图 3-4　招手礼

九、拱手礼

拱手礼在我国是一种民间传统的会面礼,是人们表示祝贺、祝愿的一种施礼方式。其姿势是起身站立,上身挺直,两臂前伸,双手在胸前高举抱拳,通常为左手握空拳,右手抱左手,双手互握合于胸前,上下略摆动几下(见图 3-5)。

在我国,拱手致意通常用于以下场合:

(1) 每逢重大节日,如春节等,邻居、朋友、同事见面时,常拱手为礼,以表祝愿;为欢庆节日而召开的团拜会上,大家欢聚一堂,互相祝愿,常以拱手致意。

(2) 婚礼、生日、庆功等喜庆场合,来宾也可以拱手致意的方式向当事人表示祝贺。

(3) 双方告别,互道珍重时可用拱手礼;有时向对方表示歉意,也可用拱手表示。

拱手致意时,往往与寒暄语同时进行,如“恭喜、恭喜”,“请多多关照”,“节日快乐”,“后会有期”等等。

拱手礼可避免握手之拘束,行礼时不分尊卑,不受距离之限,是我国良好的礼规。

十、叩(手)指礼

叩指礼原为表示磕头之意。相传乾隆皇帝下江南,有一次到酒楼喝酒,当乾隆皇帝以仆人身份给太监斟酒时,太监受宠若惊,急忙用手指叩打桌子,以示磕头致谢。后来,人们用叩指礼表示感谢。

图 3-5　拱手礼

叩指礼，多用于服务人员斟茶、斟酒等场合（见图 3-6）。

图 3-6　叩指礼

第四节　馈赠礼仪

案例引导　　送花的学问

一位女士，在伦敦留学，曾在一家公司打工。女老板对她很好，在很短的时间内便给她加了几次薪水，一日，老板生病住院，这位小姐打算去看望病人，于是她在花店买了一束玫瑰花，在半路上，她突然觉得这束花的色彩有点单调而且看上去俗气，就去买了十几支白色丁香花，并与原来的玫瑰花插在一起，走进了病房。结果她的老板见到她的时候，先是高兴，继而大怒。

【分析】 在西方，送花时切勿送红白相间的花给病人，因为这样做会被看作是病房中将有人死亡的征兆。可以送清一色的红色花，一般不送白色花，尤其是白色百合花和白色山茶花。

礼尚往来、互致友情是国际上通行的社交活动形式。通过礼品馈赠来表达某种心意，如节日的祝福，离别时的留念，探病时的安慰等，是礼仪的体现，感情的物化。在旅游接待中，用以增进友情的合理、适度的赠礼和受礼是必要的。

一、赠送礼品的原则

（一）赠送的对象是谁（Who）

赠送礼品必须考虑对象，可谓“特别的爱给特别的你”。如果赠送的礼品是对方所缺之物，定能让对方欣喜，深受感动；反之，不会让对方重视，还可能让对方不高兴。

（二）赠送的目的是什么（Why）

赠送礼品必须考虑动机，一般是表达友好之意，如果出手过于大方，反而会让对方产生心理负担。

（三）怎样赠送（How）

一般来讲，赠送的方式主要有三种，即面送、寄送、转送。在旅游接待礼仪中，亲自面送或寄送礼品比托人代劳更亲切、更认真。面送礼品时，可说一些表示祝贺、期望、介绍礼品功能的话，更显得有诚意。

（四）什么时候赠送（When）

赠送礼品讲究“此其时也”，如果事过境迁，才去赠送“过时礼”，实际上是很失礼的。对于不熟悉的交往对象，不宜初次见面就赠送礼品，应在彼此熟悉一段时间后再赠送礼品，才易被对方接受。对于熟人，尤其是老朋友、亲人，应在见面之初，寒暄之后当面送上礼品。

（五）什么场合赠送（Where）

如果是赠送给个人的礼品，一般不要在他人在场时赠送。只有在出席宴会、参加庆典、送别朋友时，才可以当面向受赠者送上自己的礼品。

（六）赠送什么礼品（What）

根据“投其所好，实用实惠”的原则，选择礼品的标准是：

(1) 情感性。礼品是友好的象征物，其意义不在于礼品本身，而在于通过礼品所传达的友好情意，所谓“千里送鹅毛，礼轻情谊重”正是这个道理。

(2) 独创性。选择礼品，应当精心构思，富于创意，力求独特。

(3) 时尚性。赠送礼品也应折射时代风尚。随着人们生活水平的提高和思想观念的变

化，人们相互赠送礼品从经济实用的物质型礼品转化为高雅、新潮的精神型礼品。

(4) 适俗性。选择礼品时，特别是为交往不深或境外人士选择礼品时，应当考虑对方的风俗习惯，任何时候都要避免赠送对方认为伤风败俗的礼品，这是对送礼对象的尊重。

二、赠送礼品的禁忌

礼品选择不当是馈赠礼品的最大禁忌。由于受各国的风俗习惯的影响，送礼者必须注意赠送礼品的禁忌。

（一）易被理解为批评的礼品

在中国，对年长的人不能送钟，因为钟与“终”谐音，故有不吉之意；在欧洲国家，不能送菊花，其寓意也会让人联想到死亡。因此，赠送礼品应避开对方的礼品禁忌，注意礼品的品种、色彩、图案、形状、数目、包装以及礼品的寓意等(见表 3-1、表 3-2、表 3-3)。

表 3-1　鲜花的寓意

花木种类	寓　　意	主要适用对象
玫瑰	美丽，爱慕，爱的心声 对死者的怀念	欧洲人 印度人
红玫瑰	火热的爱情，倾慕，求爱	印度人
黄玫瑰	分离，伤离别	土耳其人
橄榄	和平，太平，安定	欧洲人
鸡冠花	真挚的爱情	欧洲人
柠檬花	纯洁的恋情	欧洲人
红色鲜花	热恋，赤诚	欧洲人
粉色鲜花	好感，友谊	欧洲人
白色鲜花	纯真的情谊	欧洲人
黄色鲜花	嫉妒之情	欧洲人
橙色鲜花	孕育着希望	欧洲人
浅色鲜花	温柔之情	欧洲人
深色鲜花	坚强，顽强	欧洲人
金盏花	悲伤，悲苦	法国人
金合欢花	信赖，安全	法国人
白石竹花	纯洁无瑕	土耳其人
红石竹花	友爱，友情	土耳其人

续表

花木种类	寓意	主要适用对象
黄石竹花	忧愁,伤感	土耳其人
百合花	庄重,尊敬 美好,希望,尊贵 纯真,贞洁	法国人 罗马人 波斯人
白百合花	对未婚妻的热恋 对亡灵的悼念	法国人 印度人
兰花	热烈的情谊 美好的激情 自豪,自信	法国人 波兰人 土耳其人
牡丹花	拘谨,害羞	法国人
水仙花	自爱,自赏 毫无感情	法国人 德国人
郁金香	爱慕、思念 毫无感情 美好的爱情	法国人 德国人 土耳其人
白郁金香	纯朴,诚实	土耳其人
红郁金香	我爱你	土耳其人
粉郁金香	谅解,和解	土耳其人
黄郁金香	紧张之感	土耳其人
菊花	用于墓地献给亡者	欧洲人
白菊花	赤诚,坦白	土耳其人
黄菊花	单相思	土耳其人
紫菊花	生气,愤怒	土耳其人
粉菊花	企求,盼望	土耳其人
荷花	美好,力量,吉祥,光明 未来与革新	印度人 土耳其人
康乃馨	向母亲祝福	美国人
凌霄花	慈母之爱	日本人

表 3-2 数字的寓意

数字	寓意	主要适用对象
0	积极,向上	印度人
1	完美,独尊,起始	欧洲人
3	神性,尊贵,祥瑞 敬意,尊重,诀别 巫术 死兆,不祥	希腊人,埃及人 欧洲人 非洲人 欧洲人
4	死亡,不祥 好感,美感 长生不老,重视	朝鲜人,日本人 泰国人 阿拉伯人
5	尊重,好感,重视	埃及人,印度人
6	无赖,无用之人	日本人
7	吉祥,如意,福运 至诚,坦然,尊重 纯洁,神奇,崇尚 不吉利	欧洲人 犹太人 欧洲人 新加坡人
8	不顺利	新加坡人
9	神性,神圣 苦命,痛苦	欧洲人 日本人
11	自豪,吉利	瑞士人
13	不幸,噩运,倒霉 不吉利,不顺利	欧洲人 新加坡人
17	不吉利,不顺利	加纳人
37	不吉利,不顺利	新加坡人
42	死,死兆	日本人
69	不吉利	新加坡人
71	不吉利	加纳人
108	神,神秘,驱邪	日本人
奇数	消极的象征 祝贺,兴旺,美满 尊重,祥和	非洲人 日本人 泰国人,北欧人
偶数	积极的象征	非洲人

表 3-3　结婚周年纪念日与礼品

时　间	传统礼品	现代礼品
第 1 年	纸制品	时钟
第 2 年	棉织物	瓷器
第 3 年	革制品	玻璃或水晶玻璃制品
第 4 年	亚麻织物/水果/鲜花	电器
第 5 年	木器/糖果	银器
第 6 年	糖果/铁制品	木器
第 7 年	羊毛织物/铜制品	文具
第 8 年	铜制品/陶器	亚麻织物 有装饰图案的织物
第 9 年	陶器/柳木制品	革制品
第 10 年	锡制品/铝制品	钻石饰物
第 11 年	钢制品	流行首饰
第 12 年	丝织品/亚麻织物	珍珠
第 13 年	有装饰图案的织物	纺织品、裘皮制品
第 14 年	象牙制品	金饰物
第 15 年	水晶玻璃制品	手表
第 20 年	瓷器	白金制品
第 25 年	银制品	银制品
第 30 年	珍珠	钻石
第 35 年	珊瑚	玉石
第 40 年	红宝石	红宝石
第 45 年	蓝宝石	蓝宝石
第 50 年	金制品	金制品
第 55 年	翡翠	翡翠
第 60 年	钻石	钻石
第 70 年	钻石	钻石

（二）浮华的礼品

不要赠送金钱与有价证券，因为“君子之交淡如水”，也不要赠送过于昂贵的礼品，因为“却之不恭，受之有愧”。

（三）不可接受的礼品

要遵守国家的有关规定，不能选择违法违规的物品作为礼品。在涉外交往中，有“涉外交往八不送”原则：

（1）不送现金和有价证券，以免有受贿之嫌。

（2）不送贵重的珠宝首饰。

（3）不送药品与营养品。

（4）不送广告用品或宣传用品。

（5）不送容易引起异性误会的用品。

（6）不送为受礼人所忌讳的物品。

（7）不送涉及国家机密或商业机密的物品。

（8）不送不道德的物品。

三、受礼与回赠

（一）受礼

1. 接受讲态度

受礼者应认真且面带微笑地注视对方，不要只盯着礼品，应双手接过，并道感谢。对于对方真心赠送的礼品一般不能拒收，千万不要反复推辞，硬要对方留下自用或心口不一，嘴上说“不要，不要”，手却早早接了过去。

在比较正式的场合接受礼品应用左手托礼物，右手与对方相握，或者先放下礼物再握手寒暄。

2. 拆封看对象

接受礼品，按中国习俗，一般不当面拆封观赏，如果客人请你拆开，可以拆开并称赞一番。如果是外国人赠送的礼品，一般要当面拆开，并赞美一番。

3. 拒绝有分寸

拒礼也要有礼有节。不要假意推托，如“我坚决不能要”、“它太时髦了，我用不上”、“你还是把它退了吧”等。

如果礼品确实不宜接受，是可以拒收的，但要讲究方式方法，不要让对方难堪，退还礼品应在 24 小时之内退回，并解释不接受的原因。例如，“您的好意我领了，只是公司规定不允许接受客人的礼品，实在抱歉”、“太遗憾了，虽然我很喜欢它，可是我已经买过了”，等等。

（二）回赠

可以在客人临别时回赠，也可在自己回访对方时再回赠，还可寻找机会，如对方升职、寿诞等回赠礼品。

无论是受礼还是回赠，都不应在办公室、公共场所进行，也不宜在以后的交往中经常提起。

第五节　电话礼仪

电子商务时代，电话已成为广泛的交际工具，人们在未见其人先闻其声中塑造着自己的形象，从而折射出你所在企业的形象。

一、电话礼仪

接打电话，能体现出旅游接待人员的文化素质与礼仪水平。微笑而平静地接打电话，会让对方感到温暖和亲切，尤其是使用敬语、谦语，能收到意想不到的效果。不要以为对方看不到你的表情，其实，从打电话的语调中已传递出了是否友好、礼貌、尊重他人等信息。

（一）基本礼仪

1. 重要的第一声

电话一接通，就应听到亲切、优美的招呼声“您好，这里是××公司”或“您好，我是×××”或“您好，请问是××单位吗？我是××单位的×××”。

电话交际最忌讳的就是一拿起电话就“喂、喂”地直呼，或一上来就问“喂，你是谁?”、“你在哪里?”等，这都是十分失礼的。

2. 喜悦的心情

人不是因为快乐才笑，而是因为笑才快乐。有人提出“应带着微笑的声音接听电话”。打电话时，保持良好的心情，即使对方看不见你，也可以从你欢快的语调中受到感染，给对方留下良好的印象。

3. 清晰明朗的声音

打电话的过程中绝对不能吸烟、喝茶、吃零食，即使是懒散的姿势，对方也是可以“听”出来的。可见，打电话时应保持体态的优雅、大方，能站着、坐着就不要躺着，这样发出的声音才会亲切、悦耳、充满活力。

4. 迅速准确地接听

一般认为，电话铃响不能超过三声。有人说，日本女子在电话铃响第一声开始微笑，响第二声调整呼吸，响第三声接听。迅速接听电话是对客人的尊重，如果响过多声应向对方道歉“对不起，让您久等了”。

5. 认真清楚地记录

对大多数人来说应是左手拿电话，右手做记录，做好记录的关键是掌握“五个 W 一个 H”，即 When、Who、Where、What、Why、How，按“五个 W 一个 H”记录对方讲话的内容，可避免造成遗漏或记住一大堆废话，能够迅速、准确地得到完整的资料。

6. 挂电话前的礼貌

挂电话前应重复一次电话中的重要事项，再次明确对方的目的之后，向对方道谢并告别。

接打电话时要轻拿轻放。通话结束，按电话礼仪惯例，一般由打电话的人挂断电话。尤其是与位尊者或女士通电话时，一定要等对方先挂电话，以示对对方的尊重。

（二）处理通话中出现的问题

处理通话中出现的问题，如表 3-4 所示。

表 3-4　处理通话中出现的问题

通话中的问题	处理方法
线路中断	主动打电话的一方应负责重拨
别人正在打电话，自己闯了进来	轻声道歉，迅速离开
正在打电话，有人进来	向话筒说声“对不起”，告诉来人打完电话再去找他
同事未及时给人回电话，对方再次来电话催问	热情接待，请再留言；可能的话，代为解决问题
对方未及时打电话	原谅对方，再去电话询问，留言告知答复的最后期限
没时间接对方电话	记下对方问题，应允随后回话
对方发脾气	任其发泄，尽量为之消气，重复问题所在，可能的话，为之解决问题
对方注意力不集中	提出问题，加以归纳
对方固执己见	直接给予答复
听到旁人在电话中谈私事	装作没听见，知趣地避开，或请其另找时间打电话

二、手机礼仪

现在手机礼仪越来越受到关注。在国外，如澳大利亚就采取了向顾客提供手机礼节宣传册的方式，宣传手机礼仪。

现在，手机已经成为人们日常沟通必不可少的工具。那么，使用手机有哪些礼仪呢？使用手机的基本礼仪如下：

(一)手机的摆放位置

一般情况下,手机在没有使用时,都要放在合乎礼仪的常规位置,最好不要一直拿在手里或是挂在胸前。放手机的常规位置有:一是放在随身携带的公文包里,这种位置最正规;二是放在上衣的内袋里;三是放在不起眼的地方,如手边、手袋里。不要把手机放在桌子的前方,特别是不要对着对面正在聊天的客人。

(二)手机的铃声选择

手机铃声一般不设置噪音很强的铃声,且铃声音量尽量调小,也可以将手机呼叫转移至办公电话上。彩铃设置确有独特之处,但在工作环境中最好不要用怪异或格调低下的彩铃,以免影响其他人。

(三)手机的模式选择

手机有常规模式、静音模式、震动模式等。一般来说,可调至常规模式,如果在会议、洽谈等场合,应启用静音模式或震动模式。在飞机上,一般应关机,但在欧美国家可调至飞行模式。

(四)特殊的使用场合

通常不宜在公共场所、座机电话接听中、开车中、飞机上、剧场里、图书馆里和医院里接打手机。

在正式场合,不宜当众使用手机,若确实需要使用手机时,应暂时告退,找一个安静地方通话。

(五)关闭手机的场合

在一些寂静、严肃的场合,如教室、剧场、图书馆应关闭手机,以免手机的铃声影响别人,干扰秩序。

(1)在会议中或者和别人洽谈的时候,一般应关机,至少应调到静音或震动状态。这样既显示出对别人的尊重,又不会打断发言者的思路。

(2)在餐桌上,关掉手机或是把手机调到震动状态,避免正吃到兴头上的时候,被一阵手机铃声打断。

(3)在飞机上、加油站、急救室、开车中,出于安全考虑应关机。

(六)信息的内容选择和编辑

要及时回复别人的询问信息,这体现了你对别人的尊重。

要重视信息内容的选择和编辑。因为通过你所发的信息,意味着你赞同,至少不否定信息的内容,所以不要编辑或转发不健康的信息,特别是讽刺伟人、名人,或者是公众人物的信息,更不应该转发。

不要在别人能注视到你的时候查看短信、微信等。一边和别人说话,一边查看手机信息,是对别人的不尊重。

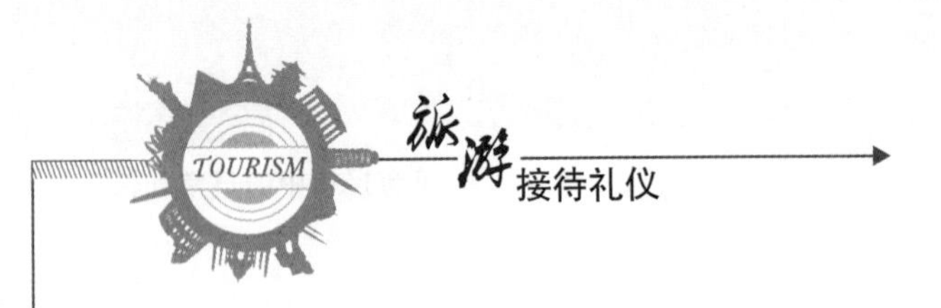

（七）其他使用手机的规定

使用手机通话，应力求简明扼要，切不可通话时间过长。

不使用免提功能接听或拨打电话。

在接电话时不应大声喧哗。例如，在公共场所使用手机，应侧过身去轻声说话，不应旁若无人地大声说话；在公交车上大声地接打电话是有失礼仪的；在楼梯、电梯、路口、人行道等地方，不可以旁若无人地使用手机，应该把自己的声音尽可能地压低一些，不能大声说话。

重要的电话应另行安排时间预约回复，避免情绪化。

不要正对着客人或同事、朋友拨打手机，避免发射高频电流对他人产生辐射，让对方心中不悦。

在旅游接待工作中，如何把握手机礼仪要视工作岗位而定。对于导游和办公室工作人员来说，手机是重要的联络工具，必须严格遵循以上礼仪。对于酒店等一线工作人员来说，工作时是不宜使用手机的，使用手机也是对客人的不尊重。

第六节　公共场所礼仪

公共场所礼仪体现社会公德。在社会交往中，良好的公共礼仪可以使人际交往更加和谐，使人们的生活环境更加美好。本节主要介绍公园、图书馆、音乐会、购物场所和厕所等公共场所礼仪。公共场所礼仪总的原则是：遵守秩序、仪表整洁、讲究卫生、尊老爱幼。

一、公园礼仪

公园礼仪应注意以下几点。

(1) 保持公共卫生，不随手乱扔果皮、纸屑、饮料瓶。

(2) 自觉遵守规章制度，爱护公园的花草树木和娱乐设施，不攀树折枝、掐花摘果、践踏草坪，也不要在古迹上涂画。

二、图书馆、阅览室礼仪

图书馆、阅览室是公共的学习场所，应注意以下几点。

(1) 要注意整洁，遵守规则。不能穿汗衫和拖鞋入内。就座时，不要为别人预占位置。查阅目录卡片时，不可把卡片翻乱或撕坏，或用笔在卡片上涂抹画线。

(2) 要保持安静和卫生。走动时脚步要轻，不要高声谈话，不要吃有声响或带有果壳的食物。

(3) 图书馆、阅览室的设施都应该加以爱护，不要随意刻划、破坏。

三、音乐会礼仪

听音乐会是一件很高雅的事情，应注意以下一些基本的礼仪。

（1）提前10分钟到达表演现场，迟到的人应在一曲结束后或者乐章之间的间隙入场。

（2）听音乐会的着装为：男性着西装，女性着洋装（裙装）或小礼服。现在虽然不一定要求西装革履，但是至少应该整齐干净，请勿穿牛仔裤、休闲服、拖鞋等。

（3）演出期间请勿使用手机及来回走动，请将手机等响闹装置置于静音状态。

（4）鼓掌是对演奏者表示赞赏的一种方式，通常会在表演开始前和表演结束后进行。在同一首作品的乐章之间不用鼓掌。乐曲结束通常要看指挥的双手是否完全放下并转身致谢，此时观众再给予热情的掌声以表示对演奏者演出成功的祝贺。

（5）严禁吸烟及饮食，不得携带危险物品及饮料、食物等入场。这是对演奏者和其他观众最起码的尊重。未经许可不得录音、录像或拍照，以免影响演出及其他观众的利益。如果需要拍照，请千万不要使用闪光灯，因为闪光灯会影响演奏者的发挥。在这种情况下，演奏者是完全有权利选择退场罢演的。

（6）演出中迟到的观众和确实需要进出者，须等待正在演奏的乐曲结束后进出，勿妨碍他人观赏演出。因为在音乐演奏期间，您的走动会影响其他人的欣赏，损害绝大部分准时入场观众的利益。

（7）应该在全部曲目演奏完之后，演奏者谢幕的时候献花，因为献花意味着音乐会的结束。

（8）演出结束后，不要急于退场。请在演奏者谢幕后，按序退场。

四、购物场所礼仪

购物场所礼仪应注意以下几点。

（1）去超市或商场等公共场所，要着装整洁，不可穿睡衣、背心、拖鞋入内。

（2）进超市购物，要按规定存包。

（3）购物时，若对已买的商品感到不满意，应主动将其放回原货架区，不能随意放置。

（4）超市内的商品不能随意品尝、试用。贵重商品、水果、蔬菜应轻拿轻放。

（5）付款时要自觉排队，不可因贪图快捷而走绿色通道。

（6）对售货员要有礼貌，要正确称呼，不要用“喂”或“唉”等字眼称呼售货员。

（7）对于售货员的热情服务要表示感谢，常说“谢谢”。

五、厕所礼仪

了解和讲究厕所礼仪，可以体现一个人的文明素质。

（一）认清厕所的标志

1. 文字标志

国际上最通用的厕所标志是“WC”，另外，常用的标志还有Toilet（盥洗室）、Lavatory

（厕所）、Washroom（洗手间）、Restroom（休息室）、Bathroom（浴室）和 Comfort Station（休息室）。男厕所的标志有 Men's Room、Gentlemen、Men。女厕所的标志有 Ladie's Room、Women 、Powder Room（化妆室）等。

2. 图画标志

厕所通常以男人的头像和女人的头像分别作为标志。此外，女厕所的标志还有裙子、皮包、丝巾、高跟鞋等；男厕所的标志还有帽子、烟斗、长裤、领带等。如果以颜色区别的话，红色的为女士厕所，蓝色的为男士厕所。

（二）厕所的使用

在火车、飞机和轮船上，厕所是男女共用的。使用前，应先看清门上显示的是有人还是没人，不要贸然进去。出入厕所时不要用力过猛，将门拉得大开或者撞得直响。在厕所里的时间不应太长，使用厕所时应自觉保持洗手间的清洁卫生，不应在厕所里乱写乱画。使用厕所后一定要放水冲洗，并关好水龙头；纸屑应扔进纸篓；不要在厕所内乱扔其他东西；注意保持洗脸池的清洁，不留脏水和污物。不要随手拿走厕所里备用的手纸。走出厕所之前，应把衣服整理好，不要一边系着裤带一边往外走。

厕所是旅游过程中必不可少的基本设施，是一个国家和地区文明程度的重要体现。从2015 年开始，中国旅游部门和相关部门在全国掀起了一场厕所革命，取得明显成效。

知识活页

厕所革命是指对发展中国家的厕所进行改造的一项举措，最早由联合国儿童基金会提出，厕所是衡量文明的重要标志，改善厕所卫生状况直接关系到这些国家人民的健康和环境状况。

每年的 11 月 19 日是"世界厕所日"，旨在倡导人人享有清洁、舒适、卫生的如厕环境，提高全人类的健康水平。

本章小结

本章从日常生活的角度，阐述了人们应该遵循的基本礼仪。在当今社会生活中，只有懂得最基本的礼仪，做一个文明习礼的人，才能在社会上立足，才有可能成为一个成功的人。

思考与练习

1. 判断题(T或F)

(1)到公司拜会客户,必须事先约好。会谈时间最好安排在上午10点到11点,下午2点到3点。

(2)与韩国人交往,为了介绍方便,要准备好名片,中文、英文或韩文均可,但要避免在你的名片上使用日文。

(3)行鞠躬礼时,眼睛一定要正视对方的眼睛。

(4)与泰国人见面行握手礼。

(5)递名片时一定要用双手接。

(6)俄罗斯人的见面礼是拥抱礼和亲吻礼。

(7)韩国人对最尊敬的人是行90°鞠躬礼。

(8)介绍时要先将地位高的人介绍给地位低的人。

(9)当别人介绍你的时候说错了你的名字,不要去纠正,免得对方尴尬。

(10)俗话说,礼多人不怪,所以送礼越多对方就会越高兴。

2. 思考题

(1)当你遇上只有一面之交的熟人时,你还记得他,可他已不记得你了,你该怎么办?

(2)当你为他人介绍时,如果一时无法确定到底哪一方有优先权,你该怎么办?

3. 讨论题

2013年3月28日上午,由汉口开往光谷的武汉地铁2号线上,一名女青年端着热干面在车厢内吃,且不听其他乘客的劝阻。坐在对面的叶女士用手机拍下现场照片,引发女青年的激烈反应,将一碗热干面扣在她的头上。此女被称为"泼面姐"。从日常礼仪的角度,你如何看待武汉"泼面姐"?

案例分析

案例一　美国总统的失礼之处

在20世纪60年代,美国总统约翰逊访问泰国时,当着泰王的面跷起二郎腿,脚尖向着泰王,随后在告别时约翰逊以得克萨斯州的礼节紧紧拥抱了泰国王后。这在

当时引起了舆论一片哗然,引起的不良影响也可想而知。

试分析美国总统约翰逊的失礼之处。

案例二　礼品赠送风波

国内某家旅行社想在接待来自意大利的旅游者时送给每人一件小礼品。于是,该旅行社向杭州某厂订购了一批真丝手帕,每块手帕上还绣有花草图案,十分美观、大方。

该旅行社的接待人员带着盒装的真丝手帕,到机场接到了这些旅游者。在去酒店的路上,他代表旅行社赠送给每位旅游者两盒包装甚好的手帕,作为礼品。

没想到旅游者一片哗然,议论纷纷,旅游者显然很不高兴。其中的一位夫人表现得极为气愤,还有些伤感。旅行社接待人员心慌了,好心好意送人家礼物不但得不到感谢,还出现这般景象。

中国人总以为送礼人不怪,这些旅游者为什么会怪起来呢?

案例三　成功的面试

一位年轻漂亮的小姐应聘某公司公关部文员,面试进行到一半时,经理表示自己有急事外出,如有电话打进来,请这位小姐帮忙接一下。于是,经理走到另一间办公室打了电话找自己。这位小姐在电话中温和的声音,礼貌规范的接听技巧令经理大悦,这位小姐赢得了她心仪的职位。

这位小姐为什么能面试成功?

本课程阅读推荐

[1]蔡践.礼仪大全[M].北京:当代世界出版社,2007.

[2]陈联,王欢芳.现代公共礼仪[M].长沙:中南大学出版社,2008.

[3]陈福义,覃业银.礼仪实训教程[M].北京:中国旅游出版社,2008.

[4]熊卫平.现代公关礼仪[M].北京:高等教育出版社,2007.

第四章

旅游接待中的迎送礼仪

学习导引

旅游业具有较高的开放性和较强的对外性，其行业接待能力和旅游服务水平直接影响着国内外旅游者的满意度。服务礼仪是旅游服务质量的核心要素，是旅游企业增强核心竞争力的有效途径。依据首轮效应和末轮效应理论，旅游接待迎送礼仪是旅游者对旅游目的地（企业）的"第一印象区"和"最后印象区"，对旅游业的经营效益和形象声誉起着至关重要的作用。本章主要从旅游行业中重要的两大板块——旅行社和酒店，来具体阐述不同类型企业的主要岗位应该具备的服务礼仪素养，探讨在不同迎送情境中，旅游工作者所应具备的服务礼仪规范，从而提高旅游服务接待艺术和水平。

学习重点

通过本章的学习，重点掌握以下知识点：

1. 旅行社前台、外联部、计调部、导服部主要岗位的迎送礼仪规范；
2. 酒店前厅部、客房部、餐饮部、康乐部主要岗位的迎送礼仪规范。

第一节 旅行社主要岗位的迎送礼仪

案例引导 **地陪没有准时到达旅游团集合地**

小徐是从某外语学院德语专业毕业分配到旅行社从事导游工作的。这天，他

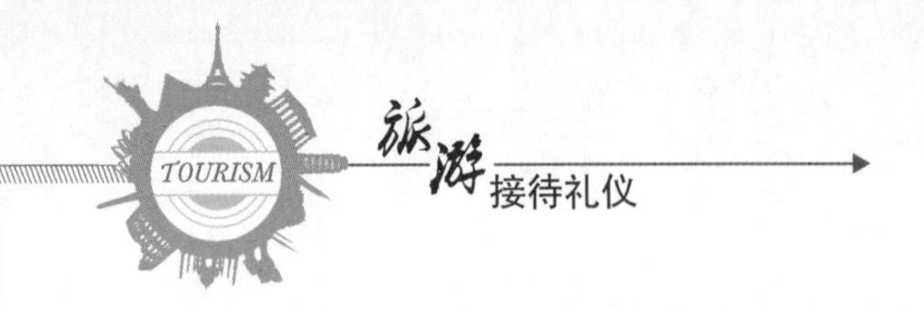

做地陪接了一个德国团。早上7:30,他就骑上自行车去旅游者下榻的饭店,因为旅游团8:00在饭店大厅集合。小徐想:"从家里到饭店骑车20分钟就到了,应该不会迟到。"然而,当经过铁路道口时,开来一列火车,把他挡住了。待列车开过去时,整个道口已挤得密密麻麻,因为大家都赶时间去上班,自行车、汽车全然没有了秩序。越是没有秩序,越是混乱,等到交通警察赶来把道口疏通,已过8:00。10分钟后,小徐才到饭店。这时,离原定旅游者出发时间已晚了十多分钟,只见等候在大厅里的那些德国旅游者个个脸露不悦,领队更是怒气冲冲,走到小徐面前伸出左手,意思是说:"现在几点了?"

【分析】 作为导游员,熟悉不同国家、地区的风俗习惯是很有必要的。了解不同国家、地区的风俗习惯后,导游员就能很好地避免一些不必要的差错。德国旅游者的时间观念强是世界闻名的,讲好8:00出发,绝对会一个不漏、一秒不迟地准时在大厅集合。这时,如果导游员自己迟到了,基本礼仪没有做到,你在他们心目中的形象就会大打折扣,即使你前面的工作非常出色,也将事倍功半。

(**资料来源**:http://3y.uu456.com/bp_9m0fy9vsj99bpah88nyw_1.html。)

一、前台的迎送礼仪

前台作为旅行社对外服务的第一窗口,前台服务人员的礼仪素养直接体现着旅行社的服务质量和接待水平。对于企业来说,前台服务礼仪的好坏直接影响着旅行社的形象;对于消费者来说,前台服务可以让旅游者更加直观清楚地了解和订购旅游产品。作为旅行社对客关系的重要环节,前台人员迎送礼仪准备工作除了基本的形象准备,还应该进行资料准备、环境准备、知识准备等,主要表现在以下几个方面。

(一)转接电话

电话礼仪是前台人员应具备的最基本的礼仪素质,这也是旅行社客户服务的基本环节。在电话响三声之内须接听,并自报家门"您好!××旅行社",而且在挂电话时需感谢客人来电,等对方挂断电话后方可挂断,并轻轻放下电话。

1. 转电话

前台作为旅行社各个部门的纽带,是其他部门实现工作计划的辅助机构。前台人员遇到转电话的情况时,必须熟悉各部门的电话和业务内容。

(1) 客人能报出同事姓名,如"请帮我转×××",应回答"好,麻烦您稍等一下"。然后转电话,直到同事接听电话后,再轻轻放下话筒。如果同事电话占线或无接听,则应转告:"不好意思,×××不在办公室(或正在接电话),您能否留下联系电话,我为您转达。"然后根据客人意思记下电话或请客人稍后再打。

(2) 客人不能报出名字,而是要联系业务,则为其转到相关部门。如果客人指出要找总经理,不要直接转到经理办公室,而应请前台经理处理。如果确认是联系业务的,可以转到相关的业务部门,再由该部门决定是否需要向总经理汇报。

2. 接电话

对于初次购买旅游产品的消费者来说，对旅行社的选择具有较大的随机性和偶然性。电话咨询已是消费者获取旅游信息的主要渠道，前台人员必须熟记旅行社当季主推旅游路线，包括位置、气候、主要景点、线路特点等。

在接听客户咨询电话时，应熟练地使用规范用语，热情、礼貌地接听电话咨询，科学、耐心、有针对性地回答客户的有关旅游的问题，包括旅游的各项接待标准、报价、出行时间等。如果客人还没有具体的出游计划，前台人员应尽量收集客人的意向和意见，向客人推荐当季主推的特色线路。如果客人对价格有异议，应翔实地介绍价格内容、服务优势，尽量邀请客人留下联系电话或联系地址，并进行登记。

（二）客户来访

1. 一般客户来访

当有客户来访时，客人进入大厅后，应起立，面带微笑，主动表示欢迎问候。在客人离柜台约 3 米时，及时向客人问好："先生（小姐、阿姨）您好，请问要去哪里旅游?"礼貌地引领客户至会客室入座，奉茶、饮料或咖啡等。

(1) 不管来访客户是出于消费目的还是出于好奇，都应主动、热情、礼貌周到，耐心解答有关旅游的各类问题，认真倾听客人的出游意向，进行线路介绍和推荐。

(2) 如果来访客户的问题无法回答，可以请同事或者经理协助："对不起，这个问题我不是很清楚，请您稍等，我请我的同事（经理）来为您解答。"

2. VIP 客户来访

如果来访客户需要定制行程或者包团，前台人员必须认真倾听客人要求，然后联系相关部门进行洽谈。

3. 欢送客人

客人离开时致谢，并表示欢迎再来："感谢您参加××旅游，如果您有什么需要，请随时给我们电话。"视情况可将客户送出会客室或送至电梯口、楼大门。

二、外联人员的迎送礼仪

外联部作为旅行社的"龙头部门"或者"先锋部队"，对旅行社的经营效益起到了重要性的决定作用。外联部人员通过把握市场新动态，分析市场新趋势，挖掘潜在市场需求，设计新型旅游产品，开发多样销售渠道，并达到产品交易的目的。其工作核心就是客户关系管理，即建立客户档案，开拓和巩固客户关系。因此，外联部人员的迎送礼仪主要表现在商务接待中。

（一）迎客服务礼仪

1. 迎接预约访客礼仪

1）迎客准备工作

(1) 做好自我形象准备，并且保持办公环境典雅、幽静、舒适，空气应清新畅通，温度、湿度应该适宜，通信、音响设备和接待用品、宣传资料要齐全。

(2) 熟悉旅行社的基本情况，充分了解旅行社各条旅游线路内容、特色、费用等。

(3) 详尽地掌握来访者的基本情况，一般包括姓名、性别、职务、人数、来访目的、日程安排等。

(4) 如果来访者是预先约定好的重要客户，则应根据来访者的地位、身份等确定相应的接待规格，制订接待计划。

(5) 掌握来访者抵离的时间、地点，如果来访者是远道而来或者是 VIP 客户，应安排专门车辆和人员接站。

2) 问候、欢迎、介绍

客人到来时，外联人员可以遵循“接待 3S”原则，以温暖亲切的话语，热情问候并表示欢迎，双方互作介绍(一般由旅行社外联部身份较高者或熟悉访客者出面介绍，也可以交换名片互相介绍)。

知识关联

“接待 3S”是指 Stand up, Smile, See，即起立、微笑、目视对方。Stand up，用身体语言表示欢迎之意；Smile，微笑的魅力；See，起身目视对方，眼神可以把你的诚意准确表达。

3) 引领客人

在客人左前方约 1 米处引路，引路时身体微侧，可边走边介绍情况。引领客人时场景不一样，引领礼仪要点也不同，下面主要介绍三种不同场所。

(1) 走廊：客人走在走廊正中央，外联人员走在走廊一旁，偶尔向后望，确认客人跟上，当转弯拐角时，要招呼一声“往这边走”。

(2) 楼梯：上楼时客人先走，下楼时客人后走。上下楼梯时，不应并行走，而应当右侧上行，左侧下行。

(3) 电梯：进电梯时先按住按钮请客人先进。出电梯时应请客人先出。

4) 入座、备茶

(1) 到达会客厅，先开门右手示意客人进入(外开门客先入，内开门己先入)。

(2) 进入后请客人入座(以右为尊)。

(3) 入座后奉茶，茶杯干净，手不可触碰杯沿。

2. 迎接一般访客礼仪

1) 态度端正，热情问候

对临时突然来访的客户，要热情接待。尤其是初次见面的客户，态度应自然、友善、亲切、随和，语气要自然，语速要正常，语音要清晰。

2) 举止礼貌，主动介绍

做自我介绍的时候应言简意赅，说明本人姓名及担任的职务，可双手递送名片，以示尊重。

3) 积极询问，注意倾听

主动提供饮料、茶、咖啡等服务并询问客户需求，始终面带微笑，注意倾听，做好记录，并耐心解释。

(二) 送客服务礼仪

1. 亲切挽留

无论接待什么样的客人,当客人准备告辞时,都要婉言真诚挽留,不要客人一说要走,马上起身相送。

2. 热情相送

等客人起身之后,自己再起身热情相送,理应将客人送到门口或电梯口。对于VIP客户或远道而来的客人,还应提前安排送站车辆,并将其送至大门口或车辆前,必要时可派专人送站。

3. 短暂话别

与客人一一握手告别,祝愿客人旅途平安并对其表示感谢,欢迎再次光临。

4. 目送离开

送行人员面带微笑,挥手示意,待车离开之后,直到看不见对方,方可离开。

三、计调人员的迎送礼仪

计调部是旅行社为落实旅游接待计划所进行的旅游服务采购,以及为旅行社业务决策提供信息服务的重要部门,在旅行社三大板块中处于中枢位置。旅行社能否兑现预约产品的数量和质量,旅游者对旅行社是否满意,很大程度上取决于旅行社计调人员的服务质量。因此,计调人员的服务质量直接影响旅行社的盈利能力。

(一) 接团后准备工作

计调人员的工作职责是按照旅游计划,代表旅行社与交通运输部门、酒店、餐厅和其他旅行社及相关部门签订协议,预订各种服务,满足旅游者在食、宿、行、游、购、娱等方面的需求。"5订"(订房、订票、订车、订导游员、订餐)是计调人员的主要任务。在接到团队确认书之后,根据旅游者的需求进行旅游产品搜索,设计旅游线路,之后与旅行社各协议单位联系,落实接团计划相关事宜。

(二) 酒店预订

计调人员一定要细致地阅读接待计划,确认人数、用房数、抵达交通的准确时间和抵达地点,了解有否需要单间,小孩是否占床等相关的用房情况,并拟订一份《订房计划书》。然后根据酒店的位置、档次等选择协议酒店。电话预订时应客气礼貌,首先询问该酒店或宾馆提供的房间是否符合标准,然后告知使用房间的数量及使用时间,看能否预订。确认价格和本社与该酒店合约价格是否有出入。最后将《订房计划书》以传真方式传送给酒店进行书面确认。在《订房计划书》中列明特殊情况:

(1) 团队中如果有重要客人(VIP),应事先标明或电话告知酒店,在其客房内摆上鲜花或水果。

(2) 对消费者的特殊要求如楼层、客房朝向等,应做重点标注。

(三) 交通订票

电话预订前,计调人员要充分了解有关交通工具的大概情况,根据团队情况,拟订一份《订票通知单》,尽可能选择多家合作单位,避免出现拿不到票的情况。电话预订时,首先询问线路行程车票是否还能预订,有多少数量,以及协议价格,特别注意预订机票时,要询问当季机票价格和儿童票价的优惠比例，然后告知人数、航班（车次）、用票时间、票别、票量。确认之后发送《订票通知单》进行确认。如遇变更，应及时通知票务人员。

（四）车辆预订

打电话之前，计调人员应根据旅游者人数、收费标准等信息，提前掌握团队用车要求，拟订一份《用车计划单》。打电话预订时一定要注意表达清晰。首先询问心目中的车型是否还能进行预订，如果可以，确认能预订的数量，价格和本社与汽车公司合约中的价格是否有出入，告知用车的起始时间，协商好付款方式，将协商好的汽车情况记录好，包括车型、车数、车况、付款方式、司机姓名和联系方式。

（五）导游服务

计调人员应熟悉旅行社导游员的管理方法，熟悉本社每一个导游员，包括他们的年龄、外形、学历、性格、作业特点、责任心、金钱观念、突发事故的处理能力，以及适合的团型，了解社内导游员的安排情况，以便针对客户做出最合适的导游安排。

（六）酒店订餐

计调人员在订餐之前，应该详细了解团队人员中是否有少数民族，或者宗教信徒，饮食上有无特殊要求等。打电话时首先询问协议酒店能否在该时间提供团队用餐。得到肯定答案之后提供协议酒店团队的用餐要求和餐标，协商付款方式，然后根据团队人数、要求，以传真方式向协议餐厅发送《订餐计划书》，并特别标注特殊用餐要求，而且进行书面确认。

（七）注意事项

（1）计调人员在联系合作旅行社时要对其进行深入了解，诸如规模、行业信用度等信息是必须要掌握的。

（2）寻求诸如酒店、餐厅、旅游车、票务代理、导游、景点、商店等合作单位时也必须全面掌握上述有关信息。

（3）计调人员在与相关合作单位确定吃、住、行、游、购、娱等方面的接待事宜时，必须以接收到对方盖有公章或者业务专用章的确认函或者接收到对方盖有公章或者业务专用章传真确认件为准，并加以核实，不能接受对方的口头确认或者网络聊天确认。

（八）送团服务工作

计调人员在接收到导游员的送团结束信息之后，应向导游员询问、征集团队旅游者意见和带团情况，并做好记录。团队返回目的地后，应及时拨打服务跟踪电话，做到团团满意，团团心中有数。

将业务联系人（供应商、批发商）的资料进行整理、备档，并在特殊时间致电问候。最后，要核算、确认、审核导游员提供的各种票据，并开具发票进行报账、结算。

四、导游人员的迎送礼仪

导游人员是旅行社的灵魂。作为一线服务接待人员，导游人员的一言一行、一举一动直接影响旅游者的满意度，直接体现着旅行社的接待水平和服务质量。从接团到送团，导游人员扮演着关键角色，如何塑造良好的企业形象，导游人员的迎送礼仪至关重要。

（一）导游人员在旅游者到达前的服务礼仪

做好接待准备是导游人员接待工作的第一个环节，是顺利完成接待任务的重要前提。

准备工作也是礼仪服务的重要组成部分，准备得越充分，旅游团的运转就越顺畅，旅游者就越满意。

一般而言，导游人员的准备工作包括熟悉接待计划，落实接待事宜，做好物质准备、形象准备、心理准备等。其中，形象准备至关重要，一方面表现出导游人员良好的职业素养，另一方面也是对旅游者的尊重，同时还反映出当地导游人员的整体形象。接站是导游人员第一次在旅游者面前亮相，导游人员应该衣着整洁、得体，要符合本地区、本民族的着装习惯和导游人员的身份，以一个健康、得体的形象去接团。

（二）导游人员接站的服务礼仪

1. 一般旅游团的迎接

1）接站前的准备

接站前必须事先做好以下几个方面的准备工作。

（1）导游人员到机场、车站、码头迎接客人，必须比预定的时间早到（迎接旅游团一般提前半个小时）等候客人，而绝不能让客人等候接团的导游人员。

（2）备好醒目的接团标志，如做好一块接站牌，上面书写“欢迎您，××旅游团”或“欢迎您，×××先生（或女士）”。当客人乘交通工具抵达后，举起接团标志旗帜，向到达客人挥手致意。

（3）接团时应事先准备好足够旅游团客人乘坐的旅游车，并督促司机将车身和车内清洗、清扫干净。

2）握手、问候、介绍

初次与客人见面，导游人员要热情相迎，要用礼貌的语言上前婉转询问，主动认准自己的团队，确定是自己应接的旅行团后，应主动与客人握手，并说“各位辛苦了”。然后用简单明了的语言主动介绍自己的单位及姓名。

3）行李

介绍以后，导游人员应主动询问客人的行李是否已随身携带。如果有托运的行李，应主动帮助办理提取手续，个别客人可为之提携行李，但注意客人的公文包和手提包不必为客人拿。

4）上车

拿好行李后，迅速引导客人来到已安排妥当的交通车旁，指导客人有秩序地将行李放入行李箱后，再招呼客人按次序上车；客人上车时，最好站在车门口，以防客人发生意外。

5）途中服务

（1）客人上车后，待客人稍做歇息后，将旅游活动的日程表发到客人手上，以便让客人了解此次游程安排、活动项目及停留时间等。为帮助客人熟悉旅游目的地，可准备一些有关的出版物给客人阅读，如报纸、杂志、旅游指南等。

（2）注意观察客人的精神状况，如客人精神状况较好，在前往酒店途中，可就沿途街景做一些介绍；如客人较为疲劳，则可让客人休息。

6）酒店服务

（1）到达酒店后，协助客人登记入住，并借机熟悉客人情况，随后，将每个客人安排妥当。

（2）客人进房前先简单介绍游程安排，并宣布第二天日程细节。第二天活动如安排时间较早，应通知总台提供团队客人的叫早服务，并记住团员所住房号。

（3）不要忘记询问客人的健康状况，如团队客人中有身体不适者，首先应表示关心，并

想办法为客人提供必要的药物，进行预防或治疗，以保证第二天游程计划的顺利实施。

(4) 与客人告别，并将自己的房间号码告知客人。

2. VIP 客人的迎接

(1) 迎送贵宾时，应事先在机场(车站、码头)安排贵宾休息室，并准备好饮料、鲜花。

(2) 如有条件，在客人到达之前可将酒店客房号码或乘车牌号通知客人。

(3) 派专人协助办理出入关手续。

(4) 客人抵达前，应通知酒店总台，在客人入住的房间内摆上鲜花、水果。

(5) 客人抵达住所后，一般不宜马上安排活动，应留一些时间让客人休息。

3. 致欢迎词

1) 致欢迎词的语言艺术

致欢迎词是沟通导游与旅游者的第一座桥梁。导游人员在接团时应认真准备，并根据不同客人的特点(如国籍、年龄、职业、旅游动机等方面的因素)，选择不同的欢迎词模式。但是，无论采用何种模式，欢迎词通常应包括以下几项内容。

(1) 问候语。向团队客人问候。

(2) 介绍语。自我介绍和介绍司机。

(3) 欢迎语。代表旅行社向客人表示欢迎。

(4) 希望语。表明自己愿竭尽全力为客人做好导游服务的态度。

(5) 祝愿语。祝客人旅途愉快等。

如果简单地将以上内容拼凑、堆砌在一起，不免让听者感到枯燥乏味。一段好的欢迎词，应该给客人留下热情、友好、亲切的感觉，起到尽快缩短导游与客人的心理距离、融洽导游与旅游者的关系并调节旅游者情绪的作用。

2) 致欢迎词的常用模式

致欢迎词除了要表达以上五项基本内容外，并没有一个固定的模式，在形式上可以不拘一格。下面介绍几种致欢迎词的模式。

(1) 风趣式。

这种欢迎词的形式比较轻松，旨在通过欢迎词来增强与旅游者的情感，制造一种活泼、愉快的气氛，缓解旅游者旅途的疲劳。风趣式欢迎词的特点是语言幽默，亦庄亦谐，妙趣横生。

在致欢迎词时，轻松的开场往往是导游人员与旅游者建立友好关系的最有效的手段之一。它不仅能够缩短导游人员与旅游者之间的感情距离，而且能够调节旅游者的心理，制造活泼的气氛，激发旅游者的兴趣。而导游人员自身也能在旅游者心目中建立起良好的第一印象。

请看一位导游员在接待一个由医生组成的旅行团时所致的欢迎词：

“各位朋友，你们好！我是××旅行社的导游。我姓谭，单名一个捡。大家一定奇怪我为什么叫这个名字，告诉大家一个秘密，我的命是捡来的。我出生的时候难产，多亏了医生，我才得以‘死里逃生’，所以今天见到各位，我感到非常亲切。我从小就有一个心愿，长大后一定要为重新给我生命的医生做点什么。今天，我终于有了这样一个机会。我一定会尽力而为，让大家玩得开心，游得尽兴……”

(2) 闲谈式。

闲谈式的欢迎词语言朴实、自然，语气平和，如同拉家常式地缓缓道来，使人感觉贴近生活。这种方式看似平淡，但字里行间都透着随和、亲切，虽是第一次相逢，却似老朋友一样没有拘束感，有利于旅游者与导游之间情感的交融。这种模式特别适用于以休闲消遣为主要目的的旅游者，如果运用得好，随后的导游工作也会开展得更加顺利。

请看，一位导游员面对来自同一单位的旅游团所致的欢迎词：

“来自北京的朋友们，大家好！

“我先了解一下，咱们都是一个单位吗？（答：是）噢，这就好，那么大家互相都认识了。（答：是）好，我们也来认识一下，我姓赵，叫赵强，是×旅行社派出的这次专门接待大家的导游。再了解一下，我们这个旅行团有没有领导？（答：这位是我们的科长）噢，科长，请问贵姓？（答：姓陈）噢，陈科长！这次您就是老大，可以好好享受一下当老大的乐趣。这几天，大家无论有什么事，都得听老大的，知道吧！不过老大也得听我的！开玩笑，我只是尽力服务而已。其实，这车上真正的老大是我们这位司机刘师傅，他掌握着全团人的方向呀！刘师傅开了十几年的旅游车，在我们省旅游圈里可谓德高望重，是很有威信的！有我们刘师傅，大家尽管放心，保证大家玩得开心、愉快！”

（3）感慨式。

感慨式的欢迎词大多渗透较为浓郁的情感，以善解人意的语言有感而发，句句都能唤起旅游者心灵的“共鸣”，从而起到激发和调动客人情绪的作用。感慨式欢迎词一定要有真情实感，要求导游人员致欢迎词时的所言所叙，犹如身临其境，绝不能“无病呻吟”，那样会使旅游者大倒胃口，并从心里滋生出一种对导游人员矫揉造作的厌烦情绪。

（三）导游人员送站的服务礼仪

1. 导游人员送站的礼仪规范

（1）客人活动结束前，要提前为客人预订好下一站旅游或返回的机（车、船）票；客人乘坐的车厢、船舱尽量集中安排，以利于团队活动的统一协调。

（2）为客人送行，应使对方感受到自己的热情、诚恳、有礼貌和有修养。临别之前应询问客人有无因来不及办理而需要自己代为解决的事情，应提醒客人是否有遗漏物品并及时帮助处理解决。

（3）火车、轮船准备开动，客人进入隔离区以后，应向客人挥手致意，祝客人一路顺风（如果乘飞机，一般祝客人一路平安），然后再离开。如果自己有其他事情需要处理，不能等候很长时间，应向客人说明原因并表示歉意。

2. 致欢送词

1）欢送词的内容

欢送词是带团导游人员在结束了所有计划安排的景点游程后，在即将与客人告别之时所说的最后一段话。好的欢送词就犹如一篇好文章的精彩结尾，会给旅游者留下长久的余味，为前面的导游讲解工作锦上添花。如果在游程中曾出现过这样或那样的遗憾和不足，也可以通过欢送词再一次向客人表示歉意，以宽慰旅游者使之心态平衡。任何不“辞”而别或草率收场，都是对旅游者不礼貌、不负责任的行为。

古人云：“结句如撞钟。”一次成功的导游讲解，应有一个好的欢送词来为它画上一个圆满的句号。那么，如何致欢送词呢？

致欢送词应该包括的内容如下：

(1) 惜别语。表示惜别之情。

(2) 感谢语。对旅游者的配合与支持表示感谢。

(3) 征求意见语。向旅游者诚恳地征求意见和建议。

(4) 致歉语。对行程中不足之处,赔礼道歉,请求谅解。

(5) 祝愿语。期待下一次重逢,祝旅游者一路顺风。

由于每一个旅行团情况各不相同,欢送词在形式上可以因团而异。比如:对东方人可以讲一些关怀体贴的话,而对西方人则大可不必。因为东方人需要的关怀与温暖,在西方人看来是对他个人自理能力的怀疑和轻视。

2) 致欢送词的常用模式

欢送词大致可分为抒情式和总结式两种。

(1) 抒情式。

抒情式欢送词借助抒情语言的感化力,往往能够打动人心,使交流双方产生强烈的情感共鸣。导游人员以热情洋溢的语言,抒发惜别之情,对巩固加深与旅游者相处期间所建立的友情具有积极的促进作用。采取抒情式的欢送词应注意以下几点。

①强调情感真实,有感而发,倾注个人的真情实感。

②遣词造句中比喻要恰当,切忌情感过分夸张,以免使旅游者产生虚伪之感。

③可借助声调效果、体态语言造成一种情景交融的气氛,以弥补欢送词创作方面的不足。

请看重庆一位导游员在送别一个日本东京汉诗研究旅游团时所致的欢送词:

"两天来,由于各位的盛情和通力合作,我们在重庆的游览就要结束了。在此,谨向各位表示深深的谢意!重庆和东京相距几千公里,但只不过是一水之隔。中国和日本是一衣带水的友好邻邦,我唯一的遗憾是不能按照日本的风俗,给你们一束古老的纸带,一头牵在你们手里,一头系在我们手里。船开了,纸带一分两半,却留下不尽的思念。虽然没有这条有形的纸带,但却有一条无形的彩带,那就是友谊的纽带……

"中国有句古话,'物唯求新,人唯求旧'。东西是新的好,朋友还是老的好。这次我们是新知,下次各位有机会再来重庆,我们就是故交了。祝各位万事如意,一路顺风!谢谢各位。"

这位导游员针对该团是文学艺术团队的特点,在欢送词中运用了大量的文学语言,收到了良好的效果。

再看沈阳一位导游员的煽情欢送词:

"(语速放慢)虽然舍不得,但还是不得不说再见了,感谢大家几天来对我工作的配合和给予我的支持和帮助。我自问是一个有责任心的人,但是在这次旅游过程中,还是有很多地方做得不到位。比如说,××的时候,大家尽力帮助我;××时候我有工作上的疏漏,大家不但理解我而且还十分支持我的工作。不用一一列举了,就是这些点点滴滴的小事情使我感动。也许我不是最好的导游,但是大家却是我遇见的最好的客人,能和最好的客人一起度过这难忘的几天这也是我导游生涯中最大的收获。作为一个导游,虽然走的都是一些自己已经熟得不能再熟的景点,不过每次带不同的客人却能让我有不同的感受。在和大家初次见面的时候我曾说,相识即是缘,我们能同车而行即是修来的缘分;而现在我觉得不仅仅是所谓的缘分了,而是一种幸运,能为最好的旅游者做导游是我的幸运。

"我由衷地感谢大家对我的支持和配合。其实能和大家达成这种默契真的是很不容易,大家出来旅游，收获的是开心和快乐；而我作为导游带团，收获的则是友情和经历。我想这次我们都可以说是收获颇丰吧。也许大家登上飞机后，我们以后很难会有再见面的机会，不过我希望大家回去以后和自己的亲朋好友回忆自己的东北之行的时候，除了描述沈阳故宫博物院如何雄伟壮丽、张氏帅府如何饱经沧桑之余，不要忘了加上一句，在沈阳有一个导游小刘，那是我的朋友！

"最后，预祝大家旅途愉快，以后若有机会，再来沈阳会会您的朋友。"

(2) 总结式。

总结式的欢送词情感朴实，主要用叙述性的语言对全程旅游情况做一个简单的回顾，并对旅游者合作配合表示感谢，期待重逢，然后用祝福语收尾。总结式欢送词简单、朴实，导游人员采用较多。

请看武汉的一位导游员的欢送词：

"各位朋友：汉口火车站马上就要到了，小王我也要和大家说再见了。在这里，我非常感谢大家对我工作的支持。在短暂的一天，我们游览了美丽的东湖、壮观的黄鹤楼和神秘的归元寺，我们彼此留下了非常深刻的印象，谢谢大家给我的快乐！一路上我有什么不足之处，请大家多多谅解，并提出宝贵意见。希望大家能再次光临武汉。最后祝大家一路平安，合家欢乐！谢谢大家！"

第二节 酒店主要岗位的迎送礼仪

案例引导 "女士优先"应如何体现

在一个秋高气爽的日子里，迎宾员小贺穿着一身剪裁得体的新制服，第一次独立地走上了迎宾员的岗位。一辆白色高级轿车向饭店驶来，司机熟练而准确地将车停靠在饭店豪华大转门的雨棚下。小贺看到后排坐着两位男士、前排副驾驶座上坐着一位身材较高的外国女宾。小贺一步上前，以优雅姿态和职业性动作，先为后排客人打开车门，做好护顶、关好车门后，迅速走向前门，准备以同样的礼仪迎接那位女宾下车，但那位女宾满脸不悦，使小贺茫然不知所措。通常后排座为上座，一般凡有身份者皆在此就座。优先为重要客人提供服务是饭店服务程序的常规。

【分析】 在西方国家流行着"女士优先"的服务原则。在社交场合或公共场所，男子应照顾、帮助女士。诸如：人们在上车时，总要让妇女先上；下车时，则要为妇女先打开车门等。西方人有一种形象的说法："除女士的小手提包外，男士可帮助女士做任何事情。"迎宾员小贺未能按照国际上通行的做法先打开女宾的车门，致使那位外国女宾不悦。

一、前厅部迎送礼仪

前厅部是为客人提供各种综合服务的部门,是酒店对客服务最先开始和最后结束的场所,酒店前厅服务的好坏直接影响着客人的满意度和忠诚度,对酒店服务形象、管理质量、经营效益起到至关重要的作用。因此,前厅部虽不是主要营业部门,但却是酒店内部营运的中枢系统。作为酒店的门面,前厅部迎送礼仪成为酒店服务礼仪的重中之重。

(一)迎客服务礼仪

1. 着装礼仪

在岗位时,着装要整齐,站立要挺直,不可叉腰、弯腰,走路要自然、稳重。

2. 接待礼仪

(1) 见到客人光临,应面带微笑,主动问候客人:“您好!欢迎光临!”并致15°鞠躬礼。

(2) 对常住客人应称呼他(她)的姓氏,以表达对客人的礼貌和重视。

(3) 当客人较集中到达时,要尽可能让每一位客人都能看到热情的笑容和听到亲切的问候声。

(4) 客人乘小车抵达时,应主动迎上,引导车辆停妥,接着一手拉开车门,一手挡住车门顶,以免客人碰头。服务时应遵循“女士优先”原则。如果是信仰佛教或伊斯兰教的客人,因教规习俗,不能为其护顶。

(5) 客人下车后,要注意车座上是否有遗落的物品,如发现有物品遗落,要及时提醒客人或帮助客人取出。得到客人允许后,可以帮客人从车中取行李,并清点行李。询问是否需要行李员,若需要,应帮助联系提供行李服务。

(6) 如果遇到旅游团队,应引导团队客人在大堂的合适位置稍作休息。

(7) 如遇下雨天,要撑伞迎接,以防客人被淋湿。若客人带伞,应为客人提供保管服务,将雨伞放在专设的伞架上。

(8) 对老人、儿童、残疾客人,应先问候,征得同意后予以必要的扶助,以示关心。如果客人不愿接受特殊关照,则不必勉强。

(二)送客服务礼仪

1) 离店准备

(1) 接听客人收取行李的电话,问清房号、行李件数、收取时间。

(2) 推行李车,应在3分钟内或按照客人约定的时间到达房间。

2) 提取行李

应先完成“敲门—通报”的工作流程,然后进房,问候客人,接着同客人一起清点行李件数,检查有无破损,并系上填好的行李卡。如果客人不在房间,请楼层服务员开门取行李,同样遵守“敲门—通报”的工作流程,并注意客人有无遗留物品。

3) 引领客人

(1) 引领客人到大堂,请客人先行,并保持一定距离。

(2) 先确认客人是否结账。如未结账,应该礼貌进行提醒。

(3) 再次请客人确认行李件数。

4) 道别返回

(1) 提前安排车辆,把车辆引导到客人容易上车的位置,并拉开车门请客人上车。如果客人有行李,应主动帮客人将行李放上车并与客人核实行李件数。

(2) 向客人礼貌微笑道别:“谢谢光临,欢迎下次再来,再见!”并挥手致意,目送离去。

知识关联

国际金钥匙组织起源于法国巴黎,自1929年至今,是全球唯一拥有80多年历史的网络化、个性化、专业化、国际化的品牌服务组织。金钥匙服务(Concierge)已被国家旅游局列入国家星级饭店标准。

(三) VIP客人迎送服务

(1) 根据“VIP客人接待计划书”,了解VIP客人姓名、人数、抵达时间,提前做好VIP客人抵店前用车准备工作。

(2) 在VIP客人抵达或离店的当天再次与车队确认;安排金钥匙服务进行接机。

(3) 在VIP客人抵达酒店前10分钟通知相关人员恭候;根据VIP客人等级,大堂副理等管理人员亲自在酒店门口迎候客人。

(4) 亲切称呼客人姓名,向VIP客人表示欢迎并问候,大堂副理向VIP客人介绍自己和有关人员。

(5) 行李员做好客人行李的送房准备。

(6) 根据电脑记录的当天VIP客人离店时间,做好客人离店准备。

(7) 根据VIP客人等级,大堂副理等管理人员负责引领VIP客人步出酒店并欢送其离店。

(8) 如需提供机场送机服务,按标准执行。

二、客房部迎送礼仪

客房部是酒店主要创收部门,是带动酒店一切经济活动的枢纽。客房作为抵店客人接触最多、逗留时间最长的场所,温馨、舒服的客房迎送服务可以营造良好的住宿气氛,可以为客人营造“宾至如归”的感觉,大部分酒店客房收入占酒店营业收入的50%以上,而且客房服务水平往往被用作酒店等级标准评定的依据。因此,客房的优质服务和完美布置是给客房部带来良好经济效益的重要手段和方式。客房服务成为酒店服务活动的主体。

(一) 迎客服务礼仪

1. 迎客准备

了解客人抵离时间、性别、年龄、宗教信仰、习俗特点等,做好正确的接待计划,安排接待服务工作。

(1) 如果客人因风俗习惯或宗教信仰而有特殊要求,在合理的情况下均应给予满足。

(2) 重要客人需特别布置房间(鲜花、水果),提前检查。如果是晚上到达,要调好室温,拉上窗帘,开亮房灯,做好夜床。

2. 热情迎宾

(1) 客人到达楼层，客房服务员应面带微笑，立于电梯口热情打招呼，如“您好，欢迎您”等，特别节日更要予以节日问候，语调要亲切自然，感情要真挚。

(2) 对老、弱、病、残等客人，主动询问之后，应给予必要的帮助和关心。

(3) 引领客人到房间，客房服务员应在客人前方一到两步远，注意保持适当速度。

(4) “敲门—通报”之后，打开房门，立于门后，请客人进入。

(5) 待客人坐下休息后，要根据不同客人的具体情况介绍房间设施及使用方法，介绍要热情、及时、详细。

(6) 在问清客人没有其他要求后，应立即退出客房，不可无事逗留，以免影响客人休息。走时说上一句“有事请吩咐”，或“如有需要，请拨分机号×××，我随时恭候”。退出房间时，应先后退一到两步，再转身走出，同时把门轻轻关上。

(二) 送客服务礼仪

(1) 做好客人离店的准备工作。要详细了解客人的离店信息，在无错漏的情况下，最后还要问客人还有什么需要帮助做的事情，如果有的事情在本部门不能完成，应与有关部门联系，共同协作，做好离店的准备工作。

(2) 热情送别。客人离开楼层时，应主动协助行李员提送客人的行李物品，并热情送到电梯口，有礼貌地说“再见，欢迎您再来”等。

(3) 客人走后做好检查工作。客人退房后，要检查有无客人遗忘的物品，如果有，应立即派人追送；如送不到，应交给相关部门保管，并告知前台，以便客人寻找时归还。

案例引导　　顾客就是上帝？

服务行业有一句话，“客户就是上帝”。对于这个准则和目标，所有服务行业的从业人员都在努力用语言、表情、动作去阐释。但是，近年频繁发生的恶劣事件，使人们对“顾客就是上帝”的理解产生了微妙的变化。

案例一

2016 年 8 月 16 日凌晨 3 点 40 分，常州恐龙园附近的全季酒店来了三男一女，其中一对男女需要开房，其他两人则是陪同。

前台工作人员小石表示，由于是两人入住，但是只有一张身份证，按照规定她是不能办理入住手续的。其中一名穿蓝色条纹衣服的男子瞬间恼羞成怒，抡起手中的钱包砸向小石。这还不够，男子随即绕到工作台内部，一脚踹倒小石。情急之下，小石抓起计算器砸向这名男子，但随后这名男子更加激动，又连踹了几脚，直到小石再次倒地。

全季酒店所属的华住集团 CEO 张敏女士于 8 月 16 日凌晨发表一段声明：以前服务行业有一句话叫作“客户就是上帝”，这是不合理的，这相当于说“有奶便是娘”。客人不是上帝，服务的人和被服务的人是平等的。在华住，我们提倡“待客人如亲友”，我们认为，客人也要对华住的伙伴态度尊重。欺负人的、不讲理的客人，我们不欢迎；伤害我们华住员工的人，我们必要追究到底，绳之以法。

案例二

2016 年 6 月 14 日，海南航空 HU7041 自太原飞往重庆。两男性乘客企图免费升级到头等舱，被制止后，他们开始辱骂并殴打空乘及空警，致 4 名空乘及 1 名空警不同程度受伤。受此影响，飞机晚点两个小时。海南航空称，打人乘客被警方带走调查，海航申请将两人列入“旅客黑名单”。这又是一则“上帝”野蛮“维权”、殴打乘务人员的新闻。

案例三

2016 年 10 月 4 日，因返程发车问题游客和导游员产生争执，一名游客将景区导游员头部打伤住院。

有专家认为，“顾客就是上帝”本质上不过是一个为营销服务的理念而已，并不能视为放之四海而皆准的强制性规则。顾客和商家只是一种消费与服务的关系而已，每个人的社会地位是平等的，绝对没有贵贱之分，每一位消费者都应摆清自己的位置，给予服务人员起码的尊重。

三、餐饮部迎送礼仪

餐饮部作为满足客人需求的基本服务部门，其服务产品不仅可以成为吸引客源的主要方式，也可以作为酒店的一种品牌资源。餐饮以其灵活多变的特点，成为酒店在市场营销竞争中获取较大优势的重要途径。餐饮服务礼仪是酒店服务质量、服务态度的直接表现，是酒店服务水平的缩影。因此，餐饮部作为酒店主要对客部门之一，迎送服务礼仪好坏直接对酒店服务形象产生影响。

（一）迎客服务礼仪

1. 微笑迎客

(1) 迎宾接待人员应仪容端庄、大方，站姿优美、规范。答问要热情亲切，使客人有备受欢迎和受尊重的感觉。

(2) 在客人到来前，要有 1～2 位服务员在餐厅门口迎接；若是较高规格的宴请，餐厅经理或值班经理必须在餐厅门口迎接。

(3) 对常来的客人应称呼他(她)的姓氏，以表达对客人的尊重。

(4) 当客人走向餐厅约 1.5 米处时，应面带微笑，拉门迎宾，并热情问候“您好，欢迎光临”。同时，用另一只手平伸指向大厅，请客人入厅。如果男女客人一起进来，要先问候女宾，然后再问候男宾。

(5) 对老人、儿童、残疾客人，应先问候，征得同意后予以必要的扶助，以示关心照顾。

如果客人不愿接受特殊关照,则不必勉强。

(6) 引领客人应注意“迎客走在前,送客走在后,客过要让道,同走不抢道”的基本礼仪。

2. 帮客人接物

假如客人戴着帽子或穿有外套,征得同意之后协助拿衣帽,并予以妥善保管。如遇雨天要主动收放客人的雨具,并把这些东西放在合适的地方,但一定要先征求客人的同意,假如客人认为不行或不习惯别人帮助接物,就不必拘泥于酒店的迎宾规则礼仪了。

3. 询问是否预订

对已预订的客人,要迅速查阅预订单或预订记录,将客人引到其所订的餐桌。如果客人没有预订,应根据客人到达的人数、年龄等选择桌位,同时还要考虑到餐厅的整体平衡。

(二) 送客服务礼仪

1. 结账付款

客人餐毕,应把账单正面朝下放在小托盘上,从客人的左边递上(一般递给东道主,而不要直接递给其他客人),请客人核对账目。当客人付款后,要表示感谢。

2. 征求意见

客人用餐完毕,领班应主动地征求意见,这正是了解客人喜不喜欢饭菜、服务好不好的机会,如果有意见,就要马上解释和解决。

3. 礼貌送客

客人结完账起身离座时,应及时拉椅方便客人离开,同时提醒其不要遗忘随身物品,并说一声“再见,欢迎下次再来”或“再见,希望您满意”等问候语。鞠躬施礼,目送离去。

四、康乐部迎送礼仪

康乐部是酒店为客人提供消遣娱乐、美容美发等各种休闲服务的重要部门。随着人们生活水平的提高和生活质量的提升,消费者对休闲活动的热衷程度越发增强,由此可见,康乐部在酒店经营管理中的作用越来越明显。康乐部服务种类多,承担游泳、健身、球类、歌舞、桑拿洗浴等项目,其每个项目的服务内容、服务方式又各不相同。这里主要介绍康乐部通用的迎送服务礼仪。

(一) 迎客服务礼仪

(1) 在上岗前要作自我形象检查,在工作期间保持良好的工作状态。

(2) 及时了解各项目、各区域的客情及项目情况。

(3) 热情主动地迎接客人,礼貌性问候,并询问是否有预订。

(4) 积极详细地向客人介绍各娱乐项目、休闲设施,包括节目安排的内容、特色、收费标准等,推荐消费。如若消费客满,应该向客人致歉解释,说明预约方法和解决办法。

(5) 准确记录客人姓名(如酒店客人要登记房号)、到达时间和消费的服务项目种类。

(6) 尽可能按客人的意愿来选择项目,安排座位或包房,尊重客人对座位的类型或档次要求。

(7) 提供更衣柜钥匙、毛巾等各种服务用品，提醒客人注意保管。

(8) 向客人详细介绍项目设施使用的注意事项。

(二) 送客服务礼仪

(1) 客人示意结账时，立即到收银台取出账单。

(2) 取出账单后，认真核对各消费明细是否准确，如消费时间、消费种类、消费金额等。确认无误后，将账单放在账单夹中用托盘送至客人面前，有礼貌地说："这是您的账单。"并向客人道谢。

(3) 当客人准备起身离开时，提醒客人带好随身物品，并说："请慢走，欢迎下次光临。"还应主动将客人送到电梯口并按好电梯以示尊重。

本章小结

(1) 旅行社前台作为接待部门，其迎送礼仪主要表现在转接电话和客户接待两方面；外联部迎送礼仪规范主要是在商务洽谈中。

(2) 计调部迎送礼仪主要表现在对外采购上，最根本的任务就是"5订"即预订酒店、交通订票、预订车辆、预订导游员、酒店订餐。

(3) 导游人员的迎送礼仪是旅行社创造良好第一印象的重要环节，要重点把握旅游团的接站服务和送站服务。

(4) 金钥匙服务是酒店前厅部迎送礼仪的重要内容，即VIP迎送服务。

(5) 餐饮部、客房部、康乐部是酒店主要营收部门，是对客关系管理的关键，应该重视消费者的迎送礼仪工作。

思考与练习

1. 简述旅行社外联部迎送服务礼仪规范要点。
2. 试述计调部迎送服务礼仪规范要点。
3. 试述导游人员接站前的准备工作。
4. 试举例谈谈导游人员接站服务和送站服务的注意事项。
5. 试述酒店金钥匙服务内容。
6. 试述餐饮部迎送服务礼仪规范要点。

案例分析

案例一　日本小旅游者的"欧吉-桑"

老董是一位日语导游员,特别擅长体会人心。对年岁大的旅游者,他就多介绍中国老年人的生活情况和退休制度;对年轻人,他就侧重讲中国的就业情况和婚姻制度;对成年妇女,他就讲工资收入、住房分配及房租水电费,还讲米、面、菜、油的价格。

一次,老董带一个日本儿童少年访华团,孩子们看到为他们导游的是一个小老头,很是扫兴。面对一群孩子,老董给他们讲起了故事,他讲了战争时期他家的悲惨遭遇,讲了新中国成立后他自己如何学会了日语,又如何从事中日友好交流工作。传情的故事让孩子们听入了神,感动得流下了泪。一路上,他们结成了亲密的伙伴,孩子们亲昵地叫他"欧吉-桑(爷爷)"。

问题:你认为作为导游员应该如何服务于不同类型的旅游者?

案例二　昂贵的着装

某旅行社一位吴导游接待一个新加坡旅游团时,穿了一身名牌西装,在她看来,这是为了表示对客人的尊重。可是客人看见她穿的一身高档毛料西装,无形中有了一种压抑感,自然疏远了她。一位客人悄悄地对吴导游说:"你穿的服装,在我们国家都是有钱人才能穿的;我们以为你是官员,所以不敢和你说话。"

问题:吴导游应如何着装才能拉近和客人之间的距离?

案例三　靠窗的座位

玛格丽特是亚特兰大某饭店的引位员。饭店最近比较繁忙。这天午饭期间,玛格丽特刚带几位客人入座回来,就看见一位先生走了进来。"中午好,先生。请问您贵姓?"玛格丽特微笑着问道。"你好,小姐。你不必知道我的名字,我就住在你们饭店。"这位先生漫不经心地回答。"欢迎您光顾。不知您愿意坐在吸烟区还是非吸烟区?"玛格丽特礼貌地问道。"我不吸烟。不知你们这里的头盘和主菜有些什么?"先生问道。"我们的头盘有沙律、肉碟、熏鱼等,主菜有猪排、牛扒、鸡、鸭、海鲜等。您如果感兴趣的话,可以坐下来看看菜单。您现在是否准备入座了?如果准备好了,请跟我去找一个餐位。"玛格丽特说道。这位先生看着玛格丽特的倩影和整洁的衣服,欣然同意,跟随她走向餐桌。"不,不,我不想坐在这里。我想坐在靠窗的座位,这样可以欣赏街景。"先生指着靠窗的座位对玛格丽特说。"请您先在这里坐一下。等靠窗有空位了我再请您过去,好吗?"玛格丽特在征得这位先生的同意后,又问他要不要点餐,这位先生点头表示肯定。玛格丽特对一位服务员交代了几句,便离开了这里。当玛格丽特再次出现在先生面前告诉他靠窗有空位时,先生正与同桌的一位年轻女士聊得热火朝天,并示意不换座位,要赶紧点菜。玛格丽特微笑着走开了。

问题：简述这位饭店引位员的服务过程和应该注意的礼仪规范。

本课程阅读推荐

[1]马树生，许萍．模拟导游[M]．北京：旅游教育出版社，2008.

[2]王琦．旅游实用礼仪[M]．北京：清华大学出版社，2010.

[3]伍海琳．旅游礼仪[M]．长沙：湖南大学出版社，2009.

[4]陈刚平，周晓梅．旅游社交礼仪[M]．北京：旅游教育出版社，2003.

[5]中国旅游饭店业协会．中国饭店行业服务礼仪规范（试行）[M]．北京：旅游教育出版社，2007.

[6]薛建红．旅游服务礼仪[M]．3版．郑州：郑州大学出版社，2014.

[7]王丽华，谢彦君．旅游服务礼仪[M]．北京：中国旅游出版社，2016.

第五章

旅游接待活动礼仪

学习导引

为了推进旅游诚信建设工作，提升公民文明出游意识，2016年5月26日，国家旅游局发布的《国家旅游局关于旅游不文明行为记录管理暂行办法》规定：中国旅游者在境内外旅游过程中发生的因违反境内外法律法规、公序良俗，造成严重社会不良影响的行为，如扰乱航空器、车船或者其他公共交通工具秩序，损毁、破坏旅游目的地文物古迹，参与赌博、色情、涉毒活动等，纳入“旅游不文明行为记录”；从事旅游经营管理与服务的工作人员在从事旅游经营管理和服务过程中因违反法律法规、工作规范、公序良俗、职业道德，造成严重社会不良影响的行为，如价格欺诈、强迫交易、欺骗诱导旅游者消费，侮辱、殴打、胁迫旅游者，不尊重旅游目的地或旅游者的宗教信仰、民族习惯、风俗禁忌等，纳入“旅游不文明行为记录”。

旅游业是现代服务业的重要组成部分，服务礼仪贯穿于“食、宿、行、游、购、娱”六要素的各个方面。本章从就餐礼仪、住店礼仪、交通礼仪、游览礼仪、购物礼仪和娱乐礼仪等六个方面来阐述旅游接待活动中的礼仪基本要求和对客服务礼仪规范。

学习重点

通过本章的学习，重点掌握以下知识点：

1. 宴请礼仪、赴宴礼仪、旅游团队餐礼仪规范；
2. 入住酒店基本要求、对客服务礼仪规范；
3. 旅游接待活动中的交通礼仪规范；
4. 导游游览服务、景区（点）和主题公园服务礼仪、参观博物馆/美术馆礼仪规范；
5. 导游人员导购服务礼仪、酒店商品销售服务礼仪规范；
6. 参加舞会、观看文艺晚会、体育观赛等礼仪规范。

第一节　就餐礼仪

案例引导　　一时的失误

大学毕业生小赵被分配到某大酒店公关部，经过几年的勤恳工作，被聘为科长。一次，酒店接待一位前来投资的大老板，经理把接待任务交给小赵，小赵认真准备，可是一不小心，把主宾位弄错了，由于很忙，大家都未发现，等发现时已经迟了。结果这次投资项目告吹了，小赵也被调离了公关部。

【分析】 主宾座次，这是礼仪问题，座位弄错，就是对客人的不尊敬。也许这是一件很偶然的事情，很小的疏忽，但一不小心，就会因小失大。因此，宴请礼仪接待中，事无大小，都必须严格按照宴请礼仪的规则来处理，讲究接待艺术。

（资料来源：http://www.laiwunews.cn/yule/b/shishi/2016/0901/36197.html。）

一、宴请礼仪

（一）常见的几种宴请形式

宴请是一种常见的社交活动，形式较多，主要有宴会、招待会（酒会）、茶会、工作进餐等。

1. 宴会

宴会，通常是指用餐形式的社交聚会。一般规模较小，多在晚间举行，往往有负责人出席。正式宴会多用请柬邀请，对服装有严格要求。宴会可以分为正式宴会和非正式宴会两种类型。

宴会中最高级别的形式是国宴。国宴是指国家元首或政府首脑为招待国宾、贵宾或在重要节日而举行的正式而隆重的宴会。

（1）正式宴会，是一种隆重而正规的宴请。它往往是经过精心安排的，在比较高档的饭店，或是其他特定的地点举行的，是讲究排场、气氛的大型聚餐活动。对于到场人数、穿着打扮、席位排列、菜肴数目、音乐演奏、宾主致辞等，往往都有十分严谨的要求。

（2）非正式宴会，又称便宴，也适用于正式的人际交往，但多见于日常交往。它的形式从简，偏重于人际交往，而不注重规模、档次。一般来说，它只安排相关人员参加，不邀请配偶，对穿着打扮、席位排列、菜肴数目往往不作过高要求，而且也不安排音乐演奏和宾主致

辞。家宴是一种非正式宴会，是在家里举行的宴会。相对于正式宴会而言，家宴最重要的是要制造亲切、友好、自然的气氛，使赴宴的宾主双方轻松、自然、随意，彼此增进交流，加深了解，促进信任。通常，家宴在礼仪上不作特殊要求。为了使来宾感受到主人的重视和友好，基本上要由女主人亲自下厨烹饪，男主人充当服务员；或男主人下厨，女主人充当服务员，来共同招待客人，使客人产生宾至如归的感觉。

2. 招待会

(1) 冷餐会，是比较自由的宴请形式，一般不设座，食品集中放在厅中央或两侧桌上，由客人自取。冷餐会可招待较多的客人，客人到场或退场比较自由。

(2) 酒会，亦称鸡尾酒会，是一种自由的社交活动，备有多种饮料和少量小食品，一般在下午或晚上举行，不设座、时间短，客人到场或退场自由。

(3) 自助餐，是近年来借鉴西方的现代用餐方式。它不排席位，也不安排统一的菜单，是把能提供的全部主食、菜肴、酒水陈列在一起，根据用餐者的个人爱好，自己选择、加工、享用。采取这种方式，可以节省费用，而且礼仪讲究不多，宾主都方便。在举行大型活动，招待为数众多的来宾时，这样安排用餐，也是明智的选择。

3. 茶会

茶会，又称下午茶，一般在下午三四点钟举行，以茶水、点心、水果招待客人，客人入场或退场较自由。

4. 工作餐

工作餐重在一种氛围，意在以餐会友，创造出有利于进一步进行接触的轻松、愉快、和睦、融洽的氛围。工作餐不重视交际形式而强调方便务实，一般规模较小，通常在中午举行，主人不用发正式请柬，客人不用提前向主人进行答复，时间、地点可以临时选择。出于卫生方面的考虑，最好采取分餐制或公筷制的方式。

(二) 宴请的组织安排

正式宴会具有很重要的礼仪作用，有严格的礼仪要求。宴请客人是一种较高规格的礼遇，所以主办单位或主人一定要认真、周到地做好各种准备工作。

1. 确定宴请的对象、目的、范围、形式等

(1) 对象。主要根据主宾的身份、国籍、习俗、爱好等确定宴会的规格、主陪人、餐式等。

(2) 目的。宴请目的多种多样，可以是表示欢迎、欢送、答谢，也可以是庆贺、纪念等。

(3) 范围。宴请什么人，请多少人参加，应事先明确。

(4) 形式。根据规格、对象、目的来确定宴会的形式。正规的、规格高的、人数少的一般以宴会形式为宜，人数较多则以冷餐会或酒会的形式更为合适。

2. 宴请的时间与地点

根据人们的用餐习惯，依照用餐时间的不同，可分为早餐、午餐、晚餐三种。确定正式宴请的具体时间，主要遵从民俗惯例。主人不仅要从自己的客观能力出发，更要讲究主随客便，要优先考虑被邀请者，特别是主宾的实际情况。如果可能，应该先和主宾协商一下，力求

两厢方便，至少要尽可能提供几种时间上的选择，以显示自己的诚意。

用餐地点的选择也非常重要。首先要环境优雅，宴请不仅仅是为了“吃东西”，也要“吃文化”。如果用餐地点档次过低，环境不好，即使菜肴再有特色，也会使宴请大打折扣。在可能的情况下，要选择清静、优雅的地点用餐。其次是卫生条件良好，在确定社交聚餐地点时，一定要看卫生状况怎么样。如果用餐地点太脏、太乱，不仅卫生问题让人担心，而且还会破坏用餐者的食欲。最后，要充分考虑到聚餐者的交通是否方便，有没有公共交通线路通过，有没有停车场，是否要为聚餐者预备交通工具等一系列的具体问题，以及该地点设施是否完备。

3. 发出邀请函或请柬

宴会一般都要用请柬正式发出邀请，这样做一方面是出于礼貌，另一方面也是请客人备忘。请柬内容应包括：活动的主题、形式、时间、地点、主人姓名。请柬应书写清晰、打印精美。通常提前一周左右将请柬发出。

4. 订菜与菜单

根据我们的饮食习惯，与其说是“请吃饭”，还不如说是“请吃菜”。所以，对菜单的安排马虎不得。它主要涉及点菜和准备菜单两个方面的问题。

在宴请前，主人需要事先对菜单进行再三斟酌。优先考虑的菜肴有四类：

(1) 有中餐特色的菜肴。宴请外宾的时候，这一条更要重视。例如，炸春卷、煮汤圆、蒸饺子、狮子头、宫保鸡丁等，并不是佳肴美味，但因为具有鲜明的中国特色，所以受到很多外国人的推崇。

(2) 有本地特色的菜肴。比如，西安的羊肉泡馍，湖南的毛家红烧肉，上海的红烧狮子头，北京的涮羊肉。宴请外地客人时，不妨点上些特色菜。

(3) 本餐馆的特色菜。很多餐馆都有自己的特色菜。上一份本餐馆的特色菜，能说明主人的细心和对被请者的尊重。

(4) 主人的拿手菜。举办家宴时，主人一定要当众露上一手，多做几个自己的拿手菜。其实，所谓的拿手菜不一定十全十美。只要主人亲自动手，单凭这一条，就足以让对方感觉到你的尊重和友好。

在安排菜单时，还必须考虑来宾的饮食禁忌，特别是要对主宾的饮食禁忌高度重视。

5. 席位安排

宴会一般要事先安排好桌次和座位，以便参加宴会的人能各就各位，入席时井然有序。座位的安排体现了对客人的尊重。一般而言，中国习惯于按职位高低排列，以面朝大门为上座；西方人按男女交叉排列，以背向壁炉，正中间的座位为女主人，正对面为男主人，离入口近的地方为末席。

6. 餐具的准备

宴请餐具十分重要，考究的餐具是对客人的尊重。依据宴会人数和酒类、菜品，准备足够的餐具是宴会厅的基本礼仪活动之一。餐具应卫生，桌布、餐巾应干净整洁，杯具、筷子、刀叉、碗碟等应摆放整齐。

7. 宴请程序

迎接客人(主人一般在门口迎接)—引宾入座(按先女宾后男宾,先主宾后一般来宾的顺序,从椅子左边进入)—上菜服务—祝酒—散席送客。

知识活页　　宴请宾客的“6M 原则”

宴请宾客要遵守的重要原则就是“6M 原则”,即费用(money)、会见(meet)、菜单(menu)、举止(manner)、音乐(music)、环境(milieu)。费用上不可铺张浪费,一切以适量为度;见面时彬彬有礼,介绍、引见,交换名片,做到礼节周到;点菜时,既要照顾客人口味,又要吃出特色;餐桌上举止合乎规范,既不谨慎拘谨,又不吆三喝四,主随客便,以随意为原则;音乐是为了烘托气氛,可适当考虑客人的喜好,以轻松为原则;环境要做到幽雅清静,不要嘈杂混乱。

(三) 中餐宴会礼仪

中餐宴会礼仪,是中华饮食文化的重要组成部分。无论是在日常交往中还是在涉外旅游交往中,举办中餐宴会都是经常的。学习中餐礼仪,主要应注意掌握席位排列、上菜顺序和用餐方式、餐具使用、用餐要求等方面的规则和技巧。

1. 中餐宴会的席位排列

中餐宴会的席位排列,关系到来宾的身份和主人给予对方的礼遇,所以是一项重要的内容。礼宾次序和国际惯例是我们安排席位的主要依据。可以分为桌次排列和位次排列两个方面。

1) 桌次排列

在中餐宴请活动中,往往采用圆桌布置菜肴、酒水。排列圆桌的尊卑次序,有两种情况。

(1) 第一种情况,是由两桌组成的小型宴请。这种情况,又可以分为两桌横排和两桌竖排的形式。

当两桌横排时,桌次是以右为尊,以左为卑。这里所说的右和左,是由面对正门的位置来确定的。

当两桌竖排时,桌次讲究以远为上,以近为下。这里所讲的远近,是以距离正门的远近而言。

(2) 第二种情况,是由三桌或三桌以上的桌数所组成的宴请。在安排多桌宴请的桌次时,除了要注意“面门定位”、“以右为尊”、“以远为上”等规则外,还应兼顾其他各桌距离主桌的远近。通常,距离主桌越近,桌次越高;距离主桌越远,桌次越低。

在安排桌次时,所用餐桌的大小、形状要基本一致。除主桌可以略大外,其他餐桌都不要过大或过小。

为了确保在宴请时赴宴者及时、准确地找到自己所在的桌次，可以在请柬上注明对方所在的桌次、在宴会厅入口悬挂宴会桌次排列示意图、安排引位员引导来宾按桌就座，或者在每张餐桌上摆放桌次牌（用阿拉伯数字书写）。桌次排列如图 5-1 至图 5-3 所示。

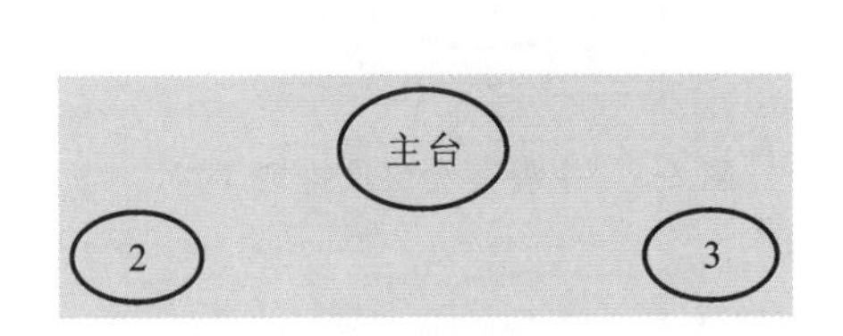

图 5-1　中餐宴会桌次排列（三桌）

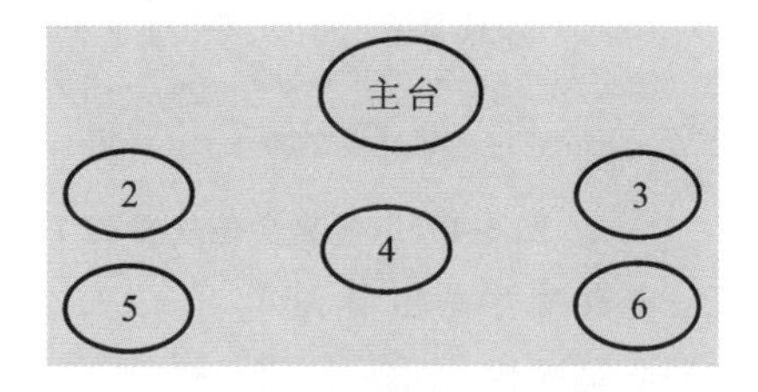

图 5-2　中餐宴会桌次排列（六桌）

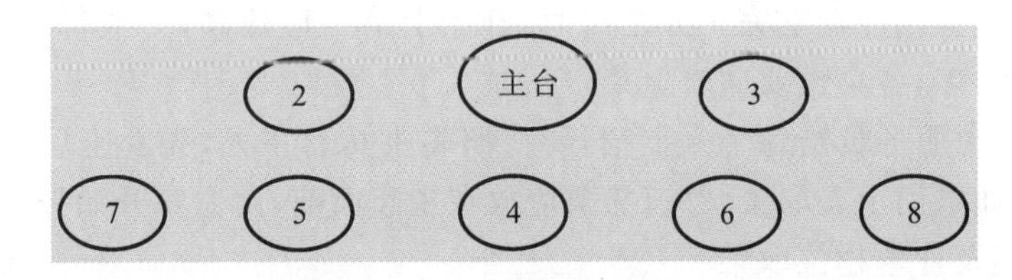

图 5-3　中餐宴会桌次排列（八桌）

2）位次排列

举办中餐宴会一般用圆桌，每张餐桌上的具体位次有主次尊卑之分。宴会的主人应坐在主桌上，面对正门就座；同一张桌上位次的尊卑，根据距离主人的远近而定，以近为上，以远为下；同一张桌上距离主人相同的位次，排列顺序讲究以右为尊，以左为卑。在举行多桌宴会时，各桌之上均应有一位主人的代表，作为各桌的主人，其位置一般应以主桌主人同向就座，有时也可以面向主桌主人就座。每张餐桌上，安排人数一般应限制在 10 个人之内，并且为双数，人数过多，过于拥挤，会照顾不过来。

在每张餐桌位次的具体安排上，还可以分为两种情况：

（1）每张桌上一个主位的排列方法（见图 5-4）。每张餐桌上只有一个主人，主宾在其右首就座，形成一个谈话中心。

（2）每张桌上有两个主位的排列方法（见图 5-5）。如主人夫妇就座于同一桌，以男主人为第一主人，女主人为第二主人，主宾和主宾夫人分别坐在男女主人右侧，桌上形成了两个谈话中心。

如遇主宾的身份高于主人时，为表示对他的尊重，可安排主宾在主人位次上就座，而主人则坐在主宾的位置上，第二主人坐在主宾的左侧。

如果本单位出席人员中有身份高于主人者，可请其在主位就座，主人坐在身份高者的左侧。以上两种情况也可以不做变动，按常规予以安排。

为便于客人及时准确地找到自己的位次，除安排服务人员引导外，还要在桌子上事先放置座位卡。举办涉外宴会时，座位卡应以中、外文两种文字书写，中文写在上面，外文写在下面，必要时，座位卡两面均应书写就餐者的姓名。

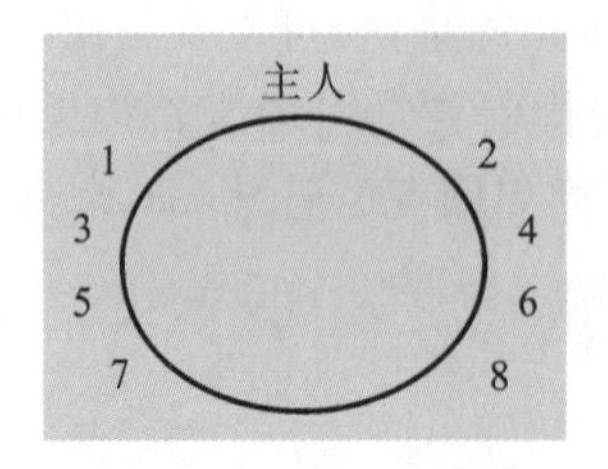

图 5-4　中餐宴会位次排列 1

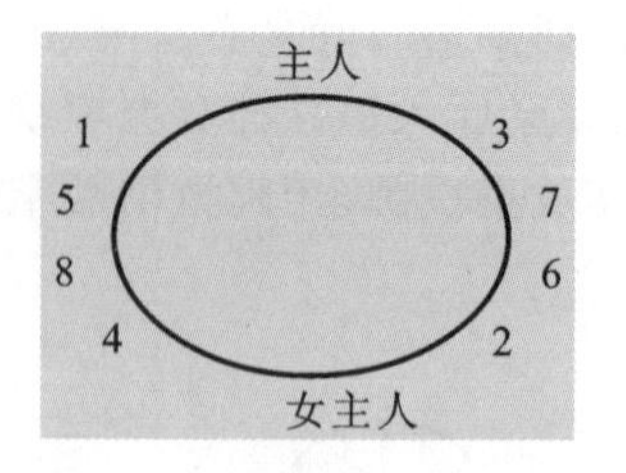

图 5-5　中餐宴会位次排列 2

2. 上菜顺序与用餐方式

1）上菜顺序

标准的中餐，不论是何种风味，其上菜的顺序大体相同。通常是冷盘—热炒—主菜—点心和汤—水果拼盘。当冷盘吃完三分之二时，开始上第一道热菜，一般每桌要安排 10 个热菜。宴会上桌数再多，各桌也要同时上菜。

上菜时，如果由服务员给每个人上菜，要按照先主宾后主人，先女士后男士或按顺时针方向依次进行。如果由个人取菜，每道热菜应放在主宾面前，由主宾开始按顺时针方向依次取食，切不可迫不及待地越位取菜。

2）用餐方式

中餐具体的用餐方式也可以分为多种：

（1）分餐式。用餐时，为每个用餐者提供的主食、菜肴、酒水及其他餐具一律每人一样一份，分别使用，不混杂共用。一般是由服务员用小碟盛放，每人一份送上。优点是用餐卫生，又体现了公平。此种形式尤其适合于正式宴会。

（2）布菜式。用餐时，将菜用大盘盛放，由服务员托菜盘依次放人每个人的食碟中，剩余部分放在餐桌上供客人自取。优点是既用餐卫生，又照顾了饭量大或不同口味的人士需要，是宴会上常采取的形式之一。

（3）公筷式。用餐时，主食菜肴不必分开每人一份，而是将菜和食品用大盘盛放，用公用的餐具，适量取食，放入自己的食碟中。但是，取食品、菜肴时，不允许直接用自己入口的筷子、汤勺取用。这种方式既体现了中国传统用餐方式，又兼顾了卫生，也适合一般的宴会。

除此之外，中餐的就餐方式还有混餐式，即用餐者根据自己的口味，用自己的餐具，直接从盛菜的大盘中取食。这是中国传统用餐方式的特点，在正式的宴会上不宜使用。借鉴西方的用餐方式，在举办人数众多的宴请活动时，还经常采用中餐自助餐的形式，也不失为一种明智的选择。

3. 餐具的使用

1）餐具的摆放

中餐的餐具主要有杯、盘、碗、碟、筷、匙等，餐具的摆放如图 5-6 所示。在正式的宴会上，水杯和酒杯依次放在食碟前方。筷子与汤匙放在专用的座架上。公用的筷子与汤匙最好也放在专用的座架上。酱油、醋、辣油等佐料应一桌一份，并要备好牙签和烟灰缸。宴请外宾时，还应备好刀叉，供不会使用筷子者使用。

2）餐具的使用

中餐各种餐具在使用上有许多讲究，正确地使用餐具是餐饮礼仪的重要组成部分。

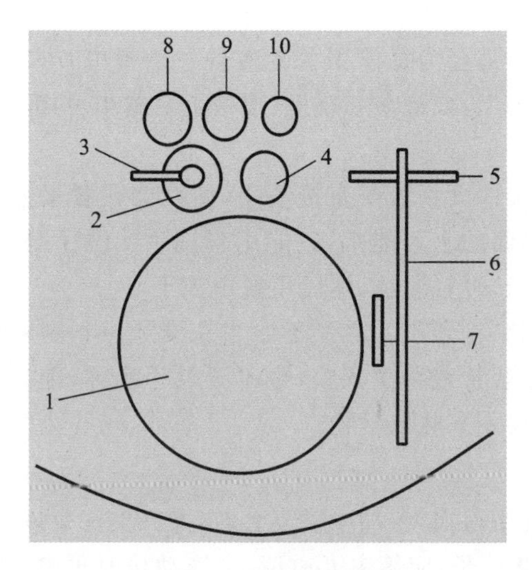

图 5-6 中餐具的摆放

1—餐碟;2—汤碗;3—汤匙;4—调味碟;5—筷架;6—筷子;7—牙签;8—水杯;9—红酒杯;10—白酒杯

①筷子。筷子是中餐的主要餐具,用以夹取食物。一般用右手拇指、食指和中指共同捏住筷子上部的三分之一处。筷子应成双使用,不能用单根筷子去插取食物。

用筷子吃饭是中国人的传统,但也有使用筷子的礼仪。在餐桌上使用筷子要注意:一不要含筷子;二不要挥动筷子;三不要敲筷子;四不要用筷子插食物,因为这种插法,只在祭奠死者的时候才用;五不要用筷子去翻搅食物;六不要把筷子放在碗上;七是严格筷子的职能等,筷子只是用来夹取食物的,不要用来剔牙、挠痒或是用来夹取食物之外的东西。

②汤匙。汤匙主要用以饮汤,尽量不要用其舀菜。用筷子取菜时,可用汤匙加以辅助。使用汤匙要注意:一是用它饮汤时,不要全部放入口中吸吮或者反复吮吸、舔食;二是用汤匙取食物后,应立刻食用,不要再次倒回原处;三是若食物过烫,不可用勺子舀来舀去,也不要用嘴对着吹,可以先放到自己的碗里等凉了再吃;四是不用时,应将汤匙放在自己的食碟上,不要放在桌上或汤碗里。

③碗。碗主要用于盛放主食、羹、汤用。在正式的宴会上使用碗要注意:一是不要端起碗进食;二是碗内的食物要用餐具取,不能用嘴吸;三是碗内的剩余食物不可往嘴里倒,也不可用舌头舔;四是暂不用的碗不可放杂物。

④盘。稍小一点的盘子就是碟子,主要用来盛放食物。盘子在餐桌上一般要保持原位,而且不要堆放在一起。每个人面前的食碟是用来暂放从公用菜盘取来的菜肴的,使用食碟要注意:一是不要取放菜肴过多;二是不要把多种菜肴堆放在一起相互"串味";三是不要将不宜入口的残渣、骨、刺吐在地上、桌上,应轻放在食碟的前端,由服务人员撤换。

⑤水杯。中餐的水杯,主要用来盛放清水、汽水、果汁、可乐等软饮料。要注意:一是不要用以盛酒;二是不要倒扣水杯;三是喝入口中的东西不能再吐出来。

⑥湿毛巾。正式宴会前,比较讲究的话,会为每位用餐者上一条湿毛巾,它是用来擦手的,不能用来擦脸、擦嘴、擦汗。宴会结束时,再上一块湿毛巾,它是用来擦嘴的,不能用来擦

脸、擦汗。

⑦餐巾。正式宴会上，都会为每位用餐者准备一条餐巾。它应当铺放在并拢之后的大腿上，而不能把它围在脖子上，或掖在衣领里、腰带上。餐巾可用来轻揩嘴部和手，但不能用于擦餐具或擦汗。

⑧水盂。有时，品尝某些食物需要直接动手，往往会在餐桌上摆上一个水盂，水上漂有玫瑰花瓣或柠檬片。它里面的水不能喝，只能用来洗手。洗手时，动作不要大，不要乱抖乱甩，应用两手轮流沾湿手指，轻轻涮洗，然后用餐巾擦干。

⑨牙签。牙签主要用来剔牙用。尽量不要当众剔牙。非剔不可时，应以一只手掩住口部。剔出的东西切勿当众观赏或再次入口，也不要随手乱弹，随口乱吐。剔牙之后，不要长时间用嘴叼着牙签，更不要用来扎取食物。

4. 用餐要求

由于中餐的特点和食用习惯，参加中餐宴会时，尤其要注意以下几点：

(1) 上菜后，不要先拿筷子，应等主人邀请，主宾动筷时再拿筷子。取菜时要相互礼让，依次进行，不要争抢；取菜时不要把适合自己口味的菜一人"包干"。

(2) 为了表示友好、热情，彼此之间可以让菜，劝对方品尝，但不要为他人夹菜，不要擅自做主，不论对方是否喜欢，主动为其夹菜、添饭，让人为难。

(3) 不要挑菜，不要在公用的菜盘里挑挑拣拣。取菜时，要看准后夹住立即取走。不能夹起来又放下，或取回来后又放回去。

任何国家的餐饮，都有自己的传统习惯和寓意，中餐也不例外。比方说，过年少不了鱼，表示"年年有余"；和渔家、海员吃鱼的时候，忌讳把鱼翻身，因为那有"翻船"的意思。

用餐的时候，不要吃得摇头摆脑，宽衣解带，响声大作，这样做不但失态不雅，而且还会败坏别人的食欲。可以劝别人多吃一些，或是品尝某道菜肴，但不要不由分说，擅自做主，主动为别人夹菜、添饭。不说这样做是不卫生的，而且还会让人勉为其难。

(四) 西餐宴会礼仪

随着中西方交流的扩大，西餐已逐步进入中国人的生活，不论是否喜欢，很多人都会经常遇到吃西餐的机会。

西餐是西式饭菜的一种约定俗成的统称，大致可以分为欧美式和俄式两种。西餐菜肴主料突出，讲究色彩，味道鲜香，其烹饪和食用同中餐都有很大的不同，体现了西方文化。学习、了解西餐的知识十分必要。

1. 西餐宴会的席位排列

同中餐相比，西餐的席位排列既有许多相同之处，也有不少不同。由于人们对席位的排列十分关注，排列时务必多加注意。

1) 席位排列的原则

在绝大多数情况下，西餐宴会席位排列主要是位次问题。除了极其盛大的宴会，一般不涉及桌次。了解西餐席位排列的常规要求及其同中餐席位排列的差别，能够较好地处理具体的席位排列问题。

(1) 女士优先。在西餐礼仪里，也往往体现"女士优先"的原则。排定用餐席位时，一般女主人为第一主人，在主位就位。而男主人为第二主人，坐在第二主人的位置上。

(2) 距离定位。西餐桌上席位的尊卑，是根据其距离主位的远近决定的。距主位近的位置要高于距主位远的位置。

(3) 以右为尊。排定席位时，以右为尊是基本原则。就某一具体位置而言，按礼仪规范，其右侧要高于左侧之位。在西餐排席时，男主宾要排在女主人的右侧，女主宾排在男主人的右侧，按此原则，依次排列。

(4) 面向门为上。在餐厅内，以餐厅门作为参照物时，按礼仪的要求，面对餐厅正门的位子要高于背对餐厅正门的位子。

(5) 交叉排列。西餐排列席位时，讲究交叉排列的原则，即男女应当交叉排列，熟人和生人也应当交叉排列。一个就餐者的对面和两侧往往是异性或不熟悉的人，这样可以广交朋友。

2) 席位的排列

最常用、最正规的西餐桌是长桌，在长桌上排位，一般有下列情况：

(1) 男女主人在长桌的中央相对而坐，餐桌的两端可以坐人，也可以不坐人。

(2) 男女主人分别坐在长桌的两端。

(3) 用餐人数较多时，可以把长桌拼成其他图案，以使大家能一道用餐。

要注意的是长桌的两端尽可能安排举办方的男子坐。西餐席位排列如图 5-7 至图 5-9 所示。

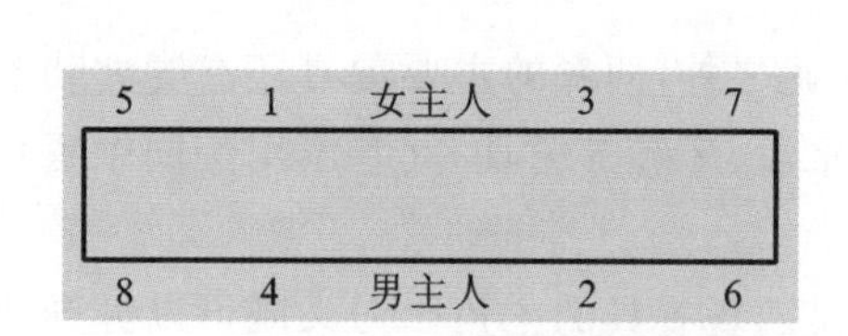

图 5-7 西餐席位排列 1

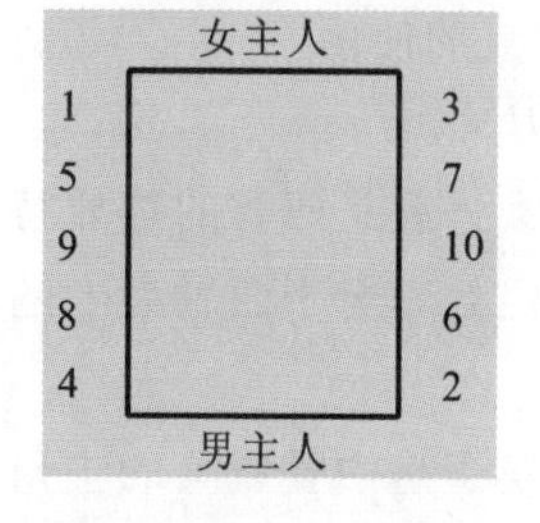

图 5-8 西餐席位排列 2

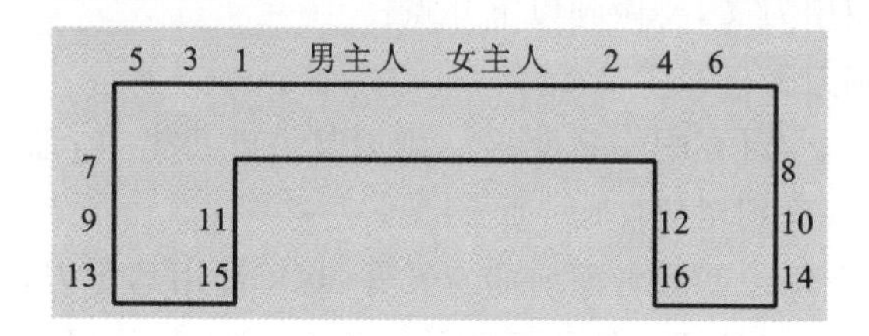

图 5-9 西餐席位排列 3

2. 西餐上菜顺序

正规的西餐宴会，其菜序既复杂又非常讲究。一般情况下，完整的西餐正餐要由下列八道菜肴组成：

①开胃菜；②面包；③汤；④主菜；⑤点心；⑥甜品；⑦水果；⑧热饮。从实际情况看，西餐也在简化，较为简便的西餐菜单可以是：开胃菜—汤—主菜—甜品—咖啡。

3. 西餐餐具的使用

1）餐具的摆放

西餐的餐具主要有刀、叉、匙、盘、碟、杯等，讲究吃不同的菜要用不同的刀叉，饮不同的酒要用不同的酒杯。其摆法为：正面放着汤盘，左手放叉，右手放刀，汤盘前方放着匙，右前方放着酒杯。餐巾放在汤盘上或插在水杯里，面包奶油盘摆放在左前方，如图 5-10 所示。

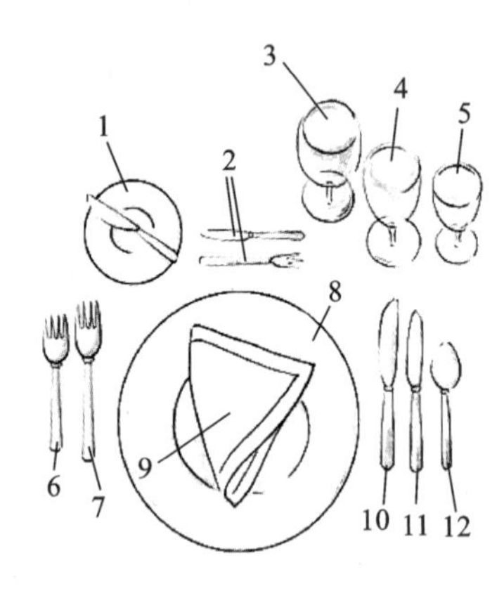

图 5-10　西餐具的摆放

1—面包盘和黄油刀；2—甜品刀，甜点叉；3—水杯；4—红酒杯；5—白酒杯；
6—沙拉叉；7—主菜叉；8—主菜盘；9—餐巾；10—主菜刀；11—鱼刀；12—汤匙

2）餐具的使用

（1）刀叉。

用刀叉进餐是西餐的重要特征之一。除此之外，西餐的主要餐具还有餐匙和餐巾，用法也有特殊之处。至于西餐桌上的盘、碟、杯、水盂、牙签等餐具，其基本用法同中餐相似，可参照之。

如同筷子是中餐餐具的主角一样，刀叉是西餐餐具的主角。刀叉既可以分开使用，也可以共同使用。由于在更多的情况下，二者要共同使用，所以，人们在提到西餐餐具时，往往将二者相提并论。正确使用刀叉，要做到以下几点：

一是要正确地区别刀叉。

在正规的西餐宴会上，讲究吃一道菜换一副刀叉。吃每道菜，都要使用专门的刀叉，既不能乱拿乱用，也不能从头到尾仅使用一副刀叉。

吃西餐正餐时，摆在每位就餐者面前的刀叉有：吃黄油用的餐刀，吃鱼用的刀叉，吃肉用的刀叉，吃甜品、水果用的刀叉等。各种刀叉形状各异，摆放的位置也不一样。

①吃黄油用的餐刀，一般应横放在就餐者左手的正前方，距主食面包不远处。

②吃鱼和肉用的刀叉，应当餐刀在右，餐叉在左，分别纵放在就餐者面前的餐盘两侧。由于刀叉的数目同上菜的道数是相等的，有时餐盘两侧分别摆放的刀叉会有三副之多。取用刀叉的基本原则是，每上一道菜依次从两边由外侧到内侧取用刀叉。

③吃甜品用的刀叉，一般横放在就餐者餐盘的正前方。

二是正确地使用刀叉。

通用的刀叉使用方法主要有两种:一种是英国式的,要求在进餐时,始终右手持刀,左手持叉,一边切割,一边用叉食之,叉背朝着嘴的方向进餐,这种方式比较文雅;另一种是美国式的,先右手刀左手叉,把餐盘的食物全部切割好,然后把右手的餐刀斜放在餐盘的前方,将左手的餐叉换到右手,再品尝,这种方式比较省事。

刀既可以用来切食物,也可用来把食物拨到叉上。叉用来取食物,也可以用它摁住食物,使之用刀切割时不滑脱。

使用刀叉时要注意:不要动作过大,影响他人;切割食物时,不要弄出声响;切下的食物要刚好一口吃下,不要叉起来再一口一口咬着吃;不要挥动刀叉讲话,也不要用刀叉指点他人;掉落到地上的刀叉不可拣起再用,应请服务员换一副。

三是要知道刀叉的暗示。

如果就餐过程中,需暂时离开一下,或与人攀谈,应放下手中的刀叉,刀右、叉左,刀口向内、叉齿向下,呈八字形摆放在餐盘之上。它表示此菜尚未用毕,如图 5-11(a)所示。如果吃完了,或者不想再吃了,可以刀口向内,叉齿向上,刀右、叉左并排放在餐盘上。它表示不再吃了,可以连盘一起收走,如图 5-11(b)所示。

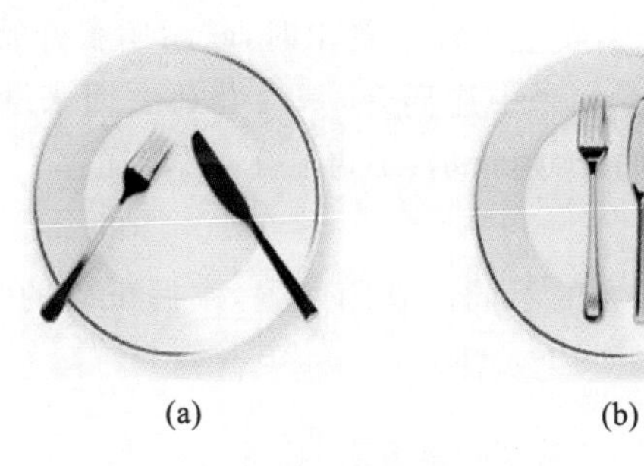

(a) (b)

图 5-11 刀叉的暗示

(a)此菜尚未用毕;(b)用餐完毕

注意不要把刀叉摆放在桌面上,尤其不要将刀叉交叉放成十字形,这在西方人看来,是令人晦气的图案。

(2) 餐匙。

餐匙也是西餐不可缺少的餐具,同中餐汤匙相比,在形状和使用上,也有很大的不同。

一是要区分不同餐匙。

在正式的西餐宴会上,餐匙至少会出现两把,它们形状不同,摆放的位置也不同。个头较大的餐匙叫汤匙,通常摆放在就餐者面前的餐盘的右端,与餐刀并列纵放。较小的餐匙叫甜品匙,一般情况下,它应被横放在吃甜品用的刀叉正上方,如果不吃甜品,有时也会被个头同样较小的茶匙代替。

二是要正确使用餐匙。

餐匙各有各的用途,千万不要相互代替。要注意做到:餐匙除用于饮汤、吃甜品外,不可用于取食其他食物;不要用餐匙在汤、甜品之中搅来搅去;用餐匙取食,不要过满,一旦入口,就要一次用完,不要一匙东西,反复品尝多次;餐匙入口时,要以其前端入口,不要将其全部塞入嘴中;餐匙使用后,不要再放回原处,也不要将其插入菜肴或直立于餐具之中。

(3) 餐巾。

在西餐中,餐巾也是一个重要的角色。同中餐餐巾相比,西餐餐巾虽有许多用途、用法相似,但也有更严格、特殊之处,需多加注意。

一是餐巾的铺放。

西餐餐巾通常会叠成一定的图案,放置在就餐者的水杯里,有时直接平放于就餐者的右侧桌面上或就餐者面前的垫盘上。形状有长方形和正方形之分。

餐巾应平铺在自己并拢的大腿上。如果是正方形的餐巾,应将它折成等腰三角形,直角朝向膝盖方向;如果是长方形餐巾,应将其对折,然后折口向外平铺在腿上。餐巾的打开、对折放应在桌下悄然进行,不要影响他人。

二是餐巾的用途。

餐巾对服装有保洁作用,防止菜肴、汤汁落下来弄脏衣服;也可以用来揩拭口部,通常用其内侧,但不能用其擦脸、擦汗、擦餐具;还可以用来遮掩口部。在非要剔牙或吐出嘴中的东西不可时,可用餐巾遮掩,以免失态。

三是餐巾有暗示作用。

西餐以女主人为第一主人。当女主人铺开餐巾时,暗示用餐开始,当女主人把餐巾放到桌子上时,暗示用餐结束。就餐者如果中途离开,一会儿还要回来继续用餐,可将餐巾放在本人所坐的椅面上;如果放在桌面上,则暗示:不再吃了,可以撤掉。

4. 西餐用餐方法

西餐同中餐的吃法相比有很大的不同。享用西餐,掌握正确的吃法,才能既吃好,又吃出品位。

1) 开胃菜

开胃菜既可以是色拉,也可以是由海鲜、蔬菜组成的拼盘,如果均已切割好,用餐叉食用即可。

2) 面包

面包一般放在自己的左前方,可在吃第一道菜时开始食用。正确的做法是:用左手撕下一块大小合适,刚好可以一次吃下的面包,用黄油刀涂上黄油或果酱,再送入嘴中。不能拿起一大块面包,全部涂上黄油,双手托着吃;不能用叉子叉着面包吃;不能用刀叉切开吃;也不能把面包浸在汤内捞出来再吃。

如果是烤面包片,则不要撕开。甜食上来后,就最好不要再吃面包了。

3) 汤

喝汤时,要用右手拇指和食指持汤匙,从汤盘靠近自己的一侧伸入汤里,向外侧将汤舀起。注意不要将餐匙盛得太满,身子也不要俯得太近。当盘内的汤剩下不多时,可以用左手将盘子托起,使其外倾,用右手持汤匙舀取余汤来喝。

喝汤时,一不要端起盘子来喝汤;二不要喝汤时发出"嘶、嘶"的声音;三不要身体俯得太低,趴到汤盘上去吸食;四不要用嘴吹,或用匙搅拌降温。

4) 主菜

西餐的主菜花样品种繁多,冷菜中的冻子、泥子,热菜中鱼、鸡、肉等最为多见。冻子是用煮熟的肉、鱼等食物和汤汁冷却凝结而成的一种菜肴,泥子是以虾、蟹,或动物的肝、脑为主料，配以鸡蛋、蔬菜，加上佐料搅拌而成的菜肴，一般用刀叉食之。在吃鱼时，可用餐刀将其切开，将鱼刺、骨剥出后，再切成小块，用叉取食。吃鸡时，也应切下一块，用叉取食，直接用手上去撕扯是失礼的。肉菜指的是西餐的猪肉、牛肉、羊肉，平常人们所说的主菜，一般都指的是肉菜。在肉菜中，猪排、羊排、牛排，尤其是牛排，是西餐中的“重中之重”。吃肉菜时，要用叉子摁住食物，用餐刀切下一小块，吃完后再切第二块。

5）点心甜品

西餐中的蛋糕、饼干、三明治、土豆片等，可以用手拿着吃。通心粉，又叫意大利面条，吃时不能一根一根挑着或吸着吃。应该右手握叉，在左手用汤匙的帮助下，把面条缠绕在餐叉上，然后送入嘴中。布丁和冰淇淋应用餐匙取食。

6）水果

对西餐常用水果的食用办法应有所了解。

(1) 苹果。最正规的吃法，是将一个苹果用刀切成大小相仿的 4 块，然后去皮，去核，再以刀叉食用。现在生活中，普遍的做法，是用手拿着去皮的小块苹果直接吃了。

(2) 香蕉。正规的吃法是先用刀子将香蕉皮纵向割一条线，再用刀叉把皮撑开，切成小块食用。一般不用手拿着整个香蕉，一边剥皮，一边咬着吃。

(3) 草莓。普通的草莓，可用手取食。吃带调味汁的草莓，要用餐匙。

(4) 葡萄。可取一小串，一粒一粒用手揪下来吃。其皮、核先吐入手中，再放入餐盘内。吃餐盘内不成串的单粒葡萄时，则应用餐叉相助取食。

(5) 菠萝。应用餐刀切成小块，用餐叉取食。不要用手拿着吃。

7）咖啡和红茶

在西餐中，饮用咖啡和红茶也是大有讲究的。

(1) 杯的持握。一般要用右手的拇指和食指握住杯耳，轻轻端起杯子，慢慢品尝。不能用双手握杯，也不能用手端起碟子去吸食杯子里的咖啡。用手握住杯身、杯口，托住杯底，或用手指穿过杯耳，都是不正确的持握方法。

(2) 碟的使用。咖啡都是盛入杯中，放在碟子上一同端上桌的。碟子是用来放置咖啡匙，并接收溢出杯子的咖啡的。喝咖啡时，如果离桌子近，只需端起杯子，不要端起碟子；如果离桌子远，或站立、走动时，则可用左手将杯、碟一起端起，至齐胸高，用右手持杯饮用。

(3) 匙的使用。咖啡匙只是用来在加入牛奶和方糖之后，加以搅拌，使其融合和溶化的。如果咖啡太热也可用咖啡匙轻轻搅动，使其变凉。除此之外，不要做其他使用。咖啡匙的使用，尤其忌讳两条：一是不能用咖啡匙去舀咖啡来饮用。二是不能把咖啡匙放在咖啡杯中。不用匙时，应将其平放在咖啡碟中。

(4) 饮用的数量。饮用咖啡不能多多益善。一般情况下一杯足矣，最多不应超过三杯。饮用时，不能大口吞咽，更不能一饮而尽，而应一杯咖啡喝上 10 分钟左右，一小口、一小口细细品尝，才能显示出品位和高雅。

(5) 配料的添加。饮用时，可根据自己的爱好，往咖啡中加入牛奶、方糖之类的配料。添加时应当互相谦让，添加适量。添加牛奶或伴侣时，不能弄得满桌都是，加糖时，要用专用的糖夹和匙去取，不要用自己的咖啡匙，也不要用手直接去取。

(6) 取食甜点的要求。喝咖啡时，有时要备好小甜点。取食甜点时，要先放下咖啡杯。

饮用咖啡时，手中也不能拿着甜点品尝。双手左右开弓，一手执杯，一手持甜点，吃一口、喝一口交替进行是非常不雅的。

8）餐的酒水搭配

在正式西餐宴会上，酒水是主角，十分讲究与菜肴的搭配。一般来讲每吃一道菜，便要换上一种酒水。宴会上所用的酒水可以分为餐前酒、佐餐酒和餐后酒三种，每种又有许多具体的种类。

（1）餐前酒，也叫开胃酒，是在用餐之前饮用，或在吃开胃菜时饮用。开胃酒有鸡尾酒、威士忌和香槟酒。

（2）佐餐酒，是正式用餐期间饮用的酒水。西餐的佐餐酒均为葡萄酒，而且多为干葡萄酒或半干葡萄酒。选择佐餐酒一条重要原则是“白酒配白肉，红酒配红肉”，白肉指的是鱼肉、海鲜，红肉指的是猪肉、牛肉、羊肉。换句话说，白葡萄酒配海鲜类菜品，红葡萄酒配肉类、禽类菜品。

（3）餐后酒，是用餐后，用以助消化的酒水。常用的有利口酒、白兰地酒。只斟酒杯的五分之一。

饮用不同的酒水，还要用不同的酒杯。在每位就餐者餐桌右边，餐刀的前方，都会并排放着三到四个酒水杯，它们分别为香槟酒杯、白葡萄酒杯、红葡萄酒杯及水杯。取用时，也要按照由外侧向内侧的顺序依次取用，也可根据女主人的选择而紧随其后。餐前酒与餐后酒一般都在另一个大厅饮用。

（五）自助餐、送餐服务礼仪

旅游活动中除向客人提供中餐、西餐服务外，有时还要向客人提供自助餐、送餐服务。

自助餐、送餐服务大多不提供桌面服务，相对于前两者来说，服务要少一些，但是服务质量和礼仪仍不能忽视。

1. 自助餐服务礼仪

（1）向客人介绍食品。自助餐的菜台前面会站有介绍菜点、分切肉食的厨师，厨师要衣帽整洁，洗手消毒，操作熟练。客人用餐消费一般是在固定的价格内，随意饮食，最后结账。客人来到菜台前，厨师要主动向客人介绍食品的名称、风味、便于客人选用。有的热菜如牛肉、猪肉等，有厨师给客人分切，由于分切要占用时间，所以，应尽量安排在热菜区的后部。客人喜爱程序较高的菜点，可由两人或两人以上分切，以防造成阻塞。

（2）疏导客人，撤换补充菜点。在客人用餐过程中，服务员应及时巡视，随时添加餐具，并引导客人迅速取菜。当菜台上的菜点剩下三分之一左右时，将菜盘撤下，从厨房重新添菜陈列，保持菜台菜点丰盛。

（3）适时清理桌面。服务员应随时保持餐桌整洁，适时撤走客人用过的餐具。撤餐具时，应礼貌示意，征得客人同意。

（4）告别客人。客人用餐结束后，服务员要向客人道谢：“欢迎下次光临。”

2. 送餐服务礼仪

客人有时要求餐厅提供送餐服务。客人在房间用餐以早餐最多，只有使客人在房间用餐和在餐厅用餐一样方便，才能体现出酒店的优质服务。

(1) 接到客人送餐服务信息时,要准确、快速记录客人要求,并准确复述房号、姓名、菜式、数量及特别要求,适时推销酒水,如果没有所需菜式,要礼貌地向客人解释,适当推销同类食品。

(2) 客人所订的食品饮料,必须及时供应,不可让客人在房内久等。

(3) 所有热菜和易冷的食物,必须加盖,以防因食物变冷而引起客人的抱怨。

(4) 送餐服务时,一定要将调味品准备齐全,连同食物、饮料一起送入房内。

(5) 服务员必须熟记客人订餐的品牌、价格、主要风味特点,以便客人有疑问时,随时回答。

(6) 送餐服务中每次进房都应先敲门,或按门铃,自报送餐服务,待客人允许后再进入。每次离开前应主动询问客人有无其他要求,如有应做好记录,及时复述。离开时要礼貌地请客人签字并向客人告别,并告诉客人如需收餐具,请电话告知营业(送餐)部,然后随手关门,不可在客人用餐时将房门敞开。

(六) 酒吧服务礼仪

酒吧是提供给客人喝酒、休闲、交际以及休息娱乐的场所,通常供应含有酒精的饮品,亦备有汽水、果汁等饮料。酒吧有它的特殊功能,因此要求酒吧服务员在服务时要耐心细致,讲究礼貌,灵活处理可能发生的各种情况。

1. 点酒服务礼仪

1) 态度温和

酒吧服务中,不管哪位客人要酒,酒吧服务员都必须动作优雅,笑脸相迎,态度温和,以此显示自重及对客人的尊重。

2) 递酒单

酒吧服务员在呈递酒单时要先向客人问候,然后将酒单放在客人的右边。如果是单页酒单,应将酒单打开后递上,若是多页酒单,可合拢递上。记录每位客人的需要,重视客人的特殊要求,如“不要兑水”、“多加冰块”等。给客人开票时,略弯腰站在客人右边记录,不可把票簿和笔放在客台上书写,写完后,要把客人所点饮料、食品等复述一遍并表示感谢。

3) 反应迅速

(1) 应随时注意你照看的客人,如客人已做好了选择或者希望你给予帮助时,应立即回到桌边。

(2) 如果客人特别强调要你帮助选酒,则千万要谨慎,一般不要提太多的建议,应根据客人所点的菜的口味和爱好,提出适当的建议。

4) 接受客人点酒

把酒名、瓶子大小、年份、类型、数量等都记录下来,最好标上存放位置的编号。

2. 调酒服务礼仪

在吧台面对客人调制各种饮品时,应注意以下礼仪:

(1) 尊重客人的选择,按要求、严格操作。

(2) 坚持站立服务,不背对客人,拿取背后的酒瓶时,应侧身进行,以示对客人的尊重。

(3) 讲卫生，文明操作，摇晃调酒壶的动作要适度。

(4) 对常来的客人要记住其姓名、爱好。

(5) 调酒服务时，不能将胳膊支撑在柜台上，不能双手交叉相抱或斜倚在酒柜旁边，更不能与同事聊天。

3. 开瓶服务礼仪

(1) 开瓶。酒吧服务中要快捷开瓶，开瓶时应站在男客人右手侧。右腿伸入两把椅子中间，身体稍侧，显示商标以后再开瓶塞，要注意瓶口始终不能对着客人，以防酒水喷出洒在客人身上。

(2) 开香槟酒要格外小心。开香槟酒之前，千万不可大力摇动酒瓶，以免增加香槟瓶内的气体压力而发生意外。

4. 斟酒服务礼仪

(1) 斟酒前。在斟酒之前，服务员要将瓶身揩擦干净，特别要把塞子屑和瓶口部位擦净。闻一下瓶塞的味道，变质的酒有异味。瓶子破裂或变质的酒水应及时调换。

用托盘摆已开瓶的酒水饮料时，要将较高的瓶放在里面靠近胸前，较低的瓶放在外面，这样容易掌握托盘重心。

(2) 送酒时。送酒时要记住客人台位，避免送错。同时，还要记住酒吧酒水牌号，以免因寻找酒水牌号而浪费客人时间。此外还应主动为客人介绍酒吧的酒水种类。

拿高脚杯时要倒过来拿。拿大玻璃杯时，要轻轻拿住靠近杯底的部分，注意不要在玻璃杯上留下手纹。总之，不管拿什么杯子，都不要触摸客人接触的杯口边缘。

(3) 斟酒时。斟酒时服务员应站在客人身后右侧，面向客人，左手托盘，右手持瓶，用右手侧身斟酒。注意身体不要紧贴客人，但也不要离得过远。所有饮料包括酒、水、茶都应从客人右边上，绝不可左右开弓。

在斟酒时需要注意：

(1) 一般不要用餐巾(口布)把瓶身包起来，因为客人通常都喜欢看到他们所饮酒的商标。

(2) 根据礼仪和卫生法规，服务员的手不能触及酒杯的杯口，空杯也是如此。因操作失误而碰翻酒杯时应迅速铺上餐巾，将溢出的酒水吸干。

(3) 斟酒时，瓶口不要碰触酒杯，用右手抓住瓶身下方，瓶口略高于杯 1～2 厘米，斟完后将瓶口提高 3 厘米，旋转 45°后抽走，使最后一滴均匀分布于瓶口以免滴在桌上，斟酒完毕，应用酒布擦瓶口。

(4) 斟酒顺序。在团体客人服务时，一般斟酒顺序是：女士优先，年长者优先。

(5) 斟酒的方法。斟香槟酒时要分两次斟，第一次斟四分之一杯，待泡沫平息下来后再斟至三分之二杯或四分之三杯即可；斟啤酒或其他发泡酒时，因其泡沫较多，斟酒速度要放慢，必要时亦可分两次斟，或将杯子倾斜，让酒沿着杯壁流下来，泡沫就可少些；斟烈性酒时，在杯里倒上冰水，在夏季还要放上小冰块。

5. 酒水类服务礼仪

1) 白葡萄酒服务礼仪

白葡萄酒饮用前须经冰镇，温度应为 7～13 ℃，过度冷却会使酒的香味减少。将冰桶装满三分之一桶的冰，然后将其放在主人的右后方，不要放在餐桌上。对冰镇过的酒，倒酒时都要用餐巾包住酒瓶，防止水滴下，亦可防止酒的温度上升。

2）香槟酒服务礼仪

先将香槟酒瓶放在冰桶内冷却半小时，冰镇香槟酒比白葡萄酒时间长，这是因为香槟酒瓶较厚。

开瓶时小心翼翼，动作优雅地先把锡纸割开，除去。用右手将封口铁丝扭开，左手拇指压住软木塞顶部。假如软木塞开始上升，则用餐巾盖住塞顶处。这一般是在未充分冷却的情况下发生的。

把包住瓶口的餐巾拿开，而后用左手拿住软木塞，右手抓住瓶底使压力慢慢逸出，不要让软木塞突然弹出，将瓶子倾斜几分钟再除去软木塞，可以防止香槟酒喷出。

除去软木塞后，把瓶口擦一下，然后在主人的杯中倒入一点酒，以求认可。倒酒时商标向着客人，并根据情况决定是否使用餐巾裹住酒瓶。倒完酒后，把香槟酒瓶放入冰桶，保持冷却。

3）啤酒服务礼仪

要做好啤酒服务礼仪，首先要学会辨别啤酒的优劣，给客人提供优质的啤酒，让客人喝得放心，喝得开心。

专家说，质量好的啤酒就是淡黄兼具茶色，或是悦目的金黄色，清亮透明，无沉淀；把啤酒倒入干净的杯子里，立刻有洁白细腻的泡沫上升，挂杯持久，时间可持续4～5分钟；用鼻子闻有酒花幽香和麦芽的芳香味；入口感觉酒味醇正，清冽爽口。

另外，要留意酒瓶的标签上有无商标、产品合格证、酒名、规格、生产厂名、地址、执行标准、产品质量等级、原料成分表、保质期、生产日期等；若购买进口啤酒要留意有无中文标签、经销商名称、经销商地址以及上述标签上的内容，要留意啤酒瓶底上方20厘米处有没有“B”字标记、啤酒瓶的生产日期，国家规定啤酒瓶的使用年限为两年。注意提防买到伪劣啤酒和酒瓶存在不安全因素的啤酒，向客人销售后造成不良影响，使酒店声誉受到损害。

倒啤酒时，服务员应将啤酒瓶口紧贴着杯口的边缘，防止啤酒外溢。如果杯内泡沫太多，应稍停片刻，待泡沫消退后，再将啤酒倒满。

4）瓶装矿泉水服务礼仪

瓶装矿泉水饮用前需经过冰镇，适宜的饮用温度为4 ℃左右。瓶装矿泉水应在桌上当着客人的面打开，而后倒入客人的杯中，除客人提出要求外，不要在客人的杯中加冰块和柠檬片。

注意杯子的温度。盛冷的饮料时，杯子要预先降温；盛热的饮料时，杯子应预先加热。这样，用杯子盛饮料时不会因杯子的温度而引起饮料温度的变化。

6. 其他服务礼仪

（1）对于醉酒的客人，为防止意外，酒吧服务人员应团结协作，将其搀扶至休息厅（一般应男服务员去搀扶男客人，女服务员去搀扶女客人），主动照料，可以送上凉毛巾和解酒的浓茶，以便清醒。不要对醉酒的客人做出不礼貌的举动。如果醉酒的客人借机闹事，不听劝阻，应及时报告上司和保安人员帮助处理。

(2) 离开取酒时,应向客人道歉,请示客人稍候片刻。

(3) 接听电话时要注意礼貌,态度要和缓,语调要适中。呼唤客人来接电话时,不要在远处高声叫喊,应尽量避免惊扰其他客人。可根据发话人提供的特征有目的地寻找,到客人面前告之。

二、赴宴礼仪

作为旅游从业人员,一方面作为宴会组织者,除了掌握宴会组织和安排方法;另一方面作为宴会出席者,需要了解出席各种宴会时应注意的礼仪要求。参加宴会必须遵守宴会的礼仪规范,注意自己的言谈举止,维护其良好形象。

(一) 接到请柬要及时回答

接到宴会请柬,弄清楚宴会的规格、档次和类型,并尽早予以回复(特别是接到注有 RSVP 字样的请柬)。若不能赴宴,一定要讲明原因并向主人致以歉意;接受邀请后不要随意更改,万一无法赴宴,尤其是主宾,必须立即告知主人,说明原因并赔礼道歉。

知识关联

RSVP 源自法文,全写是 repondez, s'il vous plait,意思是 please reply(敬请回复)。它一般出现在请柬或邀请信的末端,意思自然是请收信人回复是否出席有关聚会。

(二) 修饰仪容仪表

赴宴时应该按照宴会的规格和要求适当的装扮自己,着装要整洁大方,以示对主人和出席者的尊重。若另有规定,则必须按要求着装赴宴。一般赴西餐宴会,要穿正式服装,男士穿深色西服套装,女士穿裙装或旗袍并化淡妆。

(三) 准时赴宴

准时赴宴是对主人的尊重,但一般不提前,身份高者可略晚,但也不能太晚;客人抵达后要主动向主人问好,如是节庆活动,应表示祝贺;参加家宴,可向女主人赠送鲜花。宴会结束,主宾退席后,其他客人就可陆续告辞;散席离开时,不必向众多客人一一告别,但必须向主人辞别。若确有要事须提前退席,应先与主人打招呼,届时悄悄离席,但逗留时间不能太短。

(四) 注意交谈

宴请或举办宴会的目的,主要在交际。用餐前后,应与同桌的人交谈,如果不认识,可以作自我介绍,交换一下名片。谈话的题目要注意对象和场合,不要一个人夸夸其谈,引人不悦,也不能一言不发,埋头吃饭。

(五) 宴席中的礼仪及注意事项

(1) 入席时按主人的安排就座,若旁边有女宾或长者,应先帮助他(她)就座,然后自己坐下。

(2) 主人祝酒、致辞时不要吃东西,也不取食物并停止交谈,注意倾听。不得喧宾夺主,不要自己向客人祝酒,不随意为客人布菜。

(3) 嘴里不要放过大、过多的食物,口中有食物时不要讲话。

(4) 席间不抽烟，除非女主人请大家抽烟；作为翻译赴宴，不得边翻译边吸烟。

(5) 席间饮酒只能饮平时酒量的三分之一。

(6) 席间不得解开衣扣，即使很热也不脱外衣；家宴席间若女主人请客人宽衣，男宾可脱下外套挂在椅背上。

(7) 席间、饭后，不要当着大家的面剔牙，不要边走边剔牙，不得已剔牙时，要用手或餐巾遮口。

(8) 使用刀叉时注意不要碰击盘子；吃东西时不要咂嘴，以免发出怪声。

(9) 喝汤和咖啡时不用嘴啜；汤和咖啡太热，可待稍凉后再饮，也可用匙轻轻搅，但不能用嘴吹；喝汤不能就着盆喝，而要用匙，但喝咖啡时不用匙，而是直接喝，小匙只用来搅拌咖啡，让糖溶化。

(10) 参加宴会席间若不小心碰翻酒水，打碎餐具或餐具掉在地上时，不要慌乱，也不要自己处理，而应由服务员帮忙收拾调换餐具，但对邻座道声"对不起"。

(11) 不要无故离座，也不要不辞而别，主人示意可以散席方可离席，主动与同宴者或熟悉者告别，更应向主人告别并表示感谢。

(六) 适时告别

散席时不要悄悄离开，应该选择适当的时机，向主人致谢，之后微笑与主人握手告辞。

三、旅游团队餐的礼仪

旅游团队餐，是指经旅行社与具有餐饮服务资格的企业提前签订协议确定的，以配套桌餐为供餐方式的旅游团队就餐形式。一般可以是便餐、自助餐，也有风味餐，不管是何种形式旅行社(特别是导游服务人员)和酒店都要认真对待，因为恰当的饮食安排，能使旅游活动变得丰富多彩，加深旅游者对旅游目的地的印象。

(一) 导游人员团队餐服务礼仪

1. 提前落实用餐的地点、时间、人数与标准

提前落实团队餐细节标准是对客人的尊重，也是质量的保证，使客人一进餐厅就能得到热情的服务。

2. 了解客人的特殊要求

(1) 不同客人要求不同。老年人、小孩喜欢清淡的食物，年轻人喜欢味重的食物，女性喜欢健康、绿色、减肥食品。

(2) 宗教的饮食禁忌，一点也不能疏忽大意。例如，佛教信徒不吃荤腥食品，它指的不仅是不吃肉食，而且包括葱、蒜、韭菜、芥末等气味刺鼻的食物。

(3) 出于健康的原因，对于某些食品，也有所禁忌。比如，患有心脏病、糖尿病等疾病的人，不适合吃狗肉；肝炎病人忌吃羊肉和甲鱼；患有胃肠炎、胃溃疡等消化系统疾病的人也不适合吃甲鱼；高血压、高胆固醇患者，要少喝鸡汤等。

(4) 不同地区，人们的饮食偏好往往不同。比如，四川人、湖南人普遍喜欢吃辛辣食物，少吃甜食；英美国家的人通常不吃宠物、稀有动物、动物内脏、动物的头部和脚爪。

因此，导游人员必须了解客人的情况，针对客人饮食特点尽量兼顾，以满足客人的需求。

3. 引导客人入座

这是导游人员对客人的礼遇。导游人员协助餐厅服务人员把客人引入事先预订好的位置，并热情介绍本餐厅及其菜肴特色，让客人有宾至如归之感。

4. 巡视客人用餐情况，及时解决可能出现的问题

为了客人能满意用餐，导游人员不能安排好客人就自己吃饭去了，还应在客人用餐时至少巡视1～2次，以发现餐厅是否提供标准服务，如发现问题或客人不满意可及时与餐厅联系解决。

（二）酒店团体餐服务礼仪

（1）团体餐人数多，比较集中，往往又要赶时间，因此时间紧、工作量大，对此要提前做好准备工作。根据提供的食品、饮品，准备好餐具、咖啡、茶、牛油、果酱等。楼面和厨房要配合好，组织好人力，客到时快速而有节奏地为客人服务。

（2）旅游团体是酒店的主要客人，对他们的服务一定要好，食品一定要保证质量，尽量满足客人的要求，使酒店在旅行社领队和旅游者中有一个良好的信誉。

第二节　住店礼仪

案例引导　　**洗衣纠纷**

902房的客人打电话给客房经理，当经理来到客人房间时，客人说自己花了很多钱从意大利买的鳄鱼牌衣服，洗完后竟变成了童装，当经理看了洗衣单时，原来这张单子不是客人亲自填写的，也没有客人的签字，经理向客人承诺酒店会给予赔偿，最后客人同意与经理一起去酒店的鳄鱼专卖店看看，如有合适的衣服，由酒店付钱购买给客人。

【分析】　看似简单的洗衣问题，实际上也是有一系列服务礼仪规范。酒店送洗衣服分为烫洗、干洗、湿洗（水洗）。服务人员必须清点送洗衣物的件数，检查口袋是否有东西，纽扣、布料有无异样，确认洗涤方式。洗衣单应由客人填写并签名，如果客人不填写，服务员代为填写后应该请客人确认并签名。

（**资料来源**：http://www.17u.net/news/newsinfo_102874.html。）

一、入住酒店礼仪要求

全陪导游人员往往随同客人一起入住酒店，应当掌握相应的礼仪规范，以展示自己和全陪导游人员良好的教养。

(一) 与服务人员关系的要求

入住酒店,导游人员主要接触的是酒店服务员、住店旅游者等。在处理这些关系时,应遵守敬人为先,克己自律的原则。

(1) 应平等对待酒店服务人员,尊重他们的劳动和人格。

(2) 出入酒店大门时,当门童为自己开启大门,或向自己问好时,要表示感谢。

(3) 保安人员打量或者盘问时,要友善合作,不要不满或者趾高气扬。

(4) 在总台登记客房或咨询问题时,要友好地出示有效证件,并耐心地等待对方办好全部手续。

(5) 搭乘有人服务的电梯时,不要自己操作,应口齿清晰地报出自己要到的楼层,并随后道一声"谢谢"。

(6) 行李员到房间送或取行李时,应表示谢意,不要爱答不理,或提出过高要求。

(7) 客房服务员进入客房打扫卫生,送开水、报纸时,应表示欢迎并道谢;在走廊里遇到客房服务员向你打招呼时,应友好致意。

(8) 拨打总机人工接转的电话时,要向接线员问好或道谢,不要粗声粗气,说话低俗。

(9) 客房内个别设备出现故障,维修工人修理时,不要刁难对方或小题大做。

(二) 享受服务的要求

导游人员要享受酒店所提供的常规服务,必须对酒店有一定的了解。千万不要自以为是,不懂装懂。

1. 了解服务业务

在客房内有客人须知、业务介绍等资料。入住以后,一定要详细阅读,以便全面地了解酒店为客人提供的各项业务,并酌情享用。

2. 财物存放服务

许多酒店大都有为住宿的客人免费提供存放贵重物品的业务,因此入住之后,应将自己的贵重物品交予酒店方面代为存放,不要因为怕麻烦而造成财物损失。

3. 告示牌服务

进入客房后,应立即关闭房门。休息时,应在门外把手上悬挂专用的"请勿打扰"的告示牌,或者开启"请勿打扰"指示灯,以便客房服务员进行工作。

4. 衣物洗涤服务

住宿酒店后,如需清洗衣物,将衣物装入专用的洗衣袋放在客房内,或交给客房服务员。若需要快洗,要事先说明,并多付一定的费用。

不要在客房内大洗衣物,即使自己洗了一些衣物,也不要挂在窗外、房内、走廊上或阳台上,应该晾在卫生间内。

(三) 保持卫生的要求

入住酒店后,应自觉保持卫生。这是对客房服务人员辛苦工作的起码尊重。保持客房卫生,应该注意的事项有以下几点。

（1）个人物品要整洁。

（2）房间要整洁。

（3）浴室要卫生。

（4）房内空气要卫生。

二、对客服务礼仪规范

（一）导游人员对客服务礼仪

1. 介绍酒店设施

旅游者初来乍到，对即将入住的酒店很期待，总有一种心理：在家千日好，出门一时难。导游人员在旅游车快到达酒店时，应向客人介绍酒店的基本保障情况，酒店的名称、位置、距机场（车站、码头等）的距离、星级、规模、主要设施、服务项目及注意事项等，以满足旅游者的心理需求。

2. 协助办理入住手续

一般而言，办理入住手续应由领队或全陪导游人员操作，但地陪导游人员更熟悉本地情况，所以应协助办理，这也是对客人的尊重。同时，地陪导游人员协助办理，可掌握旅游者的房间号，及时为客人服务。

3. 照顾行李进房

旅游者来到旅游目的地，一般都会带有大件行李，导游人员应等待行李送达酒店，并仔细核对，督促行李员将行李送入客人房间，以防出错。如果行李丢失是一件令人十分沮丧的事情。一旦发现行李丢失，导游人员应安慰客人，积极为客人寻找，并为客人解决生活困难。

4. 协助处理客人入住后的各类问题

安排好客人入住后，导游人员迅速离开是失礼的。因为旅游者入住后可能遇到一系列的问题，如房门打不开、房间不合标准、房间设施不全或损坏，房间卫生没做、行李送错等。如果此时导游人员一走了之，是不负责的表现，会引起客人的反感。

5. 处理好与旅游者的关系

在住店期间，导游人员与旅游者既是主客关系，也是邻居关系。遇见旅游者，主动打招呼；观察动向，随时为旅游者提供帮助和服务；导游人员不得与同性外国旅游团领队同住一室；导游人员进入旅游者房间，一般事先电话约定，进门前按门铃或敲门，不得擅自闯入，一般不随便单独去客人的房间，更不要单独去异性的房间；在旅游者房间里，不要触摸客人的行李物品和书籍，不要随意借用客人的电话。

（二）酒店对客服务礼仪

1. 入住登记服务礼仪

（1）主动问候，获知客人基本信息后，应用姓氏或尊称称呼客人，并询问是否有预订。

（2）应仔细检查并核对客人的相关证件。确认登记无误时，将证件礼貌的，迅速地归还客人，并表示致谢。

（3）打印入住登记表，双手递给客人签字确认。

（4）确认付款方式及交付定金，双手发放房卡，并祝客人住店愉快。

(5) 在入住登记时,如果是有客史档案的客人,应充分考虑客人的生活习惯。

2. 客房接待服务礼仪

(1) 介绍情况。应向初次来酒店的客人,简要介绍房间设备的使用及酒店的服务设施。

(2) 清洁服务。

①清扫客房时,应选择在客人外出时进行,并尊重客人的住宿习惯。进入客房前应按门铃或敲门3次并报告本人身份,等候客人开门或确定房内无人再用工作钥匙开门。

②当房门上挂着“切勿打扰”的牌子时,尽量不要敲门,更不得擅自闯入。

③不得随便丢掉客人的东西。因清扫需移动,也得原物归原处,小心轻放,不要有损。

(3) 洗衣服务。收客人洗衣,填写清洗清单时,要做到“五清一主动”:房号要记清、要求要写清、口袋要掏清、件数要点清、衣料破损污渍要看清,主动送客人衣服到房间。特别注意需要客人签名。

(4) 如果在过道中与客人相遇,应主动避让并打招呼。不得与客人抢行,也不要从正在谈话的客人中间插过,如果手持重物或推车需要客人让道时,应有礼貌地打招呼并向客人致歉。

(5) 有关住客的姓名、身份、携带的物品等不得告诉他人,尤其是对重点客人的房号和行踪更不能随意泄露,以防意外。

第三节　交通礼仪

案例引导　　电梯礼仪

一天,一位客人乘坐酒店观光电梯准备下到大堂。当电梯行至酒店行政办公楼层时,走进两位身着酒店制服,正准备去参加每月生日会的员工。两位员工边聊边随手按了一下电梯按钮。但员工随即发现错按了五楼,而员工生日会通常在三楼或二楼举办。于是员工改按了三楼的按钮。当到达三楼,电梯门打开后,员工发现三楼好像没有来参加生日会的人,生日会应该是在二楼举办,于是员工又按了到二楼的按钮。员工的行为引起一同乘坐电梯的客人不快,当电梯到达大堂后,客人向大堂副理投诉,认为酒店员工不应该乘坐客用电梯,且员工乱按电梯完全不考虑客人的感受。

【分析】　由于员工在乘坐客用电梯时,忽视客人的存在,不注意自己的行为规范和必要的电梯礼仪,以致引起客人的不快。为此,我们对使用客用电梯的注意事项和有关礼仪应加以注意和遵守,因为员工按错楼层,客人可以理解,但忽视或不礼貌对待客人,则会引起客人不满。

(资料来源:http://www.chinaelevator.org/main/new/datum_detail.asp? DID=2123。)

一、乘飞机礼仪

坐飞机时，登机坐下来后就要把安全带系好，等待起飞。要遵守飞机上的一切规章制度。不要大声聊天，用餐时要将座椅复原。另外，要等飞机完全停稳后再站起身来拿行李并排队按顺序走出去。

在登机前，导游人员首先要配合边防、海关等部门做好安全检查，主动取出身上的金属物品。在机舱门口应有礼貌地向空中小姐点头表示谢意。当空中小姐送来食品、饮料和纪念品时，导游人员不可默不作声、毫无表情。在飞行中，导游人员与旅游者交谈不要涉及劫机、坠机以及空难事件等，以免吓坏老年旅游者和小孩等。

在下飞机时，导游人员应走在旅游团的前面，及时与前来接团的地陪导游人员联系。

二、乘火车礼仪

一般来说，导游人员上车后应该为旅游者开道（下车时也该如此），找好座位，放好行李之后还要帮助旅游者安放行李。入座后，不要脱鞋或把脚伸到对面座椅下（或赤脚伸到对面座椅上），这些是不文明的表现。在行驶中不要随意开车窗或把头伸出窗外，对不熟悉的车上设备要请教乘务员后方可使用。晚间进入车厢后，若遇他人正在脱衣睡觉（特别是女士），导游人员应悄悄回避，自己宽衣就寝时应背对其他旅游者，若是换衣服则应去盥洗室。女导游不要当着旅游者的面整理衣裙和化妆。

一般在车厢里应自觉保持安静，不要大声聊天。废弃的物品要自觉放在垃圾箱里。阅读后的报纸或杂志要整理好，不要随便乱扔。吸烟者，应到列车的吸烟区或两节车厢间的过道去。

三、乘轮船礼仪

客轮的扶梯一般比较长、陡，而且梯级也较多，因此，导游人员带领旅游者上船之前先要提醒他们注意安全，并照顾年老者和小孩，让他们走在自己的前面。

在船舱里不要吸烟或躺在床铺上吸烟；若是晕船，应到洗手间去呕吐，不要吐在舱内或甲板上，以免引起其他旅游者的恶心。

在航行中要遵守有关规定，不要对着附近船只挥动衣服和手帕，晚上不要拿着手电筒乱照，不要在甲板上大声喧哗，这些都会给轮船工作人员带来麻烦。

另外，在船舱内与旅游者交谈要小声，不要影响其他的旅游者的休息。

四、乘的士礼仪

在旅游接待服务过程中，导游人员少不了要陪同个别旅游者或散客进行参观团游览和购买物品等活动。在与旅游者同乘一辆的士时，懂得一些乘的士的礼仪是很有必要的，从而让旅游者感到在一个文明、懂规矩的导游人员陪同下是一件愉快的事情。

导游人员首先应了解小轿车和出租车的座位尊卑。一般来说，当专职司机驾驶的时候，以后排右座为首，其余座位的尊卑排列为：后排左座、后排中座、前排右座，即右为上，左为中，前为下。如果是主人驾车那他旁边位置就为首座，其余座位的尊卑排列为：后排右座、后排左座、后排中座。女士登车的时候，千万不要一只脚先踏入车内，也不要爬进车里。应该先站在车门边，把身体降低，让臀部先坐到座位上，再将双腿一起收进车里，双膝保持合并的姿势。

若陪同旅游者同乘一辆的士，导游人员应帮助旅游者上车，即首先为旅游者打开的士右侧后门，让其坐在后排右座，并用手挡住车顶上框，提醒旅游者注意，等到旅游者上车坐稳后，方可关车门，并当心不要夹了旅游者的手。导游人员应坐在司机旁为好。到达目的地后，导游人员应首先下车，为旅游者开门，以手挡住车顶上框，帮助其下车。

若导游人员为女性，特别要注意上车和下车的姿势。

五、乘坐公共汽车礼仪

公共汽车上基本都是比较拥挤的。所以，必须在做到自我约束的基础上，互敬互让，文明用语常挂嘴边，才能够避免很多不必要的摩擦。导游人员应该主动将座位让给老人、儿童、孕妇以及病人，而不要看到需要让座的时候，赶紧闭上眼睛装作没看见。不应把垃圾扔在车内，更不应顺手从窗口扔出去，每辆公共汽车上都有垃圾桶，乘客完全可以多走两步把垃圾扔进垃圾桶里。在公共汽车上吸烟是很不道德的表现。雨天乘车，要把雨伞放到事先准备好的塑料袋里。

六、乘坐地铁礼仪

地铁也是人们常用的交通工具之一，导游人员理应告诫旅游者自觉维护公共设施，遵守应有的秩序。

（一）遵照惯例，文明乘梯

乘电梯时，应靠右侧站立，让出左边的通道，给赶时间的乘客行走。这也是乘自动扶梯的一种国际惯例，所以无论在哪里乘自动扶梯时，都必须遵守“靠右站立”的文明礼仪规范。

（二）保持安静，举止文雅

要遵守“按线候车”的规则，切勿越过黄色安全线。同时也要注意自己的言行举止，不要在站内大声喧哗，不要在站台上奔跑。候车时，应坐在车站提供的椅子上等候。如果没有椅子或座位已满，即使很想休息，也不要坐、卧或蹲在站台上。有些人习惯靠着墙休息，此时千万不要把脚踏在墙上，避免破坏或污染地铁的设施及环境。

（三）先下后上，注意礼让

排队上车时，如果遇到老人、病人、残疾人、孕妇和带小孩的妇女，应该让他们排到自己的前面。人多的时候，除了注意遵守安全法则外，也别忘了遵守文明礼仪规范。

七、乘电梯礼仪

无论是外国旅游者，还是国内旅游者，外出旅游住的基本上是星级酒店（或相当于星级酒店标准），除此之外，在许多公共场所也都安装了自动电梯，导游人员与旅游者会经常一起乘电梯，若不注意乘电梯的礼仪，将有损导游人员的形象。

一般来说，在电梯上下移动时应依次进出，不能因为有急事或工作忙而争先恐后；上电梯时若是等人，切忌站在电梯门口，只需用手挡住电梯门，但时间不宜太长；进入电梯后应主动和电梯内乘客打招呼。若电梯在上下途中，自己又不下电梯时，尽量不要挡住别人进出。当自己要走出电梯而被其他人挡道时，应该主动使用敬语，比如，“对不起”、“请让一下”、“谢谢”等。进入电梯后应面向梯门，若遇老人、孩子时，应主动照顾；走出电梯时应主动让老人、孩子先行，对老人、孩子等给予适当照顾。另外，在电梯内切忌大声说笑、谈论事情和抽烟，也不要穿着背心和拖鞋进入电梯，以免失礼。

案例引导　　游客黑名单为何不见效

2015年5月，针对媒体大量曝光中国游客出国游时的各种失态，中国政府宣布设立游客黑名单。这些失态事件包括中国游客席卷泰国自助餐厅，将餐厅中的虾席卷一空；在飞机上向机组成员泼开水；在埃及古迹上涂鸦；任由幼童在公共场合大小便；乘坐飞机时为了“呼吸新鲜空气”而擅自开启紧急出口舱门。

游客黑名单的“上榜”时间为三年。在此期间，游客的名字会在各大旅行社、航空公司、公安局等机构备案。被列入黑名单的人可能会被禁止搭乘飞机或造访名胜古迹。

美国纽约的美中科技文化交流协会负责人谢家叶博士对此表示，列一个黑名单不可能解决游客不文明的问题。要提高中国公众的整体素质，必须从小抓起，从幼儿园就开始进行文明礼仪教育。除了传授知识之外，还要教育儿童怎样和人相处，怎样做一个有尊严的人，“中国是一个有几千年文明历史的国家，但是一些游客因为素质太差，出去旅游，把自己的不文明的习惯带到了世界各地，造成了坏影响。”

（资料来源：http://www.cnbzol.com/news/2016101285846.htm。）

第四节　参观游览礼仪

案例引导　　不能说“不”

某年秋季的一天，北京的导游员郭先生陪同一个十多人的美国旅游团去八达岭长城游览。大家在长城玩得很开心。下午参观完定陵后，有些客人提出要继续参观长陵。郭先生告诉他们旅游计划上没有安排，况且时间也不够用，所以不能满足他们的要求。那些客人听后，不以为然，仍坚持要去长陵，并讲明自己另付门票也愿意去。与司机商议后，郭先生同意了客人的要求。由于去长陵游览了，晚饭很晚才吃上，但那些客人没有怨言，仍要求在适当的时候再去慕田峪长城游览。这回郭先生没有像上一次那样直接拒绝他们的要求，而是对他们说，可以去与旅行社联系一下，尽量满足大家的要求。第二天，他对客人讲，已经与旅行社联系过了，由于旅游日程安排太紧，无法抽出时间去慕田峪长城游览，希望大家谅解。客人见他确实为此事尽了心，便没有坚持去慕田峪长城。

【分析】 在接待过程中，经常会遇到客人提出某些难以办到的要求。例如，客人在旅游旺季要购买去旅游热点的机票、车票，客人要求在短时间内去参观长距离的旅游景点，客人要求在不增加费用的情况下增加旅游项目等等。不能直接说"不"，这样很容易伤害客人的自尊心，也不要急于解释办不到的原因，会使他们感到你对工作不负责任。要表现出尽心的姿态，并通过行动让客人看到，你确实是在为他们提出的要求而努力。

（资料来源：程新造，《导游接待案例选析》，旅游教育出版社，2004 年版。）

一、导游游览服务礼仪

（一）选定项目

选择参观游览项目，应根据访问目的、性质和客人的意愿、兴趣、特点以及旅游目的地实际情况来确定。对年老体弱者不宜安排长时间步行的项目，对心脏病患者不宜安排登高；提前预订的旅游团，事前可了解其要求，提出方案，让对方确认，一般事先提前预订，方案不宜改变。如果旅游目的地情况有变，一些参观项目难以实现，如确有困难，可如实相告，并做适当解释，以求谅解。

（二）安排日程

当参观团游览项目确定后，应拟订详细活动计划和日程，包括参观线路、座谈内容、交通安全工具等，并及时通知相关接待单位和人员，以便密切合作。当旅游团到达以后，导游人员仍然要与旅游者，主要是领队核对和商定日程，这是对旅游者的一种礼遇。一般来说，本着"合理而可能"的原则，日程不作大的变动。此外，如果游览区域对旅游者着装有要求的（如教堂、寺庙、博物馆、皇宫等），导游人员应提前一天向旅游者说明，提醒准备。

（三）陪同参观

安排旅游团前往工厂、学校、幼儿园等参观时，导游人员应做好联系落实工作。如有重要人物或是外宾，接待单位要配备精干人员出面接待，并进行解说介绍，切忌前呼后拥。导游人员要做好陪同和翻译工作，不能喧宾夺主，且参观时间不宜过长。

（四）讲解服务

讲解是导游人员的基本功，但也应遵循讲解服务的礼仪规范。

1. 要注意树立自己良好的服务形象

导游人员从第一次接触客人时起，就要注意自己的仪表风度和言行举止，做到称呼得

体、握手文雅、谈吐大方、态度热情友好、办事稳重干练，给旅游者留下良好的第一印象。

2. 工作走在前面

导游人员作为旅游活动的组织者，时时处处要以身作则，走在旅游者的前面，并引导旅游者文明有序游览。带团时，导游人员应提前10分钟到达出发地点，以便与领队交流沟通信息、协商工作；要有礼貌地招呼早到的旅游者，听取他们的意见和建议，不断提高服务质量。

3. 端正讲解姿态

在旅游车上讲解时，应面对旅游者，而不能背对旅游者坐着导游；讲解时目光要巡视全体旅游者，不可仅注视一两个人，面部表情要亲切、自然、如沐春风；姿态端正、优美，给人以落落大方的感觉。

4. 要尽其所能为旅游者介绍景点

导游人员在工作中要尽职尽责，不可只游不导，应该充分发挥自己的口才，为旅游者介绍景点。在自然环境中游览时，导游人员应提示旅游者爱护环境、不攀折花草、不惊吓和伤害动物，不进入未开放区域。观赏人文景观时，导游人员应提示旅游者爱护公物、保护文物，不攀登骑跨或乱写乱画。

（五）乘车、用餐和摄影

出发之前应提醒司机及时检查车况，分析行车路线，预先安排好用餐。把当日行程安排事先行告知旅游者。一般地方均允许客人摄影，并留下足够时间给客人摄影，如不能摄影处，要事先提醒，做好解释工作。

（六）在国外参观游览的礼节

到国外参观游览，提醒旅游者要入乡随俗，客随主便，不能强人所难。参观过程，应专心听取介绍，不可因介绍枯燥或不对自己口味而显露出不耐烦和漫不经心状，这是极不礼貌的。同时应广泛接触、交谈，以增进了解、加深友谊。注意尊重对方的风俗和宗教习俗。如要摄影，事先向接待人员了解有无禁止摄影的规定。参观游览，对服装要求不严格，不必穿礼服，穿西装可不打领带，但应注意干净、整洁，仪容也应修整。

二、景区(点)和主题公园服务礼仪

（一）景区(点)服务礼仪

1. 票务服务

1）售票服务

售票服务人员应热情礼貌，准确迅速，唱收唱付；主动向旅游者解释优惠票价的享受条件，耐心解答旅游者的问询。

2）检票服务

(1) 衣着整齐，态度和善，验票准确、迅速。

(2) 对漏票、持无效证件的旅游者，要礼貌地耐心解释，说明无效原因，说服旅游者重新购票。残疾人或年老者进入景区时，景区服务人员应予以协助。

(3) 对待团体票券的旅游者，按照所标人数认真核对。

2. 咨询服务

(1) 答复旅游者的问询时，应做到有问必答，用词得当，简洁明了。

(2) 接听电话应首先报上景区名称，回答电话咨询时要热情、亲切、耐心、礼貌，要使用敬语。

(3) 如暂无法解答的问题，应向旅游者说明，并表示歉意。

3. 讲解服务

(1) 提供导游导览、景物讲解或语音导游设备租赁服务。公布景区导游讲解人员的照片、姓名、编号、语种以及收费标准。

(2) 讲解人员统一着装、持证上岗，仪态端庄大方，时刻处于良好的工作状态。

(3) 导游讲解内容应科学准确，体现主题文化特色，使用便携式扩音机时应控制音量，不干扰其他旅游者。

(4) 带领旅游者参与游乐项目或观赏表演前，应向旅游者说明相关的旅游者须知，必要时帮助旅游者做好参与体验的准备，并劝阻不符合条件者参与。

(5) 在讲解服务中，对涉嫌欺诈经营的行为和可能危及旅游者人身、财产安全的情况，要及时向旅游者做出真实说明或明确警示。

(6) 不得向旅游者兜售物品和索要小费，不得欺骗、胁迫旅游者消费。

4. 餐饮服务

(1) 做到来有迎声、去有送声，微笑服务，耐心解答就餐者提出的问题。

(2) 统一着装、挂牌上岗，持有效健康证明上岗。

(3) 诚信待客、明码标价、出具服务凭证或相应税票，不欺客、不宰客。

(4) 在尽量满足广大旅游者不同用餐要求的同时，要着重提供特色食品和风味小吃。

5. 游乐服务

(1) 上岗前要认真仔细检查娱乐设施、设备，加强对设备、设施的定期维护和保养，使其处于良好的使用状态，保障旅游者安全。

(2) 提醒旅游者安全须知，并帮助旅游者做好安全措施，确认安全无误后再启动娱乐设施。

(3) 对于不遵守安全规定的旅游者，耐心说明违反规定的后果。如有解决不了的问题，应及时上报。

6. 购物服务

(1) 注意自己的着装和仪容仪表，还要善于与旅游者沟通。

(2) 主动向客人介绍富有本景区特色的旅游商品，明码标价，无价格欺诈行为。

(3) 统一佩戴胸卡，亮照经营，无兜售或强买强卖现象。

(二) 主题公园服务礼仪

主题公园作为娱乐性多、参与感强、极具创意感的一种景区，其服务礼仪除了具备景区(点)通用礼仪规范外，还有其特殊性。主题公园特别是游乐园有大型游乐设施设备，要求安

全系数较高，还应具备特殊岗位所需的专业岗位上岗证书。

(1) 根据旅游者的人流量在游乐项目处设置排队等候区域，并配备遮阳避雨、排队隔栏、临时休息座椅等设施。如遇客流高峰，需长时间等候时，应有序引导旅游者依次排队等候。

(2) 做好旅游者游前检验工作。禁止携带随身物品参与的项目，入口处应配备小件物品存放设施。大型游乐项目出口处宜设置供有呕吐等不良反应的旅游者使用的盥洗池和座椅。

(3) 服务人员应口述或采用影视播放方式向旅游者介绍参与规则、操作方法及有关注意事项，劝说并阻止不符合条件者参与。

(4) 游乐项目运行过程中，相关服务人员要进行现场管理，关注旅游者动态，遇有旅游者出现严重不良反应时，应立即停止运行，做好解释并提供帮助。

(5) 水上游乐项目服务人员应随时报告天气变化情况，遇恶劣天气应引导旅游者避风避雨或采取其他保护措施。

三、参观博物馆、美术馆和展览馆等礼仪

博物馆、美术馆、展览馆等是一个环境相对特殊的参观游览场所，馆内展出的都是具有很高纪念价值的文物和艺术品，因此，参观游览这些场所时，有一定的礼仪要求。

(1)着装应该整洁大方，不可太过随意。

(2)应该遵守博物馆、展览馆有关规章制度，不要一边参观一边吃东西。

(3)应保持安静，根据场馆要求规范使用摄影摄像设备。不随意触摸展品。

(4)博物馆、展览馆等场馆都提供电子语音导览机(可自行选择语言)，也可选择专人讲解服务。

(5)不要跨越文物护栏或玻璃围栏，应听从馆内人员的引导。

(6)人多时，不要拥挤，应当按照顺序边看边走。

(7)不宜在一件展品前长时间驻足，以免影响他人参观。

(8)超越他人时要讲礼貌，注意不要从他人面前经过，以免妨碍他人参观。

知识活页　中国公民出国(境)旅游文明行为指南

中央文明办联同中华人民共和国国家旅游局，于2006年10月公布了《中国公民出境旅游文明行为指南》。

中国公民，出境旅游，注重礼仪，保持尊严。

讲究卫生，爱护环境；衣着得体，请勿喧哗。

尊老爱幼，助人为乐；女士优先，礼貌谦让。

出行办事，遵守时间；排队有序，不越黄线。

文明住宿，不损用品；安静用餐，请勿浪费。

健康娱乐，有益身心；赌博色情，坚决拒绝。

参观游览,遵守规定;习俗禁忌,切勿冒犯。

遇有疑难,咨询领馆;文明出行,一路平安。

此指南一直沿用至今,对指导中国国民文明出游起到了很好的示范作用。

2016 年 8 月,由国家旅游局主办、中青旅遨游网承办的“大家定的公约大家来遵守”中国公民文明旅游公约新闻发布会举办,来自“民间”版的中国公民文明旅游公约发布。此公约来自民间共识,共 30 个字。

重安全,讲礼仪;

不喧哗,杜陋习;

守良俗,明事理;

爱环境,护古迹;

文明行,最得体。

(资料来源:http://www.cnta.gov.cn。)

第五节 购物礼仪

案例引导 “恶导游”还是“饿导游”?

2015 年的五一假期,一条旅游者通过网站爆料“云南女导游嫌购物少而大骂旅游者”的视频在网络上大量转发。视频中,导游直言不满自己所带团旅游者购物消费过低,甚至使用侮辱性的语言攻击旅游者。导游还要求到达下一站,旅游者需要购买黄龙玉、烟嘴、化妆品等。

云南旅游部门于 2015 年 5 月 3 日通报了对此事件的调查和处理结果,拟对该导游做出吊销导游证的处罚,对涉事旅行社做出责令停业整顿的处罚,并对该旅行社的直接负责人处 2 万元罚款。

根据官方通报,此事件中骂人导游存在“欺骗、胁迫旅游者消费或者与经营者串通欺骗、胁迫旅游者消费”的行为,涉事旅行社存在“未向临时聘用的导游支付导游服务费用;要求导游垫付或者向导游收取费用”等违法行为。

【分析】 上述案例中存在“低价团”强制购物的“潜规则”和旅游接待人员的职业道德和礼仪规范等问题。一个贪图便宜,一个想赚钱,有因必有果。《中华人民共和国旅游法》明确规定:旅行社不得以不合理的低价组织旅游活动,诱骗旅游者,并通过安排购物或者另行付费旅游项目获取回扣等不正当利益。若不能根治“强制购物”、“强制消费”为代表的低价竞争,甚至“零团费”、“少团费”的旅游市场乱象问题,类似事件还会上演。

(资料来源:http://www.71.cn/2015/0513/814041.shtml。)

旅游购物是旅游不可缺少的一部分。为了满足旅游购物者的需求，树立良好的旅游企业形象，旅游购物服务人员必须做到顾客至上，遵守旅游购物服务礼仪规范，同时诚心诚意地为旅游购物顾客提供热情、周到而有礼貌的服务。而且旅游服务中的商品销售，是个敏感话题，对此要有正确的认识与把握。

一、导游人员购物服务礼仪

（一）思想重视、态度积极

每个导游人员必须认识到满足旅游者的购物要求是导游服务工作的重要内容之一，帮助旅游者购物导游人员责无旁贷。要提醒旅游者购物活动结束时间和购物结束后的集合地点，避免旅游者迟到、拖延而引发的不文明现象发生。

（二）熟悉商品、热情宣传

旅游者在旅游过程中，会选购一些有地方特色的土特产以作纪念或馈赠亲友，为了满足旅游者不同购物要求，导游人员应尽可能地多了解商品的产地、质量、使用价值、销售地点和价格等，并主动热情地向他们宣传，当好旅游者的购物向导和参谋。

（三）了解对象、因势利导

为了更好地促销商品，导游人员不仅要熟悉中国的商品，还要做个有心人，设法了解旅游者是否有购物要求、购买能力及他们希望购买什么样的商品，从而有针对性地提供购物服务，满足旅游者的购物愿望。

（四）掌握推销原则

导游人员做好购物服务必须建立在旅游者“需要购物、愿意购物”的基础之上，不得强买强卖，违法乱纪。在推销商品时，必须遵循下述原则：

1. 从旅游者的购物要求出发，因势利导

导游人员在提供导游服务过程中，应合理安排购物时间，不要过多安排购物时间，切忌强加于人，图谋私利，以免引起旅游者的反感。

2. 实事求是，维护信誉

介绍商品要实事求是，价格要合理公道；不得做失实的介绍；不得以次充好，以假乱真，不得乱涨价；严禁导游人员为了私利与不法商人相勾结，坑蒙拐骗旅游者。

总之，导游人员应遵守导购职业道德，应将旅游者带到商品质量好、物价公平合理的商店，而不应该唯利是图，为了一点“好处费”，昧着良心违背职业道德，把旅游者带进贩卖伪劣商品的“黑店”，给中国旅游业抹黑。

知识活页　**强迫购物游客可要求退货**

2016 年 8 月，国家旅游局就《旅行社条例(修订草案送审稿)》公开征求意见，对游客不文明行为、旅行社不合理低价等问题均做出了相应规定。

该条例明确规定，旅行社及其从业人员不得通过安排旅游者参加购物活动、另行付费旅游项目，或者旅游者购物消费，以回扣、佣金、人头费或者奖励费等名义，获取相关经营者给予的财物。旅行社及其从业人员不得以殴打、弃置、限制活动自由、恐吓、侮辱、咒骂等方式，强迫或者变相强迫旅游者参加购物活动、另行付费旅游项目。

旅行社若违反以上规定，旅游者有权在旅游行程结束后30日内，就其所购物品和参加另行付费旅游项目费用，要求旅行社为其办理退货并先行垫付退货货款、退还另行付费旅游项目的费用。

（资料来源：http://www.cnta.gov.cn。）

二、酒店商品销售服务礼仪

酒店商场部作为酒店营业部门的一部分，是为满足顾客购物需求而设置的。商场部与酒店外的商场在服务上有相同之处，但由于酒店的特殊性，商场部服务员要具有丰富的知识。例如，商场部服务员至少要熟悉一门外语，此外，还要了解主要客源国的礼仪、风俗等，这就对服务员提出了更高的要求。

（1）营业员应微笑问候前来浏览商品的客人，随时准备为客人服务。

（2）为客人服务时，营业员应善于观察客人的眼神和表情，把握时机向客人展示商品。介绍商品应实事求是，不夸大其词。递送商品应符合递物礼仪规范。

（3）回答客人询问时，应亲切自然，有问必答。无法回答客人问题时，应向客人真诚致歉，并提供其他咨询途径。

（4）对购物客人和非购物客人，营业员应一视同仁，不厚此薄彼。

（5）营业时间快结束时，营业员应继续耐心提供服务，直到客人满意离开。

（6）接待退换货的客人时，服务人员应真诚友善，按退货制度热情、快捷地为客人办理退货手续。

酒店商场服务员应从细节着手，如进门、付账、出门等细节，尽力体现人性化服务，显示对每个顾客的尊重和理解。在进行服务时，尽量多站在旅游者的立场为顾客着想，用真诚的一言一行获得旅游者的信任和依赖。

第六节　娱乐活动礼仪

案例引导　　邀舞为何被谢绝

小张是一名很帅气的小伙子。一次，他买了一件很漂亮的大衣，正好周末本单

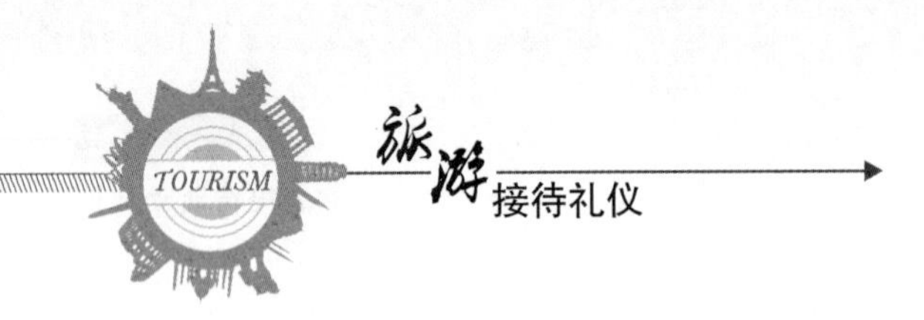

位举行舞会，他便来到会场，只见人们都在翩翩起舞，小张兴趣很浓，便邀请一名在座位里休息的女士舞蹈，那位女士看了他一眼，很有礼貌地谢绝了他，接着小张又邀请了两位女士舞蹈，结果均被谢绝。这时候，一位朋友来到小张身边，拍拍他说："小张，不能穿着大衣邀请女士舞蹈，这是不礼貌的。"小张这才明白刚才为何被谢绝。

【分析】 穿着大衣是不方便跳舞的，穿着不合适的衣服请人跳舞也是一种不礼貌，一般在跳舞的时候男士应该穿西装或礼服，女士穿裙装才合适。

（资料来源：http://www.zaidian.com/shangwuliyi/245248.html。）

一、舞会礼仪

舞会是一种高级的社交活动，是集娱乐与交往于一体的一种高雅的活动，是以一系列较严格的礼节礼仪来维持的。在旅游接待工作中，旅行社、酒店或景区常常根据旅游者的要求举办舞会，或被客人邀请参加舞会。

（一）舞会的组织工作

一场舞会是否成功，舞会的组织工作至关重要。举办舞会应注意以下环节：一是确定舞会的主办者，明确主办者全面负责舞会的组织筹备；二是要确定舞会的规模和参加的人员，注意男女比例的均衡；三是确定的举办舞会的时间，包括何时举办和舞会的延续时间；四是确定舞会的场地，注意安全舞场的条件和舞池的大小；五是要准备好舞曲，各种风格、节奏的舞曲最好都有一些，有条件的舞会最好请乐队现场演奏；六是要做好接待工作，选好舞会的主持人和招待服务部人员，准备好招待的食品、饮料等。

（二）参加舞会的礼仪

参加舞会的导游人员应遵守必要的礼仪规范，以使自己表现文明、高雅，受人欢迎与喜爱。

1. 装束得体

关于参加舞会的装束有一些约定俗成的礼仪规范。在西方，男子参加正式舞会的传统服装是白领结、燕尾服，这是最隆重最漂亮的服装，遗憾的是今天的男子极少有人会在家里存有这样的燕尾服。现在，男子在舞会上可着深色的套西服，浅色衬衣，花色领带或黑、白领结，下穿黑色打亮的硬底皮鞋和深色的袜子。

女性应为舞会而打扮自己，穿上极具女性化的曳地长裙或长连衣裙，面料应是悬垂性、飘逸性为好，款式应能很好地衬托出自己身体曲线，或是袒胸露肩的礼服或长裙，配上同色的长筒网状手套。佩戴珠宝首饰，如耳环、项链、戒指或手镯即可，一双精致合脚的高跟鞋和色彩和谐的连裤袜是不可少的。

2. 容貌整洁

参加比赛舞会前一定要洗澡、漱口、理发，不吃葱、蒜等食物，不饮酒，以防止身体产生怪异之味。男士可做一个合适的发型，刮干净胡须，口腔中喷一点清新剂，修剪指甲。女士应进行化妆，且比白天浓艳一点。

3. 掌握时间

一般的舞会都要注明舞会持续的时间，而不限定参加者到场和离去的时间，不要求正点到达和结束后才可离去。但参加者为了表示对主人的尊重和对舞会的支持，应尽量早些到达，结束时才离去。如果来得很晚，走得又很早，是不礼貌的表现。

4. 注意修养

参加比赛舞会要注意自己的言谈举止，做到文明礼貌。要维护环境卫生和良好的秩序，如不乱扔果皮纸屑、不吸烟，不在舞场高声喧哗，不在舞池随意穿行，不要随意议论、贬低、批评某个舞曲或某位舞者。

（三）舞场上的礼仪

1. 邀舞的顺序

正式舞会，第一支舞曲是由主人夫妇、主宾夫妇共舞；第二支舞曲是男主人和女主宾，女主人和男主宾共舞。接下来，男主人须依次按照礼宾顺序，邀请第二、第三位男宾的女伴共舞，而这些女士的男宾应同时邀请女主人共舞。男宾也应主动邀请女主人和主人方的其他女士共舞。男女结伴参加比赛舞会，依惯例第一支舞曲和最后一支舞曲应一起跳，但男士不宜整场舞会只和一位女士共舞。

2. 邀舞的礼仪

男女不相识，音乐奏起，可相互邀请，但一般由男士主动邀请，女士应欣然答应。如女士邀请男士，男士一般不能拒绝。

邀舞时，男士应步履庄重地走到女士面前，略弯腰鞠躬、微笑并轻声说："请您跳个舞，好吗？"女士受到邀请后，一般应马上起身，同邀请者一起步入舞池共舞，而不应傲慢无礼。

男士有意邀请一位女士跳舞，应先仔细观察一下她是否有男伴，如有，一般不宜前去邀舞；若你十分渴望与其跳舞，不妨大胆有礼一试，走到女士面前先向男伴示意："我可以请她跳支舞吗？"在其男士同意下再引女伴下舞池，同时要致谢。

当两女士同舞时，而男子可采取同样的方式舞到他们身边，然后共同邀舞，组成男女两对，才是理想的搭配。注意：两位女士可以同舞，但两位男士不可同舞。前者意味着在现场没有舞伴，而后者则表示不愿意向在场的女士邀舞，这是对女士的不尊重，甚至会让人产生误会。

3. 拒舞的礼仪

舞会上，被人邀请跳舞是受到尊重的表示，无故谢绝男士的邀请是失礼的。若女士不愿意接受男士的邀请也可谢绝，但语气应委婉、客气。如，"对不起，已经有人约我了，等下一次吧"。若女士只是不想与其跳舞，可说："对不起，我有点累了。"

男士同夫人一同跳舞，别人来邀舞，应按礼节促请夫人接受，绝不能代夫人回绝对方，否则是极失礼的。

两位男士同时邀请一位女士，通常女士最好都礼貌地谢绝。若已答应一方邀请，则对另一方表示歉意"下一次吧，谢谢您"。

当女士拒绝这位男士后，这位男士又来邀舞，在无特殊情况下，女士应答应与其跳舞。

4. 舞姿与风度

参加比赛舞会，要注意自己跳舞时举止风度符合礼仪的规范要求。

步入舞池，要尊重女舞伴，一般女在前，男在后；跳舞时，一般男士领舞在先，女士配合于后；一曲终了，应立于原地，面向乐队或主持人鼓掌表示感谢，再将女伴送回原处。

男女双方的舞姿要大方自然、流畅活泼。不要学那些怪诞、轻浮、做作的舞姿。

男女双方的神态要从容自若。男士的目光从女士的右肩上方注视地过去，女士的目光从男士的右肩上方掠过，双方目光最好不看同一方向。当然，双方也应不时礼貌地交换目光。

男女双方保持一定距离，一般保持10～15厘米距离为宜。

二、文艺晚会或看电影礼仪

到剧院或影院欣赏文艺作品不仅是美的享受，更能使自己的身心都受到陶冶。剧场、影院等公共场合，应该遵守公共场所礼仪。在旅游接待活动中，酒店作为接待方，会安排组织观看文艺晚会，而且大部分酒店也自带剧院或影院等基础设施，满足旅游者的娱乐需求。此外演艺活动也是旅行社产品的重要组成部分，如千古情系列、印象系列、汉秀等。导游人员在引导旅游者观看文艺晚会活动时，有较多的注意事项。

（一）观看文艺晚会的礼仪

1. 文艺晚会的组织

(1) 精心选择。选定节目主要选择具有本国民族风格的节目，可酌情安排一些来宾所属国家的节目，尽量不安排政治色彩、宗教色彩的节目。在接待外宾时根据不同国家的不同文化，可以兼顾双方来往，双语主持。

(2) 座位安排。观看文节晚会，一般以前排座位为佳，观看电影则以第15排前后中间座位最理想，而且要体现来宾为尊。

(3) 准备说明书，用双方文字印成。

2. 出席文艺晚会礼仪

1) 及时答复

接到晚会请柬，能否出席，应及早回复主人，以免剧场空缺，影响气氛。如不能出席，已送来的票按主人意见处理。

2) 入座礼仪

(1) 入座。准时或提前数分钟到达。请柬如附有座位号码，应对号入座。如无座次，到现场按本人的身份了解座位分配情况，然后入座，勿贸然坐到贵宾席。入座应脱帽，妇女可穿披肩或大衣入场。

(2) 若迟到，应在幕间休息时入场；看电影时，迟到则应随服务员悄悄入座，穿过座位时姿势要低，脚步要轻，不要影响他人观看，对起身为你让座的观众要致谢。

3) 观看礼仪

(1) 遵守秩序。演出进行中应保持肃静，不要谈话，不要大声咳嗽或打哈欠，更不要打瞌睡。

(2) 观看节目。主人可对节目略作介绍,以便让客人更好地欣赏节目。即时翻译声音要轻。在国外看戏,如非专场,最好事前了解节目内容,情节梗概,现场大略翻译几句,尽量不要说话,否则会引起周围观众不满。

(3) 演出场所禁止吸烟,更不能嗑瓜子、吃零食。

(4) 鼓掌。节目在演出进行中不要鼓掌,不要叫好,更不要吹口哨。

(5) 不应随便退场。不得已退场时,离座动作要轻,身姿要低,迅速离开。

(6) 演员表演出现失误,要给予谅解,不应喝倒彩、吹口哨、起哄;电影中途断片,亦应耐心等待,不要随意走动,喧哗起哄。

4) 离场礼仪

(1) 全部节目演完后应向演员鼓掌致谢,待演员谢幕后再离场。

(2) 演出结束后应按顺序退场,不得拥挤,更不得多停留。应让长辈、女士先行,男士随后,不要抢行。

(二) 导游人员在带团观看文艺晚会时的礼仪

1. 观看节目前

在组织安排旅游者观看演出前,导游人员要向旅游者介绍观看文艺节目的大概内容、发车时间以及停车位置和注意事项等。到达剧场后,首先要介绍剧场内的设施、商品部的位置、洗手间的位置以及安全通道的情况。

导游人员带领旅游团最好提前 15 分钟到达剧场,同时做好引导旅游者入座工作。在观看节目或幕间休息时要保持警惕,照顾好旅游者的安全,并提醒旅游者不要分散或单独活动。

2. 观看节目后

剧场散场后,按照旅游者的一般心理都想尽快离开剧场,尽快回到酒店。但是,由于旅游团队的情况不同,散场时旅游者的事情也比较多,比如,有的想上洗手间,有的想早点出去,也有的想等观众走得差不多时再起身等,再加上剧场散场时人较多、情况也较复杂,因此,导游人员的工作重点是放在防止旅游者走散上,导游人员首先要劝告旅游者先别急着走,等到观众稍微散开一些后再请旅游者起身离开(最好走一条通道,不要让旅游者分两边走)。导游人员可把旅游者带到剧场大厅集中,然后给有需要的旅游者留出上洗手间的时间,最后清点人数。在旅游车启动之前,导游人员要再一次清点人数。

三、体育活动礼仪

2016 年 5 月,国家体育总局和国家旅游局签订《关于推进体育旅游融合发展的合作协议》。之后,国家体育总局又出台了《全民健身计划(2016—2020)》,对“旅游+体育”的融合发展又提出了具体举措。各种体育赛事活动的高关注度,开辟了体育旅游的新天地。

体育旅游者在观看、欣赏体育活动时,特别是国际赛事,观赛者的一言一行代表着国家形象。因此,体育旅游者参加体育活动时应该注重观赛礼仪,与比赛和谐互动是每位观赛者应遵守的基本准则。

不同观赛项目有不同的观赛礼仪,主要介绍旅游者在观看体育比赛时的通用礼仪规范。

（一）观看体育比赛通用礼仪

1. 着装礼仪

（1）着装不要太邋遢。在比赛场地，观众的服饰也需要适度，服饰要得体大方。另外，整齐划一的服饰在比赛场加油助威可以更有声势和气魄，更能渲染主场的气氛，达到为主队或喜欢的球队加油的目的。

知识关联

体育旅游是指以观看、欣赏和参与各种体育活动为目的的旅游休闲活动，是体育和旅游融合的一种生活方式，有着大众性、参与性、体验性、消费性、综合性的鲜明特点。

（2）着装不要影响他人。需要注意的是，如果在赛场内只一味地关注自身穿着多么奇特，而妨碍了其他观众正常观看比赛。比如，戴一顶很大的帽子挡住了其他观众的视线，或者服饰过于复杂、庞大对身边的其他观众造成了妨碍，就会容易引起其他观众的反感。

2. 入场礼仪

（1）进入场地时要有序，一般要提前到达场地，在比赛开始前就对号入座，这样既可避免入座时打扰别人，也是对运动员、教练员和裁判员最起码的尊重。

（2）主动出示票证，积极配合安全检查，不准携带易燃易爆等危险物品、打火机、酒瓶、凳子、刀具、玻璃瓶、易拉罐等罐装物品、宠物入场。只能带软包装饮料进入球场，但垃圾要用方便袋或者纸袋自行带出。

（3）不要在人群拥挤的入场口或出场口逗留或聊天，以免影响其他观众的出入；不要踩座位和高声说话，这会打扰别人观看比赛。

3. 观赛礼仪

1）稍懂规则，学会欣赏

观看体育比赛有一些规矩和“门道”，可以事先了解相关信息及知识，包括携带物品、项目特点、欣赏门道等。既要看运动员优美的动作，也要看他们运用技术的时机和巧妙之处。既要欣赏运动员精湛的技艺，也要体察他们在场上的灵感和智慧。

2）升国旗礼，肃立歌唱

在升参赛国国旗、奏参赛国国歌时，观众应该全体肃立，脱帽，向国旗行注目礼，唱国歌，不能随意谈笑或做其他事情。

3）热情加油，热而不乱

若观看激烈的球类比赛，比如足球、手球、篮球等项目，可以举臂过顶，掌声热烈密集，伴随着兴奋的欢呼；而竞技类比赛，如跳高、体操、台球、网球、高尔夫球、马术等项目，需要相对安静的比赛环境，观众就应该比较绅士，根据比赛规则恰到好处地给予掌声，在运动员表演过后，才开始鼓掌。

4）尊重选手，尊重裁判

在比赛入场仪式上，当现场主持逐一介绍双方比赛队员时，观众要为每一位球员鼓掌表示欢迎和鼓励。应尊重运动员的比赛和裁判员的工作，不使用不文明的、侮辱性的言行刺激运动员和裁判员。不起哄、不吹口哨、不鼓倒掌、喝倒彩。

5）发球发令，保持安静

比赛中，当运动员发球时，应该保持安静，不要影响运动员的水平发挥。

6）室内照相，闪光关停

任何比赛都需要运动员全神贯注。观众在观看比赛时，手机要关机或调到振动、静音状态。观众在拍照时千万要注意关闭闪光灯，以免分散运动员的注意力，影响比赛。

4. 退场礼仪

(1) 比赛结束时，向双方运动员鼓掌致意。退场时，要按顺序离场，向最近的出口缓行或顺着人流行进，不要跨越座椅急于离场。

(2) 若要提前退场，在不打扰他人的情况下尽快离开。

(3) 应主动将饮料瓶、果皮、报纸等杂物带出场外。

（二）观看残疾人比赛的特殊礼仪

(1) 对残疾运动员的称谓应该礼貌规范。例如，知其姓名或号码时，可称呼其姓名或号码。

(2) 因残疾人比赛的特殊性，观赛者需要提前了解参看项目的赛场规则，才能更好地欣赏运动员的精彩比赛。

(3) 观赛时，不要嘲笑、议论运动员。和运动员打招呼时，不要紧盯着运动员的残障部位，更不要因为好奇而随便乱问，避免涉及运动员隐私和伤痛。

(4) 观赛时，一定要听从场地工作人员的指挥，或者随从运动员需要安静的手势，配合他们顺利地完成比赛。

(5) 当运动员完成一次动作后，观众应该给予热烈的掌声。

本章小结

1. 旅游接待活动中最常见的宴请方式有宴会、招待会(冷餐会或酒会)、茶会、工作进餐等，其中，国宴是宴会级别最高的形式。

2. 宴请礼仪主要包括中餐宴会、西餐宴会、自助餐及送餐、酒吧服务等主要内容，其中，宴会的组织、座位安排、餐具摆放、用餐要求是宴请礼仪的重要内容。

3. 住店礼仪主要包括旅游接待中的住店礼仪的基本要求，导游人员、酒店对客服务礼仪规范。

4. 交通礼仪是旅游接待活动礼仪的重要内容，没有交通，就不能完成旅游活动。因此，交通礼仪主要包括乘坐飞机、火车、轮船、的士、公共汽车、电梯等内容。

5. 参观游览礼仪主要包括导游游览服务礼仪、景区(点)和主题公园服务礼仪，以及参观博物馆、美术馆和展览馆等礼仪。

6. 购物礼仪是旅游接待活动中最敏感的环节。不管是导游人员还是酒店商场部服务人员在提供购物服务时，要把握“尺度”。做到不仅能让消费者愉快地购买商品，而且能树立良好的企业形象。

7. 娱乐活动礼仪主要体现在旅游接待活动中参加舞会、文艺晚会、体育活动时的礼仪规范。

思考与练习

(1) 宴请形式主要有哪些?

(2) 论述中餐宴会礼仪和西餐宴会礼仪的异同点以及注意事项。

(3) 试述酒吧服务礼仪规范要点。

(4) 试述赴宴礼仪注意事项。

(5) 简述入住酒店服务礼仪要点。

(6) 举例谈谈景区(点)和主题公园的服务礼仪要点。

(7) 论述旅游商品销售服务礼仪。

(8) 在观看残疾人比赛时，应该注意哪些禁忌事项?

案例分析

案例一　一次令人尴尬的西餐

司马小姐至今都记得自己第一次吃西餐的情形。走进餐厅，她看到豪华而气派的装饰，而且整个餐厅很静，若有若无的音乐轻轻回荡，让司马小姐心动，同时也不免紧张。她走到餐桌边，伸手去拖餐椅，而侍者赶紧过来，帮她轻轻挪动椅子，司马小姐同时发现自己站在了椅子的右边，脸一下子就红了。接下来进餐的过程中，她牢记左叉右刀的原则，但是其实她是左撇子，而且第一次用，心里很紧张，更显得笨拙。整个进餐，司马小姐觉得像是在受罪，音乐、环境对她而言都不曾留下什么印象，只有紧张与小心翼翼，以及小心翼翼后的笨拙，令她难忘。

问题：1. 西餐礼仪与中餐礼仪有什么不同?

2. 西餐礼仪餐具摆放和使用要求有哪些?

案例二　一只皮鞋引发的投诉

一位爱尔兰籍客人下午打电话到大堂副理处，要求大堂副理到他房间处理问题。客人早上要求客房服务员擦皮鞋，客房服务员提着鞋篮送回客房。客人检查时发现，右脚皮鞋上有非常非常小的刮痕。大堂副理到房间后，客人要求：

第一，免房费。因为客人是在外网上订房，房费已经支付给订房中心了，房费大概在3000元左右，其皮鞋是Ecco的，大概也在3000元左右。或者赔偿他一双新皮鞋。

第二，免费升级到套房入住，5天差价差不多为2500元左右。

注：①Ecco皮鞋在北京国贸有这款鞋，也有相同的尺码，价格为3200元；②客人为商务公司客人，来北京只带了这一双正式皮鞋，有商务需求；③客人为年轻男性，30岁左右。

大堂副理仔细和客房部确认后，认为可能是由于鞋篮上有一个竹签外翻扎到皮鞋所致，那个划痕极有可能是鞋子放在鞋篮后，客人在拿出鞋子的一瞬间导致的。但是毕竟是酒店的鞋篮，也无法完全规避责任。

问题：遇到这种情况，酒店怎么处理比较妥当？

案例三　为大家服务原则

一次，××旅行社欧美部的英语导游员小陈作为地陪导游，负责接待一个由说多种语言散客组成的旅游团。旅游团共13人，其中8人讲英语，5人讲普通话。在旅游车上，小陈用两种语言交替为旅游者讲解。到了一旅游景点时，小陈考虑到团员中讲英语的较多，便先用英语进行了讲解，没想到他讲解完毕想用中文再次讲解时，讲中文的旅游者已全都走开了，因而他就没用中文再做讲解。事后，小陈所在旅行社接到了那几位讲中文旅游者的投诉，他们认为小陈崇洋媚外，对待旅游者不平等。

问题：分析小陈被投诉的原因。

案例四　强迫购物为哪般？

2015年3月14日，谈女士一行四人在湖北黄石一家旅行社报了团，准备参加25日至30日的云南5晚6日游。在签订旅游合同前，旅行社向谈女士等人说明，该旅行团并不是购物团。然而四人到达云南后，情况瞬间产生了变化。

“到达昆明后，一位当地导游接待了我们。”谈女士说，旅行途中，导游带他们去了许多购物店。每去一站前，导游都会苦口婆心地游说旅游者们进行消费。“导游一边说当地的产品品质好，一边告诉我们他没有工资，全靠旅游者消费才有收入。除此之外，旅游者消费后，导游还要登记消费金额。对于不愿购物的消费者，他表示不愿接待。”

在导游压力下，谈女士等人在腾冲一家玉器店购买了5只玉手镯，共计31826元。然而，等四人回到黄石后，专家的鉴定结果给她们当头泼了一盆凉水。“我们拿着这些镯子到黄石一些商场和珠宝店进行鉴定，内行人说我们购买的玉器和市价不符，在黄石的珠宝店以一折的价格就能买到。”对于这次购物，谈女士等人感到心痛万分。

问题:1.旅游商品销售服务时应该遵循的原则是什么?

2.如果你遇到强迫购物情况,你会怎么做?

本课程阅读推荐

[1]孙德艳.现代酒店礼仪即用即查[M].哈尔滨:哈尔滨出版社,2002.

[2]张金霞.导游接待礼仪[M].北京:旅游教育出版社,2007.

[3]周裕新.现代旅游礼仪[M].上海:同济大学出版社,2006.

[4]程新造.导游接待案例选析[M].北京:旅游教育出版社,2004.

[7]彭蝶飞,李蓉.酒店服务礼仪[M].上海:上海交通大学出版社,2011.

相关知识篇

第六章

民族与宗教礼仪

学习导引

世界上有2000多个民族以及数以百计大大小小的宗教信仰，因为民族、宗教、政治、经济、文化等因素而交织，最终形成了各国(地区)、各民族与各宗教独特的礼俗，在国内外交往及社会生活方面产生了各种错综复杂的关系。如何从这些关系中梳理世界70多亿民众之间的往来礼俗?本章力图寻找探知路径。

学习重点

通过本章的学习，重点掌握以下知识点：

1. 认知世界各民族的礼仪通则，熟悉我国十五个少数民族的礼仪；
2. 认知宗教的礼仪通则，熟悉世界三大宗教的礼仪与禁忌。

第一节　民族、民族习俗与民族礼仪

民族泛指基于历史、文化、语言、宗教或行为与其他人群有所区别的群体。狭义的民族概念，是指人们在一定的历史发展阶段形成的具有共同语言、共同地域、共同经济生活以及表现于共同的民族文化特点上的共同心理素质的稳定的共同体，如汉族、满族等。广义的民族概念认为，“民族”一词的含义包括处于不同社会发展阶段的各种人们共同体，如古代民族、现代民族，或者用以指一个国家或一个地区的各民族，如中华民族是中华人民共和国境内56个民族的总称。现代发展的民族概念主要指文化的概念，而淡化了语言、历史、宗教的问题。比如，同一个民族可以有不同的宗教信仰，同一个民族可以有不同历史渊源，相反，不同的民族也可以使用相同的语言，不同的民族也可以在后期融合成新的民族。

民族习俗，即民俗，是指一个民族或者一个社会群体在长期的生产实践和社会生活中逐渐形成并世代相传、较为稳定的文化事项，可以简单概括为民间流行的风尚、习俗。民俗是

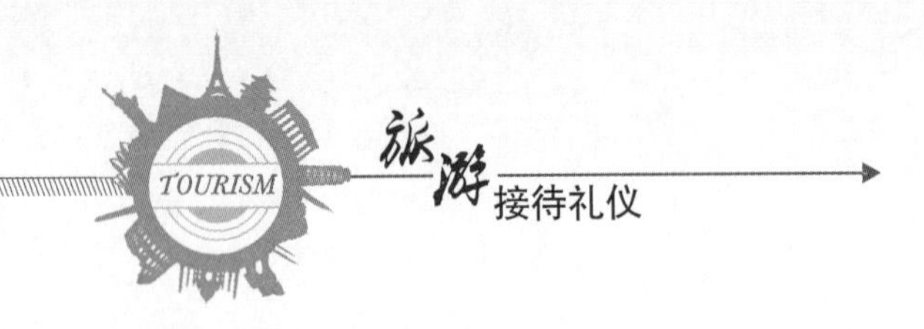

人民传承文化中最贴切身心和生活的一种文化。比如我国56个民族在居住、饮食、服饰、生产、交换、交通、婚姻、家庭、村落、结盟、岁时、节日、丧葬、信仰、风尚、礼仪、禁忌等方面的民间风俗习惯，统称为中国各民族的民俗。中国是一个具有悠久历史民俗传统的国家，“千里不同风，百里不同俗”，各类民族文化世代相传。这些民俗不仅丰富了人们的生活，更增加了民族的凝聚力。

民族礼仪是在各民族内部及与外族交往中，以一定的约定俗成的程序方式来表现的律己敬人的过程，涉及穿着、交往、沟通、情商等方面的内容。

其实民俗与民族礼仪之间有很紧密的联系。民族礼仪是民俗的一个方面，二者都是约定俗成的要求和规矩，是大家都要共同遵守的。礼源于俗，俗化为礼。

第二节　民族礼仪通则

世界上有数以千计的民族，有着各具特色的文化与礼俗，正是这些特色，才使得世界呈现多姿多彩的特征。诚然，各民族之间或由种种因素而有纷争，但越来越多的彼此交往，使得这些特色也成为重要的文化旅游资源。旅游接待人员尤其需要掌握一些基本的民族礼俗，并且尊重这些礼俗，探知其奇妙之处，尽力避免与当地民族发生冲突，这既可以保障旅游活动的顺利展开，又让旅游者更多的关注与了解相关民族，从而获得彼此的尊重与认可，最终达到旅游活动的最佳效果。

一、掌握民族政策

我国《宪法》规定，各民族都有保持或改革自己的风俗习惯的自由。这是关于尊重各少数民族风俗习惯的总原则。根据这个总原则，国家还制定了一些具体的政策、法规，来保障各民族有保持或改革之间风俗习惯的自由权利。

其他国家或地区也各自对本国或本地区民族有着不一样的政策，就全球范围内看，处理民族问题的政策模式主要有以下几种类型：同化模式、多元文化模式、一体化模式和种族主义模式。

（一）同化模式

同化是统治阶级压迫少数民族的一种表现，主要是指一个国家或政府根据同化主义和文明输出理论制定的一系列政策。西方同化主义思想和政策古来有之，只不过到了近代民族国家形成后表现特别突出，而且现实中它常与差别政策融为一体。事实上，近代民族国家以文明输出论和同化主义思想制定的同化政策，有着对内、对外两个维度。这类模式现在基本已经消失。

（二）多元文化模式

多元文化是多民族国家用以管理文化多元性的公共政策，它通过官方手段在一个国家内部推行不同文化之间的相互尊重和宽容。多元文化最早在1957年用来描述瑞士的政策，在20世纪60年代末期被加拿大接纳，并且扩散到其他英语国家。1971年10月8日，加拿大自由党政府在下议院颁布了“双语框架内的多元文化政策实施宣言”，这是1988年7月21日正式被确认的加拿大多元文化法案的先驱，是加拿大成为多元文化国家的象征。

多元文化模式强调不同文化各有其独特性，事关接纳其他民族时尤其重要。广义地看，通常用来描述一个社会或者国家，由于移民而导致的文化族群的多重性。这一现象可能引发对民族特征稳定性的焦虑，也有利于推动各方均可受益的文化交流。这类交流主要集中在文学、艺术和哲学，以及外在表现出的音乐、服装和饮食的彼此欣赏。该模式倾向于强调少数民族应该保留自身的文化，并且同其他的文化和平地交流。在世界范围内，各国实施多元文化政策的主要手段包括：双重国籍、政府支持发展少数民族语言的报纸、广播电台和电视台，支持少数民族的假日和节庆活动，在学校、军队和社会各界接受民族传统和宗教服饰，支持世界各国的文化和艺术活动，鼓励少数民族在政治、教育和其他社会活动中有自己的代表。

（三）一体化模式

“民族整合”或“民族一体化”政策是在墨西哥人类学家埃尔·加米奥民族整合理论的基础上形成的，它是对欧洲传统民族国家观的一种否定。它以文化相对论为支撑，提出在各民族文化整合的基础上，实现各民族的合一。这种政策在墨西哥实施后为许多拉美国家所效仿，成为这些国家解决国内民族问题的既定方针。

在民族一体化政策的实际运行过程中，由于印第安人被视为民族整合的被动接受者，没能获得自我管理的权利，接受双语教育的结果是用西班牙语取代了母语，以至于最后完全抛弃了母语和母文化，变成了主体民族的一员。因此，目前在墨西哥对一体化政策也存在不同意见，有学者认为这一政策“实质上是一种自然同化政策”。

（四）种族主义模式

种族主义模式通常表现为通过实行种族隔离政策使种族歧视官方化，是指在日常生活中，按照不同种族将人群分割开来，使得各种族不能同时使用公共空间或者服务。种族隔离可能是法律规定的，也可能是无法律规定但事实存在的。不论种族隔离是平等隔离，还是不平等隔离，实质上均是一种种族歧视行为。

总体而言，各国根据自身国情进行民族政策的制定，并随着时代发展而变化，也在一定程度上反映在民族往来上，并成为民族间往来的某些指引。

二、尊重民族习俗

民族的风俗习惯是一个民族在其长期的历史发展过程中形成的风尚、习俗，是逐渐形成的难以改变的生活方式。风俗习惯具有社会性、规范性、地域性和相对稳定性的特点，并在不同程度上反映着一个民族的历史和文化传统、心理素质，以及道德、宗教观念等，成为民族特点的一项重要内容。尊重少数民族的风俗习惯具有重要意义。

（一）有利于保护各民族的平等权利和民主权利

我国《宪法》规定，中华人民共和国各民族一律平等。这种平等体现在各个方面。各民族无论是保持自己的风俗习惯还是改革自己的风俗习惯都是各民族的平等权利和民主权利，这种权利受到法律的保护。

我国各民族的风俗习惯源远流长，多姿多彩，在很大程度上体现着各民族独有的民族特点和民族形式，往往是一个民族区别于其他民族的标志，各民族的风俗习惯都应一视同仁地受到尊重。尊重各民族的风俗习惯实质上是坚持各民族平等原则的具体体现，对民族风俗习惯侵犯，也就意味着对民族平等权利、民主权利的践踏。我国《刑法》规定的严重侵犯少数民族风俗习惯为犯罪，是宪法有关条文的具体化，旨在维护民族平等，保护少数民族公民的民主权利。正因为如此，我国《刑法》把"侵犯少数民族风俗习惯罪"归入"侵犯公民人身权利、民主权利"罪。也就是说，保障少数民族或改革自己的风俗习惯的自由，从法律上讲，其实质就是保护少数民族的平等权利和民主权利。

（二）有利于维护民族团结

各民族对本民族的风俗习惯有着特殊的感情，有的引以为豪，有的奉为神圣，有的不仅自己恪守不移，还丝毫不容他人亵渎。一个民族往往把自己的风俗习惯被理解、尊重看成是对自己整个民族的理解和尊重，从而表现出愉悦、友好；反之，如果本民族的风俗习惯受到嘲弄、侵犯，就会看作是对自己整个民族的轻视和侮辱，从而表现出不快、愤怒乃至仇恨，由此可能造成民族间的隔阂、不和，有的甚至酿成不幸的冲突。简言之，尊重各民族的风俗习惯有利于维护和加强民族团结，侵犯其他民族的风俗习惯则会损害民族团结。

（三）有利于繁荣和发展民族文化

许多风俗习惯是民族文化的重要组成部分。在一定意义上说，正是各民族风俗习惯的千差万别，构成了民族文化的多姿多彩，反映了各民族独特的生活方式及在此基础上形成的道德风尚与习俗，使文化艺术的内容和形式具有鲜明的民族特色。各民族的一些风俗习惯本身就是以歌曲、舞蹈、体育的形式来表现的，如"那达慕"大会、"泼水节"、"花儿"歌会等，都闪耀着民族文化的灿烂光芒。许多风俗习惯还是研究历史学、人类学、民族学、社会学等的宝贵资料。

一方面，强调尊重各民族的风俗习惯，各民族自己有权决定自己的生活方式，谁也没有权利去干涉、破坏他们的风俗习惯。另一方面，我们也应该清楚地看到，每个民族的风俗习惯中，既有精华，也有陋习，对于那些影响或阻碍民族自身发展和民族团结进步的风俗习惯，通过教育群众，根据本民族的意愿和要求，逐步引导群众自觉地扬弃或改革。在社会生活的各个方面，政府对少数民族保持或改革之间的风俗习惯的自由权利加以保护，主要包括：尊重少数民族的饮食习惯、年节习惯、婚姻习惯、丧葬习俗，防止侵犯少数民族风俗习惯的事情发生，尊重少数民族改革自己风俗习惯的自由。

三、满足游客的特殊要求

旅游不仅对经济有巨大的影响，对民俗文化也有很大影响。民俗文化以文化事象作为吸引物和承载物，激发游客兴趣，通过游客的亲身投入，成为特色民族环境的一员，从而达到旅游主体、客体双向交流，满足旅游者休闲、探奇、求知等目的。以往将游客与景物隔离开来的做法已遭淘汰，游客不仅要看，还要参与，要成为环境中的一员，获得有别于惯常生活的充满情趣的体验。参与性旅游取自民族、取自生活，体验的是朴实无华的民族生活情趣，如教客人制作民族菜、打油茶，并有配套的工具出售，能激起游客的好奇心和学习欲望。

由于旅游业的开发，每年有数百万计的游客涌入民族地区，也带来了其他民族的文化特点和科技信息，在民族地区造成一定的影响，他们的道德观念、生活方式无疑会对民族地区的文化传统带来有益或有害的双向渗透。同时，这一过程还要发掘、整理和提炼那些最具民族特色的风俗习惯、历史典故、神话传说、民间艺术、舞蹈戏曲、音乐美术、民间技艺、服饰饮食、接待礼仪等民俗文化旅游资源，使这些民俗文化的瑰宝得以永世流芳。

正是基于以上因素，各民族也要顺应时势，在尽可能的情况下，满足游客的好奇心。如我国云南省丽江市泸沽湖湖区的摩梭人"走婚制"，本是一种传统的生活方式，为外界所知后，大量游客涌入该地，对这种古老的婚姻制度进行了解。这就使得当地民族不得不与外界多了一些联系，而这种婚姻制度也慢慢变成了一种形式，真正的"走婚制"已经所剩无几了。

知识关联

走婚制起源于母系氏族社会时期，是以感情为基础，夜合晨离的一种婚姻礼俗。走婚制度是女性文化的标志。川、滇、藏交界的"大香格里拉"是著名的女性文化带，有着强大的女性文化传统。横断山脉里仍有存留：走婚制至今还部分保留在丽江泸沽湖的摩梭人、红河哈尼族的叶车人以及大香格里拉鲜水河峡谷的扎坝人中。

四、避免民族冲突

旅游对民俗文化的消极影响，特别是对旅游接待地区的消极影响也是很大的。在旅游发展过程中，消除各种对民俗文化的不良影响同样重要。

随着旅游业的发展，游客的涌入，异族及异地同族的文化、思想意识、生活习俗的引入，旅游接待地的民俗文化会逐渐被同化、冲淡和消失，而且在开发民俗文化资源过程中，过分地、夸大其词地宣传会使旅游接待地淳朴的民俗文化失真、被亵渎、被歪曲，甚至为了迎合一部分客人，而着力渲染一些无聊、下流、色情的东西，从而使得民俗文化庸俗化，进而使得这类民俗文化变得无以为继，甚至因此产生民族冲突。

为了避免产生民族冲突，就需要"求同存异"，同时尊重各自民族的进步与发展。

第三节　我国主要少数民族的礼俗

案例引导

人类社会生活一直都在不断地发展变化。具体到苗族传统岁时节日的现代变迁来说有以下几点。首先，苗族民间传统节日与国内外现代节日的结合，例如，在全省不少苗族地区，各自苗族的芦笙节、跳花节、跳月节、斗牛节等与现代春节的结合，以及台江"苗族姊妹节"被冠以"东方情人节"称谓等。其次，苗族民间传统节日

与法定节假日的结合,例如,近几年来贵州省黔东南的台江"苗族姊妹节"在时间上与五一劳动节长假的结合、雷山"苗年"节在时间上与国庆节长假的结合等。再次,各种旅游开发对民族节日的影响,如黔东南州榕江县的部分苗族苗寨曾举办过"茅人节",以及从江县岜沙苗族村寨的各种节日活动等,基本上都是民族民间传统节日文化与旅游开发相结合。最后,官方举办的各种民族文化艺术节与苗族民族民间传统节日的结合,例如贵州省凯里市舟溪镇的"甘囊香芦笙节"原本只是当地苗族传统上规模较大的春节芦笙聚会活动,而近几年来与当地官方举办的"凯里国际芦笙节"相结合之后,除了每年春节期间的民间"甘囊香芦笙会"之外,每年"凯里国际芦笙节"时"甘囊香芦笙会"也会作为其中的一个重要组成部分。

问题:如何看待这些传统民族节日与现代旅游的关联?

【分析】 随着现代人类社会的不断进步和我国改革开放的进行,特别是西部大开发和各地旅游事业的迅猛发展,一方面是广大民族地区许多曾经"藏在深山人未识"的民间传统节日资源得到了开发和利用,有力地促进了当地的经济发展和社会进步,另一方面也导致了这些民间传统节日的演变和某些珍贵的民间传统节日文化元素的消亡。这就需要我们开发和抢救并重,扎扎实实地做好民族民间传统节日文化的保护和利用工作。

(资料来源:周凌玉,胡晓东,《贵州苗族传统岁时节日活动探析》,载《凯里学院学报》,2013 年第 4 期。

我国少数民族的礼俗是重要的民族文化旅游资源,旅游接待人员要掌握基本的民族礼俗,既是对少数民族文化的尊重,也有利于开展相应的旅游活动和提供相应的旅游服务。本节主要介绍满族、朝鲜族、蒙古族、回族、维吾尔族、哈萨克族、藏族、彝族、白族、苗族、侗族、壮族、土家族、瑶族、黎族等 15 个少数民族的礼俗。

一、满族

满族人大部分聚居在东北三省,以辽宁省最多。

满族非常重礼节。平时见面都要行请安礼;如果遇到长辈,要请安后才能说话,以示尊敬。最隆重的礼节是抱见礼,也就是抱腰接面礼。一般亲友相见,不分男女都行这个礼,表示亲昵。现在个别地区的老年人之间,仍有行请安、靠肩等礼数,年节、长辈寿辰还要行大礼,以示祝贺。农村有的满族家庭依然奉行媳妇对长辈及小姑之礼,不然会被耻笑为不懂礼节,而受人非议。

家里一般都有"万字炕"(一房西、南、北三面都是土炕),西炕最尊贵,用来供奉祖宗,不能随意去坐。挂旗也是满族盛行的一种风俗。春节时每家都要在门楣上、窗户上贴上挂旗,有的还贴上对联,增加节日气氛。

满族人以稻米、面粉为主食,肉食以猪肉为主,常用白煮的方法烹制,如满族名菜"白肉血肠"。冬季寒冷,没有新鲜蔬菜,常以腌渍的大白菜(酸菜)为主要蔬菜。用酸菜熬白肉,粉条是满族人入冬以后常吃的菜。过节的时候吃"艾吉格饽"(饺子),农历除夕时,要吃手扒肉等。他们还保留了饽饽、汤子、萨其玛等有民族风味的食品。

满族人待客热情并讲礼仪。如果有亲朋好友来家拜访，主人会热情接待，并互致问候，敬烟、敬茶，较富裕的家庭还会拿糕点、瓜果敬客，并挽留吃饭。接待客人，不避内眷，家庭女性成员都可参加对客人的敬酒等活动。家庭中闲谈或吃饭要请长辈居上坐，要求媳妇既热情又稳重。给客人上菜必须成双成对，客人一旦接受妇女的敬酒，就必须喝干，否则被认为是不礼貌的。

满族最突出的禁忌是不准杀狗，禁吃狗肉，禁穿戴带有狗皮的衣帽。

满族信仰萨满教。祭天、祭神、祭祖先时，以猪和猪头为祭品。宰杀前要往猪耳朵内注酒，如果猪的耳朵抖动，则认为神已接受，就可以宰杀了，俗称“领牲”。

二、朝鲜族

朝鲜族人主要分布在东北三省，多聚居于吉林延边朝鲜族自治州。他们在服饰装扮、生活起居、文体活动等方面都独具特色。

朝鲜族是一个能歌善舞的民族。每逢节假日和喜庆日，朝鲜族群众就会载歌载舞，欢腾雀跃。不论男女老少，不仅都能唱会跳，而且还都酷爱传统体育活动。

老人在家庭和社会上处处受到尊敬，儿孙晚辈都以照顾体贴祖辈为荣。一日三餐，儿媳要毕恭毕敬地先给老人盛饭上菜，等老人动筷之后，家人方可用餐。老人六十大寿时，要举办“花甲”庆寿宴会，非常隆重。长辈外出，晚辈要鞠躬礼送。晚辈不能在长辈面前喝酒、吸烟；吸烟时，年轻人不得向老人借火，更不能接火，否则便被认为是一种不敬的行为；与长者同路时，年轻者必须走在长者后面，若有急事非超前不可，须向长者恭敬地说明理由；途中遇有长者迎面走来，年轻人应恭敬地站立路旁问安并让路；晚辈对长辈说话必须用敬语，平辈之间初次相见也用敬语。

喜欢食米饭，擅长做米饭，用水、用火都十分讲究。各种用大米面做成的片糕、散状糕、发糕、打糕、冷面等是朝鲜族的日常主食。咸菜是日常不可缺少的菜肴。朝鲜族泡菜做工精细，享有盛誉。

有吃狗肉的习俗。常用一种叫“麻格里”的家酿米酒来招待客人。

餐桌上，匙、筷、饭、汤的摆放都有固定的位置。例如，匙、筷应摆在用餐者的右侧，饭摆在桌面的左侧，汤碗摆在右侧，带汤的菜肴摆在近处，不带汤的菜肴摆在其次的位置上，调味品摆在中心等。婚丧、佳节期间不杀狗、不食狗肉。

朝鲜族没有敲门的习惯，串门时先站在院子里干咳两声，或在门外喊一声“在家吗”，等主人闻声出来方可对话。

三、蒙古族

蒙古族，主要居住在内蒙古自治区。信仰喇嘛教，牧民爱穿长袍，头上戴帽或缠布，腰带上挂着鼻烟壶，脚穿皮靴，多住蒙古包。

蒙古族人热情好客是出名的。只要听到狗叫有客人到来，不论相识与否主人都会出来迎接，并为客人拉缰、扶蹬，请客人下马总是先说“塞百奴”(您好)。随后，主人热情地请客人到蒙古包中入座。请客人进入蒙古包时，总是立在门外西侧，右手放在胸部微微躬身，左手指门，请客人先走。客人跪坐后，这时候通常的礼节是敬奶茶、吃奶制品、煮“手扒肉”，最高的礼节是“献哈达”。与藏族一样，献哈达是蒙古族人民的一种传统礼节。哈达是一种礼仪用品，拜佛、祭祀、婚丧、拜年以及对长辈和贵宾表示尊敬等都需要使用哈达。对长辈献哈达时，献者略弯腰向前倾，双手捧过头，将哈达对折起来，折缝向着长者；对平辈献哈达时，献者双手平举送给对方；对小辈献哈达时，献者一般将哈达搭在对方脖子上。

敬鼻烟壶是蒙古族牧民的一种日常见面礼。鼻烟壶用玉石、象牙、水晶、玛瑙、翡翠、琥珀和陶瓷等制成。晚辈同长辈相见时，晚辈应弯身鞠躬，双手捧着鼻烟壶，敬献长辈，长辈用左手接受，闻后归还。同辈相见时，用右手相互交换鼻烟壶，双方闻后归还。当然，随着社会变化，蒙古族人现在也用握手礼。

敬奶酒是蒙古族牧民的一种日常见面礼。当客人接过主人的奶酒，最得体的是按照蒙古族人敬酒的方式，左手捧杯，用右手的无名指蘸一滴酒，弹向头上方，表示祭天，第二滴弹向地，表示祭地，第三滴酒弹向前方，表示祭祖先，随后把酒一饮而尽。如果客人不会喝酒，只要把酒杯恭敬地放在桌上就可以了。

那达慕大会是蒙古族最具民族特色的传统盛会。“那达慕”在蒙古语中是“游戏”或“娱乐”的意思，起源于古代的祭敖包，流行于内蒙古、甘肃、青海、新疆等蒙古族聚居地区。那达慕大会早期只有赛马、摔跤、射箭，俗称“男子三项那达慕”，后渐渐有了说书、歌舞、下蒙古象棋等内容。

招待来客的佳宴有手抓羊肉和全羊席。如果你是贵客，主人会设全羊席来款待你，表示主人对你的尊敬。吃烤全羊时，最高贵的招待是请客人吃羊头和羊尾。席间要唱祝酒歌、猜谜语等，称“歌拉”礼。蒙古族人忌讳吃狗肉，不吃鱼虾等海味以及鸡鸭的内脏和肥肉。客人要走的时候，主人要举家相送，送客人到蒙古包外面或本地边界，并指明去路，一再说“巴雅尔台”(再见)。

路过蒙古包的时候，要轻骑慢行，以免惊动畜群。进蒙古包前，要把马鞭子放在门外，否则，会被视为对主人的不敬。进门要从左边进，入包后在主人陪同下坐在右边；离包的时候要走原来的路线。出蒙古包后，不要立即上马上车，要走一段路，等主人回去后，再上马上车。如果蒙古包前左侧缚着一条绳子，绳子的一头埋在地下，说明蒙古包里有病人，主人不能待客。

那达慕大会是蒙古族传统节目，一般在农历七八月份举办，是蒙古族人民一年一度群众性的盛大集会。大年和小年是蒙古族比较重要的节日(大年就是春节，小年在农历腊月二十三)。

四、回族

回族约有三分之一人口聚居在宁夏回族自治区，其余散居在全国各地。他们信奉伊斯兰教。回族人禁止居室里面放猪皮、猪鬃等制品。回族非常注意并尊重别人的自尊感，顾全别人面子，不喊外号。

阿訇是清真寺教务主持，非常受穆斯林和回族人的尊敬。在旅游接待工作中，如果他们在祈祷，不能被打扰。忌用左手递送物品。

回族是诚实憨厚、讲究礼貌的民族。亲友相逢，要互道“色俩目”（平安、和平）。家里来了客人，要立即沏茶、备饭，一般不能对客人说“你喝茶吗”或“吃饭了没有”。喝茶要喝盖碗茶，要当着客人的面，把盖碗揭开，放入冰糖、核桃仁、红枣、葡萄干、桂圆等滋补品，然后注水加盖，双手捧递。

回族人同桌聚餐时，先洗手，谦让年长者入座上席，要等他动筷子以后，其他人再动筷。吃饭时，不说污言秽语，不贬嫌食物，不在碗里乱吹乱搅，要小口进食。吃烙饼、馍馍、油香时，不能拿在手里大口大口咬着吃，要用手掰着吃；放饼时，注意将面子放在上面，掰开后没吃完的，不再勉强同席者吃。饮水时，不接连吞咽。不能对着杯盏吹气、饮吮，要慢饮。同客人说话的时候，不能左顾右盼，不能玩弄自己的胡须与戒指等，不能剔牙齿，不能将手指插入鼻孔中，不可当面吐痰与擤鼻涕，更不能伸懒腰、打哈欠。

送客人的时候，不能沉着脸，要和颜悦色，经一再挽留而不止步，则应送出大门。到别人家做客或入座时，不能从人前过。坐下的时候，以“色俩目”给靠近自己的人问安。拜访亲友时，不要冒昧闯入，惹人讨厌，未给房主道安，不得进入卧室。出远门旅行时，要得到父母“口唤”（同意），未征得父母允许，不能贸然离开。旅行回来时，要向父母表述沿途见闻、办事情况。这样做，一则请安，二则汇报。

凡供人饮用的水井、泉眼，一律不许牲畜饮水，也不许任何人在附近洗脸或洗衣服。取水前一定要洗手，盛水容器中的剩水不能倒回井里。回族的日常饮食很注意卫生，凡有条件的地方，饭前、饭后都要用流动的水洗手。

在饮食方面，禁食猪、狗、驴、骡、马、猫及一切凶猛禽兽，禁食自死的牲畜、动物以及非伊斯兰教徒宰杀的牲畜，禁止抽烟、喝酒，禁止用食物开玩笑，不能用禁忌的东西作比喻（比如不能说某某东西像血一样红）等，甚至在谈话中也忌带“猪”字或同音字；在信仰方面，禁止崇拜偶像等；在社会行为等方面，禁止在背后诽谤别人和议论他人短处，禁止放高利贷等。一般实行族内通婚，但限制同胞兄弟姐妹结婚。

茶叶和红糖是回族人的节日佳品。

五、维吾尔族

维吾尔族人主要居住在新疆维吾尔自治区，信奉伊斯兰教。

维吾尔族人非常礼貌，接待见面，习惯把手按在胸部中央，把身体前倾 30°或握手，并连声说“豞西莫（您好）”。维吾尔族人也行拥抱礼。吃饭或与人交谈时，最忌讳吐痰、擤鼻涕、挖鼻孔、掏耳朵、剪指甲、挠痒等，否则会被认为是失礼的行为；在屋内炕上坐下时，不能双腿伸直，脚底朝人；接受或奉送礼物、茶、饭碗时要用双手，单手接受或递送物品被视为缺乏礼貌；家里有客人时不能扫地。院落的大门忌朝西开，忌讳睡觉时头朝东脚朝西，所以在给他们分配房间、安放卧具和枕头时，要特别注意。

维吾尔族人待客和做客都有讲究。如果来客，要请客人坐在上席，摆上馕、各种糕点、冰糖等，夏天还要摆上一些瓜果，先给客人倒茶水或奶茶，等饭做好后再端上来。如果用抓饭待客，饭前要提一壶水，请客人洗手。吃饭时，客人不可随便拨弄盘中食物，不可随便到锅灶前去，一般不把食物剩在碗里，同时注意不让饭粒落地，如不慎落地，要拾起来放在自己眼前的“饭单”上。共盘吃抓饭时，不将已经抓起的饭粒再放进盘中。饭后，如有长者领做“都瓦”

（祷告），客人不能东张西望或站起。吃饭时长者坐在上席，全家共席而坐，饭前饭后必须洗手，洗后只能用手帕或布擦干，忌讳顺手甩干，那样是不礼貌的。吃完饭后，由长者领做"都瓦"，等主人收拾完食具，客人才能离席。做客时，应听从主人的招待，如实在不想吃东西，也不能完全拒绝，要尝一口，以示尊敬。主人给客人倒茶时，客人应双手捧起碗，不能为了表示客气接过茶壶自己倒。

讲究卫生，经常在自来水龙头下直接冲洗手、脸。到维吾尔族人家里做客，进门前和用餐前女主人要用水壶给客人冲洗双手，一般洗 3 次。习惯一人专用茶杯，住宿期间也不换。当第一次给茶杯的时候，要当着本人的面，把茶杯消毒后再用。

在饮食方面，喜欢喝奶茶、吃馕，喜欢吃拉面和包子以及炖整羊、涮羊肉、烤羊肉串。烤羊肉串是这个民族最出名的风味小吃。每餐必喝葡萄酒，且酒量大。忌讳吃猪肉、狗肉、骡肉、鸽子。

衣忌短小，上衣一般过膝，裤脚到脚面，最忌户外穿着短裤、背心。

肉孜节、古尔邦节是传统的盛大节日，不管男女老幼都喜欢戴着四楞小花帽。他们最喜欢的体育技艺是高空走大绳。

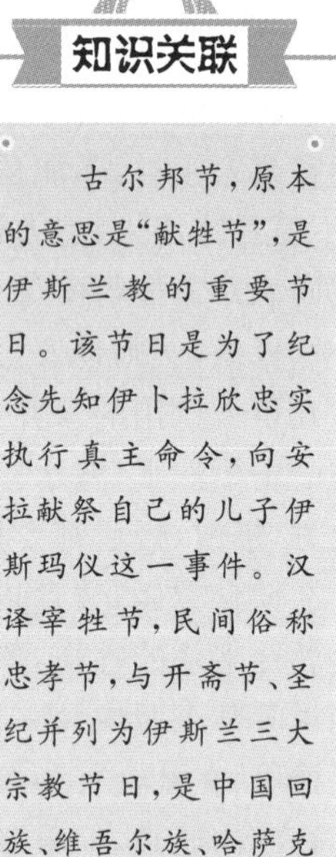

古尔邦节，原本的意思是"献牲节"，是伊斯兰教的重要节日。该节日是为了纪念先知伊卜拉欣忠实执行真主命令，向安拉献祭自己的儿子伊斯玛仪这一事件。汉译宰牲节，民间俗称忠孝节，与开斋节、圣纪并列为伊斯兰三大宗教节日，是中国回族、维吾尔族、哈萨克族、乌孜别克族、塔吉克族、塔塔尔族、柯尔克孜族、撒拉族、东乡族、保安族等穆斯林兄弟民族的共同节日。这个节日的意义是信徒们为了表示遵守圣行，以及对真主的忠诚，愿意献出一切。

六、哈萨克族

哈萨克族人主要分布在新疆伊犁哈萨克自治州、阿勒泰、塔城地区以及木垒、巴里坤哈萨克自治县及乌鲁木齐等地，信仰伊斯兰教。

哈萨克的礼仪既有浓郁的草原生活特点又有伊斯兰教特色。哈萨克族的人生礼仪极富有游牧文化特色。他们十分重视新生命的诞生。哈萨克非常重视割礼，仪式规模十分隆重。除此之外，在孩子成长的过程中，还有骑马礼等。

哈萨克人对待客人恭敬备至，礼节周到，他们认为客人是安拉赐予的，不可稍有怠慢。而且，哈萨克族人认为，宰羊待客是光荣体面的事情，也是应尽的义务。客人临走时，如属贵客，主人就要问贵客："毡房内是否有你需要的东西?"如果客人看中了某件东西就要奉送。如果没有，就按一般惯例给贵客送礼。经济条件好的，送元宝、马、骆驼、猎枪和鹰，次者送狐皮、狼皮等珍贵的兽皮衣服。

久别的亲友见面时，长辈见小辈接吻；年岁相当的人见面时拥抱；若挚友见面，妇女施拥抱礼，男人行握手礼。一般人见面必须热情问候并握手。

由于哈萨克族信奉伊斯兰教，其葬礼基本上按伊斯兰教教规进行。哈萨克族十分重视葬礼，葬礼大体上分为临终前请毛拉念经"赎罪"、整容、挂旗吊唁、报丧、奔丧、出殡、送葬、哀悼、祭祀等一系列活动，全部过程甚至要持续一年时间。

自从哈萨克人信奉伊斯兰教后，与之相联系而形成的禁忌很多，最主要的是：忌食猪肉和非宰杀而死亡的牲畜肉，忌食一切动物的血。牲畜一般要由男性宰杀。

吃饭时，不能把整个馕拿在手上用嘴啃。同时吃饭时最好戴上帽子，以示尊敬。在毡房内不许坐床，要席地盘腿坐在地毡上，不许把两腿伸直，更不能脱掉鞋子。年轻人不许当着老人的面喝酒。吃饭或与人交谈时，忌讳抠鼻孔、吐痰、打哈欠、挖耳朵等不良行为。

做客时，忌讳客人骑着快马直冲家门，这会被认为是挑衅或是报丧和传送不吉利的消息。骑马快到家门时，要放慢速度。忌持马鞭进毡房，认为是寻衅打架的。忌讳客人从火炉右边入座和坐在火炉的右侧，因为右侧是主人坐的，也不要坐在放食物的木柜上或其他生活用具上，客人的座位应听从主人的指引；吃饭、喝奶茶时，不能用双脚踩餐布，更不能横跨过去，在餐布收拾之前，最好不要离去。如果临时遇有急事外出，也不能从主人跟前走过，必须绕主人背后走；主人做饭时，客人不要走进配餐的地方，忌讳客人乱动餐具，更不能用手拨弄食物或掀开锅盖，主人递送的茶、酒、肉食和其他食品，不管是否合乎自己的胃口，都应高兴地接受，喝奶茶不应喝一半剩一半而离席，喝马奶酒也应一饮而尽，不会喝酒也要少许啜上一口，以示谢意，不然会使主人扫兴。就餐前后，主人会给客人倒水洗手，洗完手，不要乱甩动，应用毛巾擦手，并有礼貌地送还毛巾；如果天色已晚，主人留宿，不要拒绝使用主人的被褥，否则会被主人误会。

按哈萨克族传统习俗，妇女怀孕后，忌食驼肉、驼奶，忌穿驼毛做的衣服；忌食兔肉，忌食狼咬过的牲畜的肉。产妇分娩时，忌男人在产房，包括丈夫。不许当着父母的面赞美他们的孩子，尤其不能说胖、美、俊之类的词。

哈萨克人认为每逢礼拜二、五是不吉利的日子，不能外出。在数字方面很重视单数，尤其重视“七”和“九”，特别是“七”被他们崇尚敬重。

七、藏族

藏族人主要分布在西藏，其余在青海、甘肃、四川、云南等地。藏族人多信藏传佛教（喇嘛教）。

献哈达是藏族人对客人最普遍、最隆重的礼节，是对人表示纯洁、诚心、忠诚的意思。献的哈达越长越宽，表示的礼节也越隆重。对尊者、长辈，献哈达的时候要双手举过头，身体略向前倾，把哈达捧到座前。对平辈，只要把哈达送到对方手里或手腕上就行；对晚辈或下属，就系在他们脖子上。如果不鞠躬或用单手送，都是不礼貌的。接受哈达的人最好做和献哈达的人一样的姿势，并表示谢意。自古以来，藏族人认为白色象征纯洁、吉利，所以哈达一般是白色的。当然也有五彩哈达，颜色为蓝、白、黄、绿、红。蓝色表示蓝天，白色表示白云，绿色表示江河水，红色表示空间护法神，黄色象征大地。五彩哈达是献给菩萨和近亲时做彩箭用的，是最隆重的礼物。佛教教义解释五彩哈达是菩萨的服装，也就只有在特定的时候才用。

磕头也是藏族人常见的礼节，一般是在朝觐佛像、佛塔和活佛时磕头，也有对长者磕头的。磕头可分磕长头、磕短头和磕响头等三种。在大昭寺、布达拉宫及其他有宗教活动的寺庙中，常常可以见到磕长头的人群。磕长头时两手合掌高举过头，自顶到额至胸，拱揖三次，再匍匐在地，双手直伸，平放在地上，划地为号；然后，再起又如前所做。过去，有些虔诚的佛教徒，从四川、青海各地磕长头到拉萨朝佛，行程数千里，三步一拜，一磕几年，即使死在路途之中，也毫无怨言。大昭寺前的粗石板，也被磕长头的人磨光了。在寺庙里，还有一种磕响头的磕头方法。不论男女老少，先合掌连拱三揖，然后拱腰到佛像脚下，用头轻轻一顶，表示诚心忏悔之意。

藏民在见面打招呼时，点头吐舌表示亲切问候，受礼者应微笑点头为礼。有客人来拜访，藏民们等候在帐外欢迎贵客光临。藏民们见到长者或尊敬的客人，要脱帽躬身45°，帽子拿在手上接近地面；见到平辈，头稍低就行，帽子拿在胸前，以示礼貌。男女分坐，并习惯男坐左女坐右。

知识关联

酥油茶是中国西藏的特色饮料。多作为主食与糌粑一起食用，有御寒、提神醒脑、生津止渴的作用。此种饮料用酥油和浓茶加工而成。先将适量酥油放入特制的桶中，佐以食盐，再注入熬煮的浓茶汁，用木柄反复搅拌，使酥油与茶汁融为一体，呈乳状即成。与藏族毗邻的一些民族，也有饮用酥油茶的习俗。

藏民对客人有敬献奶茶、酥油茶和青稞酒的礼俗。客人到藏民家里做客，主人要敬三杯青稞酒，不管客人会不会喝酒，都要用无名指蘸酒弹一下。如果客人不喝、不弹，主人会立即端起酒边唱边跳，前来劝酒。如果客人酒量小，可以喝一口，就让添酒。连喝两口酒后，由主人添满杯，客人一饮而尽。这样，客人喝得不多，主人也很满意。按照藏族习俗，主人敬献酥油茶，客人不能拒绝，至少要喝3碗，喝得越多越受欢迎。

敬酥油茶的礼仪是：客人坐在藏式方桌边，女主人拿一只镶着银边的小木碗放在客人面前，接着提壶或热水瓶给客人倒上满碗酥油茶，主客开始聊天；等女主人再提壶，客人就可以端起碗来，轻轻地往碗里吹一圈，然后呷上一口，并说些称赞茶打得好的话；等女主人第三次提壶时，客人呷上第二口茶；客人准备告辞，可以多喝几口，但不能喝干，碗底一定要留点漂着酥油花的茶底。

藏胞最忌讳别人用手抚摸佛像、经书、佛珠和护身符等圣物，认为是触犯禁规，对人畜不利。

八、彝族

彝族人主要分布于滇、川、黔、桂等四省区，四川省凉山彝族自治州是全国最大的彝族聚居区。彝族人有自己的语言和文字，是中国最早的音节文字。

彝族流行多神崇拜，祭司称为毕摩。此外，佛教传入彝族地区的历史较长，清初道教在一些彝族地区盛行，天主教和基督教也渐次传入。

彝族人的主食有玉米、荞麦、大小麦、洋芋等，稻米很少。口味上爱好酸、辣。喜欢吃托托肉(彝族的特色菜肴)、饮用转转酒，故民间有“汉人贵茶，彝人贵酒”之说。忌讳吃蒜。

彝族服饰各地风格不同，极具民族和地方特色。在凉山地区，男、女都穿右斜襟窄袖贴身镶边上衣，男子下着长裤，女子下着长百褶裙。男子头顶留少许头发，称为“天菩萨”，裹青蓝布头帕，前方扎成“英雄结”。男子以无须为美，左耳戴大耳珠；女子也包黑色的头帕，还喜戴耳环，在领口别上银排花。外出时，男女都穿披风，多为黑色。

彝族的节日主要有彝族年和火把节等。火把节是彝族、白族、傈僳族、纳西族、哈尼族、拉祜族、基诺族等彝语支民族传统节日。流行于云南省、四川省、贵州省等地。各地节期不一，云南省彝族、白族等民族一般在每年农历六月二十四前后，节期 3～7 天。节日活动内容有合村杀猪宰牛祭神，每家都要杀鸡在田头祭“田公地母”，并点燃火把挨户巡行，边走边向火把上撒松香，认为可以“送祟”。白天，杀猪宰牛，饮酒欢聚，并进行赛马、赛歌、斗牛、摔跤、射箭、拔河、荡秋千等活动。节日当晚男女老少燃松木火把奔驰田间。身穿节日盛装的青年男女在篝火旁载歌载舞，尽情欢唱。

彝族的禁忌有：彝族男子头上都蓄有一蓬头发，这是他最高贵的地方，忌他人用手触摸。彝族有敬“神树”的习惯，神树严禁砍伐；祭祀时忌外人观看。彝族人宰杀家禽、家畜时，忌外人在场。禁食狗、马、熊等动物的肉；过年三天内禁忌新鲜蔬菜进屋，否则对祖先是最大的不敬；妇女忌食难产而死的家畜之肉；禁过年七天内推磨，不然会使家境贫困；忌用餐后把汤匙扣于碗盆的边沿上，因这是给死人敬食的方式。忌外人骑马进彝族寨子，到寨门的竹篱笆前必须下马。到彝族家里做客，要坐在火塘的上方或右方，忌用脚踏三脚架，忌掏挖火灰，尤忌在其中挖洞。彝族人对待客人，一般用酒肉盛情款待，他们给你东西吃你必须吃，即便不喝酒也要少喝一点，以表谢意，不然会被认为是看不起他们。但是，彝族人忌将款待客人的食物带走，认为带走食物是不讲义气；忌讳女人跨过男人的衣物，更不能从男子身上、头上跨过；忌讳女客上楼；忌讳妇女送自己的首饰、衣物给别人，否则会影响生育和孩子的顺利成长。

九、白族

白族八成聚居在云南省大理白族自治州，其他散居在昆明市、玉溪市元江哈尼族彝族傣族自治县、丽江市、怒江傈僳族自治州兰坪白族普米族自治县，以及贵州省毕节市、四川省凉山彝族自治州和湖南省桑植县等地。

白族使用白语，属于汉藏语系，绝大部分居民使用本族语言。

白族人民大都信仰佛教，也有少数人信仰道教。奉祀“本主”（保护神）是白族的一个比较明显的特点。

白族在历法、天文、气象、医学、建筑、雕刻、绘画、史学和文学艺术诸方面，均有相当辉煌的创造和成就，大理古城、大理崇圣寺三塔、剑川石钟山石窟、鸡足山建筑群等具有鲜明的白族民族特点。《创世纪》、《望夫云》、《美人石》等许多优美动人的传说故事，一直流传至今。霸王鞭、八角鼓舞是白族民间最普遍的舞蹈，多在喜庆节日中举行。白族的扎染技艺与绕三灵习俗被列入国家级非物质文化遗产。

白族多住在平坝，主食稻米和小麦；山区则以玉米、荞子、土豆等为主粮。蔬菜品种多样，烹调技术较高，善于腌制火腿、腊肉、香肠，有弓鱼、猪肝鲊、油鸡、螺蛳酱等名产，各地都爱用糯米酿造白酒，大米制造饵、饵丝，有些地方还制作蜜饯、雕梅和苍山雪炖甜梅。白族菜最负盛名的是“砂锅弓鱼”，已成为大理一带宴席佳肴。一苦、二甜、三回味的“三道茶”是白族传统的品茶艺术和待客礼仪。

白族崇尚白色。男子多穿白色对襟衣，套黑领褂。大理一带妇女多穿白色上衣，外套黑丝绒短褂或红色坎肩，下着蓝布宽裤，以绣花布或彩色毛巾缠头；已婚者绾髻，未婚者垂辫或盘辫于顶。脚穿绣花鞋，一般都佩戴银饰。

白族的节日有三月街、绕三灵、耍海节、春节等。三月街，又称“观音街”、“观音市”，是白族人民的盛大街期和传统盛会，流行于大理市一带。每年农历三月十五起，在点苍山中和峰下举行，为期5～7天。相传唐永徽年间(650—655年)观音菩萨于农历三月十五来到中和峰下，开辟大理地区，或说这天在此讲经升天。因此，每年这天，崇信者们礼拜诵经，祭祀观音，后逐渐发展成为物资交流会。新中国成立后发展为当地白族人民及附近汉族、彝族、纳西族、藏族、傈僳族、回族等族人民都纷纷参加的传统盛会。

白族有不少禁忌：白族在待客时，倒茶忌满杯，倒酒忌半杯，所谓“酒满敬人，茶满欺人”；白族人家的火塘是个神圣的地方，忌讳向火塘内吐口水，禁止从火塘上跨过；白族人家的门槛也忌讳坐人。农历七月十五接送祖先亡灵时，不能出门。火把节的晚上，岳父家不能接女婿来家中过节。

十、苗族

苗族主要居住在贵州省、云南省、湖南省、重庆市、广西壮族自治区、湖北省、海南省等省市区，在黔东南和湘、鄂、黔、渝的交界地带有较大的聚居区，其中，以贵州的黔西南布依族苗族自治州、黔南布依族苗族自治州、黔东南苗族侗族自治州等最为集中。

苗族语言属汉藏语系，有拼音文字，并通用汉文。

苗族是一个能歌善舞的民族，常用歌舞表达情感。情歌、酒歌享有盛名，“盘歌”是苗族青年男女向对方表达心意、显示才能的一种古老对歌方式。芦笙舞是流传最广的民间舞蹈，芦笙是最具有代表性的乐器。苗族青年男女婚恋比较自由，通过“游方”、“跳月”等社交活动，自由对歌，恋爱成婚。

苗族信仰万物有灵或多神鬼，供奉祖先，崇拜自然。云、贵、川等地少数苗族群众信仰天主教、基督教。

黔东南、黔南、湘西、广西大苗山及湖北、海南岛等地苗族大多以大米为主食，玉米、红薯、小麦为辅；滇东北、黔西北、川南等地苗族，以玉米、荞麦和土豆为主食。苗族喜食酸辣味，酸菜、酸汤、酸辣子长年不断；酸猪肉、酸鸡、酸鸭子味道鲜美。饮酒是普遍的嗜好，苗族人习惯先请客人饮牛角酒。苗族人普遍喜吃糯食，每逢节日或重大活动，都要舂糯米粑粑、蒸糯米饭。苗族十分注重礼仪，客人来访，必杀鸡宰鸭，盛情款待。

“分鸡心”是苗族的交友礼节，吃饭时将鸡心、鸭心夹给客人，以表示希望与其交友的意愿，因为苗族人认为鸡鸭是待客的佳肴，而“心”又是最重要的部分。将鸡心、鸭心夹给客人，寓意为主人代表在座的人甚至整个寨子的人将“心”交给了客人。这时，客人不能把鸡心、鸭心一口吃掉，而应该把这些鸡心、鸭心分给在座之人共享，这样大家就会成为知心朋友。苗族人喝酒时的礼节也与众不同，两个很亲密的朋友常常站起来用左手揪住对方的耳朵，而用右手端酒递给对方，互相喝完之后各自喂一块肉才算完毕，这显示两人感情很好。

在美丽的苗乡，还会碰到这样的情况：一对对青年男女聚集在山坳、路旁、村边“对歌”、“盘歌”，客人路过时就会被拦住，必须以歌还歌。如果主方赢了，客人要认输才能告辞离开；如果客方赢了，主方会主动赔礼送行，同时赢得了友谊与尊敬；如果不分胜负，主方要在款待客方之后，再拉战幕，有时甚至是通宵达旦。

各地苗族服装有不同特点。男装简朴，一般为对襟大褂和左衽长衫两大类，下穿百褶裙或长裤，束大腰带，头裹青色长巾，冬天腿上多缠裹腿。女装为右衽大襟或胸前交叉式两大类，每类又有众多的样式和盛便装之分，下着宽脚长裤。黔东南的苗族妇女服饰多将银饰钉在衣服上，称为“银衣”，头上戴着形如牛角的银质头饰，高达尺余，独具特色。苗族妇女以银饰为主，分为头饰、颈饰、胸饰；银饰以大为美、以重为美、以多为美，堪称中国民族服饰之最。

苗族的禁忌：客人一般不能夹鸡肝、鸡杂和鸡腿，鸡肝、鸡杂要敬老年妇女，鸡腿则是留给小孩的。忌跨小孩头顶，否则孩子长不高。忌妇女与长辈同坐一条长凳。不吃羊肉，忌杀狗打狗，不吃狗肉，忌在屋里煮蛇肉；不能坐苗家祖先神位的地方，火炕上三脚架不能用脚踩；不许在家或夜间吹口哨；不能拍了灰吃火烤的糍粑；遇门上悬挂草帽、树枝或婚丧祭日，不要进屋；路遇新婚夫妇，不要从中间穿过。父母或同村人去世，一个月内忌食辣椒。

十一、侗族

侗族主要分布在贵州、湖南及广西交会处。侗族信仰多神，崇拜自然物，古树、巨石、水井、桥梁均属崇拜对象。以女神“萨岁”（意为创立村寨的始祖母）为至高无上之神，每个村寨都建立“萨岁庙”。

侗族有自己的民间戏曲——侗戏。演唱时，用胡琴、格以琴伴奏，击锣钹鼓闹场，着侗装，不画脸谱，富有浓厚的民族色彩。侗族民间舞蹈，有“哆耶”、芦笙舞和舞龙、舞狮等。“月也”，是这一村群众到另一村做客，并以吹芦笙或唱歌、唱戏为乐的社交活动。农闲斗牛，是集体娱乐之一，届时老少咸集，人山人海，欢声四起，锣鼓喧天，铁炮震动山谷。有外寨客人途经本寨，则阻之于寨边，以歌对答，谓之“塞寨门”。“行歌坐月”又称“行歌坐夜”，是青年男女进行社交和谈情说爱的通称。

侗族人民的饮食以大米为主要食物。用油茶待客，是侗族人民的一种好客习惯。住“干栏”房，楼上住人，楼下关养牲畜和堆置杂物。

侗族的人生礼仪严肃活泼，往往通过节庆淋漓尽致地表现出来。因此，侗乡的节庆活动丰富多彩，著称于全国。节庆分为欢庆丰收、祈求风调雨顺、纪念民族英雄、宗教活动、青年社交等，以民俗展示和文艺表演为主。侗族的节日以春节、祭牛神（农历四月初八或六月初六）、吃新节（农历七月间）较为普遍。有些地区还在农历十月或农历十一月过侗年。由于民族之间的交往，侗族还有清明、端午、中秋、重阳等节。每年农历十月的第一个卯日是侗族人的“新婚节”，常有数十对青年男女在这一天成亲，类似今天的“集体婚礼”。

侗族人有“路不拾遗”的良好风尚，且人人热心公益事业。在侗乡的花轿、鼓楼、凉亭里，都备有甘甜的泉水，供行路口渴的客人饮用，这是侗族姑娘必须履行的礼节，否则会嫁不出去。

“有客到我家，不敬清茶敬油茶”，侗族人历来热情好客，每有宾客临门，必定热情接待。在侗乡，最常见的待客之道就是打油茶。侗族吃油茶有俗规，主、客围坐火塘，主妇负责烹调、送茶。第一碗必须端给贵客或长辈。主人说声“请”，客人方可饮用。连喝四碗，是表示对主人的最大尊敬。四碗之后，若不想再喝，就把筷子架在自己的茶碗上，以示饱尝油茶，感谢主人的盛情款待。侗族待客最隆重的礼仪要数合拢宴，侗寨里有了喜事或来了贵客，寨中便会摆起合拢宴。廊桥里的长桌要摆几十米长，近百人坐在长桌的两边。随着侗寨主人一声响亮的号子，大家站起来，手挽手围着长桌一边唱一边转，会唱的跟着调子唱，不会唱的在

热烈的气氛感染下也放开喉咙喊叫着。转了一会儿，又向回转，转到原来的位子时便停下来。大家互相敬酒，互相祝福。不一会儿，那些侗族小伙子和姑娘们便三五成群地来到客人面前，唱起敬酒歌，大有让客人一醉方休之势。

侗族的禁忌：户内供奉祖先的神龛，为最神圣之处，一切凶器，刀、枪、剑、戟、戈、矛、弓、弩，甚至棕索，都不准放置其上，否则，为对神大不敬，会招致惩罚。寨内举行祭祀活动期间，禁忌外人入寨，禁忌标志为用斑茅草打 4 个结，结成十字，悬于寨子入口处。

十二、壮族

壮族是我国少数民族人口最多的。主要分布在广西壮族自治区以及云南、广东、贵州。壮族信仰多神教，崇拜巨石、老树、高山、土地。祖先崇拜占有主要地位。每家正屋都供奉着"天地亲师"的神位。有的还信奉佛教。

壮歌久负盛名，定期举办对歌赛歌的"歌圩"盛会；壮族刺绣、竹芒编以及"干栏"建筑艺术等名扬远近。

壮族是一个好客的民族，过去到壮族村寨任何一家做客的客人都被认为是全寨的客人，往往几家轮流请客并给客人以最好的食宿，对客人中的长者和新客尤其热情。用餐时须等最年长的老人入席后才能开饭；长辈未动的菜，晚辈不得先吃；给长辈和客人端茶、盛饭，必须双手捧给，而且不能从客人面前递，也不能从背后递给长辈；先吃完的要逐个对长辈、客人说"慢吃"再离席；晚辈不能落在全桌人之后吃饭。

有客人在家，不可以大声说话，进出要从客人身后绕行。和客人共餐，要两腿落地，与肩同宽，不能跷二郎腿。壮族人在与人交谈时，从不在对方面前用第一人称"我"，而是直接提自己的名字，因为他们认为直截了当地讲"我"是不尊重别人的表现。

"鸡宴"是壮族隆重的宴客礼节，席间，壮族人还要请贵客讲故事，称为"讲古"。吃饱后要把筷子头朝外而尾朝内，否则会被认为还要添饭。告辞时，主人还会把剩下的鸡肉打"采包"，让客人带回家给亲人品茶。普遍喜欢喝酒。招待客人的餐桌上有酒才显得隆重。敬酒的习俗为"喝交杯"，即在宴桌上放几个大酒碗，其实并不用杯，而是用白瓷汤匙。整个宴席不能自己给自己舀酒喝，必须互相敬酒，同时说出敬酒的理由，否则对方有权推托不喝。壮族人认为狗肉、野味是美味佳肴、珍品，不爱吃胡萝卜、西红柿、芹菜等。

龙州等地的妇女还有嚼槟榔的习俗，有些地方槟榔仍是待客的必需品。

尊老爱幼是壮族的传统美德。路遇老人要主动打招呼、让路，在老人面前不跷二郎腿，不说污言秽语，不从老人面前跨来跨去。杀鸡时，鸡头、鸡翅必须敬给老人。路遇老人，男的要称"公公"，女的则称"奶奶"或"老太太"。遇到客人或负重者，要主动让路，若遇负重的长者同行，要主动帮助并送到分手处。

壮族人忌讳农历正月初一这天杀牲；有的地区的青年妇女忌食牛肉和狗肉；妇女生孩子的头三天(有的是头七天)忌讳外人入内；忌讳生孩子尚未满月的妇女到家里串门。登上壮族人家的竹楼，一般都要脱鞋。壮族忌讳戴着斗笠和扛着锄头或其他农具的人进入自己家。火塘、灶塘是壮族家庭最神圣的地方，禁止用脚踩踏火塘上的三脚架以及灶台。壮族青年结婚，忌讳怀孕妇女参加，怀孕妇女尤其不能看新娘。怀孕妇女不能进入产妇家。不慎闯入产妇家者，必须给婴儿取一个名字，送婴儿一套衣服，一只鸡或相应的礼物，做孩子的干爹、干妈。

壮族是稻作民族，十分爱护青蛙，有些地方的壮族有专门的“敬蛙仪”，所以到壮族地区，严禁捕杀青蛙，也不要吃蛙肉。

十三、土家族

土家族集中居住在湘、鄂、渝、黔四省市交界的丛山之中，有自己的语言，属汉藏语系，但绝大多数人使用汉语，仅有少数聚居区还保留着土家语。

土家族爱唱山歌，山歌有情歌、哭嫁歌、摆手歌、劳动歌、盘歌等。传统舞蹈有“摆手舞”、“八宝铜铃舞”及歌舞“茅古斯”，其中“摆手舞”是最著名的土家族古老的舞蹈，每年春节期间都要举行“摆手舞”会。

土家族迷信鬼神，崇拜土王（整个土家族的祖先），尊奉土老师（巫师），相信兆头。每逢年节都要大敬祖先，初一、十五也要进行小敬。祭祖的食品有猪头、粑粑、鸡、鸭和五谷种等。有的在每餐饭前，先用筷子夹少量的菜插在饭上敬默一会儿，表示请已故先人先吃，然后自己才开始食用。农历六月六日为祭土王，每个村寨都要设摆手堂，将猪头、果品等祭品放摆手堂前。十月朔日祭冬，宰鸡、鸭设筵宴客。此外，土家族还敬灶神、土地神、五谷神、豕官神，在修房造屋时祭鲁班，祭品除酒肉外，还要一只大公鸡。土家族自称是“白虎之后”，以白虎为祖神，时时处处不忘敬奉。每家的神龛上常年供奉一只木雕的白虎。结婚时，男方正堂大方桌上要铺虎毯，象征祭祀虎祖。除了进行宗教式的虔诚敬祭，土家人的生活中也随处可见白虎的影子。其意用虎的雄健来驱恶镇邪，希冀得到平安幸福。

土家族多吃苞谷、稻米，爱好喝酒，善食辣椒、花椒、山胡椒。习惯做腊肉、甜酒、团馓和糍粑等。菜肴以酸辣为其主要特点，有“辣椒当盐”的嗜好。爱喝用糯米、高粱酿制的甜酒和咂酒。

土家族是一个纯朴的民族。土家人待人真诚热情，极富人情味，家中每有客至，只听得幺姑娘一声：“外面客来哒！”这时，无论来的客人是亲是疏是远是近，男女主人都会赶紧放下手中的活计，笑脸相迎：“您儿是稀客、稀客。”接下来少不了装烟、泡茶、做饭三部曲。

土家族的禁忌有：禁食狗肉；忌随意移动火塘中的三脚架，忌用脚踩灶或坐在灶上以及将衣裤、鞋袜和其他脏物放在灶上；客人不能与少妇坐在一起，但可以与姑娘坐在一条长凳上；忌在家里吹口哨和随意敲锣打鼓。

十四、瑶族

瑶族主要分布在广西、湖南、云南、广东、江西、海南等省区的山区，是中国南方一个比较典型的山地民族。瑶族有自己的语言，瑶语属汉藏语系瑶语族瑶语支，但情况比较复杂，多通汉语、壮语，无本民族文字，一般通用汉文。口头文学极为丰富。

瑶族人民热情好客。凡是进入瑶家的客人，都会受到尊重和热情款待。饶有风趣的“挂袋子”与“瓜箪酒”，是瑶家待客的典型礼节。客人到了瑶家，只要把随身携带的袋子往堂屋正柱上的挂钩上一挂，就表示要在这家用餐。不用事先说明，主人自然会留客人在家里吃饭。如果不懂这个规矩，老把袋子等物放在身边，主人就认为你还要到别处去，吃饭的事往往落空。瓜箪酒是瑶家招待客人的特制酒。这种酒用糯米制成。它酿成糊酒后，掺上清泉

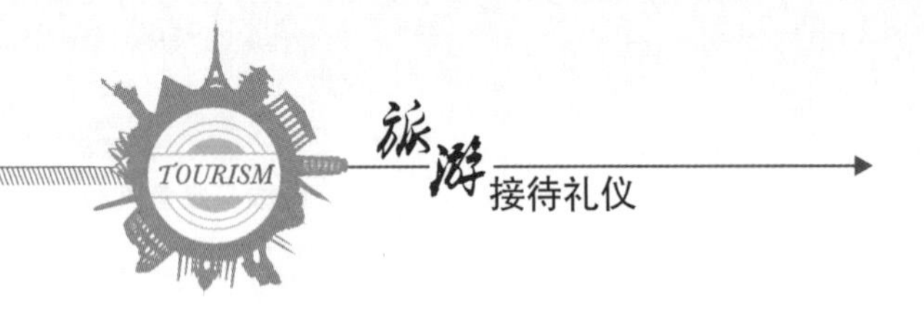

水或凉开水，饮用时用瓜瓢舀出倒在碗里，连液带渣一起喝下。酒度不高，香甜可口。用餐时，由家里最年轻的姑娘斟酒盛饭，主人则频频向客人夹菜敬酒。此时，客人不必拘束过谦，应大大方方开怀畅饮。这样，主人认为客人看得起瑶家，就会越发高兴，倍加亲热。如果拘谨见外，反而不受欢迎。

每逢节日必备猪肉、鸡、鸭和酒等祭拜祖先，吃饭座次也有讲究：老人和尊贵的客人应该坐上座。遇有客人，要以酒肉热情款待，有些地方要把鸡冠献给客人。瑶族在向客人敬酒时，一般都由少女举杯齐眉，以表示对客人的尊敬；也有的以德高望重的老人为客人敬酒，被视为大礼。

瑶家待客慷慨大方，彬彬有礼。腊肉、山珍野味和土特产，是瑶家待客最常见的菜式。客席上，金黄厚实的腊肉被奉为上品，主人会热情地把大块腊肉夹给客人。客人不管喜不喜欢，都应当接受，这样主人才会高兴。

瑶族人款待客人时，鸡、肉、盐一排排地放在碗里，无论主客，必须依次夹吃，不得紊乱。客人和老人每吃完一碗饭都由妇女代为装饭。盐在瑶族食俗中有特殊的地位，瑶区不产盐，但又不能缺少盐。盐在瑶族中是请道公、至亲的大礼，俗叫“盐信”。凡接到“盐信”者，无论有多重要的事都得丢开，按时赴约。

到瑶家做客，还要懂得当地的禁忌，否则会引起主人的反感。这些禁忌主要是：忌用脚踏火炉撑架；忌在火炉里烧有字的纸张；进入瑶家忌穿白鞋和戴白帽，因为象征丧事；忌坐门槛；穿草鞋不能上楼；不能坐主妇烧火的凳子；到木排上，忌“杀”，因“杀”与“散”谐音；说到“雨”时，要说“雨遮”；遇人伐木时，忌说“吃肉”、“死”之类不祥之语等。

崇拜盘王的瑶族过去普遍禁食狗肉；崇拜“密洛陀”的瑶族，过去则禁食母猪肉和老鹰肉。湘西辰溪县农历七月五日前禁食黄瓜。绝大部分瑶族禁食猫肉和蛇肉。有的地方产妇生产后头几天禁食猪油。瑶族祭神，一般用猪、鸡、鸭、蛋、鱼等食品，忌用狗、蛇、猫、蛙肉。

十五、黎族

黎族主要分布在海南省，不同地区有不同方言，属汉藏语系。黎族宗教信仰多种多样，并渗透到生活的各个方面，主要崇拜祖先，其次崇拜自然。

黎族饮食比较简朴，以稻米、玉米、番薯为主食，多以狩猎、采集所得为副食，只种少量蔬菜。日进三餐，喜稀不喜干，并习惯腌制生鱼、生肉。竹筒烧饭是黎族日常生活中独特的野炊方法。黎族妇女喜欢嚼槟榔。

黎族至今保留着许多质朴敦厚的民风民俗和独特的生活习惯，使海南的社会风貌显得丰富多彩。黎族人对待来宾独具特色。主人先取槟榔盆，让客人吃槟榔，表示欢迎。接着主人把客人随身携带的东西拿进屋保管好。然后安排客人休息，主人开始做饭菜。若是女客，先吃饭后喝酒；如果是男客，先饮酒后吃饭。在酒席上有规矩，不能乱坐，要面对面就座。接待客人以杀鸡佐酒为厚礼。佐饭菜不重视，只要有酒就认为是以礼相待。

有的地区，黎族待客礼节很特殊，主人不陪客人吃饭，认为主人在场，客人会讲客气，吃不饱饭。若是女客到黎家，不能在一家吃饱，必须留有余地，好应酬其他家主人的邀请，这样才算客人有礼节。如果是男客，就没有这个规矩了，只在一家吃饭就行了。黎族习俗规矩，客人吃完饭，由自己洗涤碗筷，并放回原来的位置。主人请客吃饭，不能将筷子交叉放在碗上，这是对客人的不尊敬或有意见。也不能将两根筷子首尾放碗上，倒放意味着是“抬死人棺材的竹杠”，是对客人的极大侮辱，客人则将碗口倒扣起来，并在上面放一根筷子，表示“埋死人的坟墓”以达到报复的目的，从此，主客就断绝交往了。

黎家人向客人敬酒，先双手举碗向在座的众人表示起碗敬酒，客人双手接过酒并将酒饮尽，接着主人用筷子夹一块肉送进客人口中，即表示主人有诚意、有礼貌。

客人辞别时，不得由自己拿走行李或其他东西。如果这样做了，被视为对主人的不尊重，或者是对接待有意见。主人送客，不能在屋内就将东西交给客人，更不能主人在屋内、客人在门外，将东西递给客人。这样会被认为主人不许客人第二次进家门。必须将客人送出村寨路口，才将东西给客人。

第四节　宗教与宗教礼仪

一、宗教

宗教是人类社会发展到一定历史阶段出现的一种文化现象，属于社会特殊意识形态。古时由于人类对宇宙的未知探索，以及表达人渴望不灭解脱的追求，进而相信现实世界之外存在着超自然的神秘力量或实体，使人对该神秘产生敬畏及崇拜，从而引申出信仰认知及仪式活动体系。与民间神话一样，其也有自己的神话传说，彼此相互串联，本质是一种精神寄托。

宗教是一种社会意识形态，是支配着人们日常生活的外部力量在人们头脑中的一种反映。宗教是人类社会发展到一定阶段出现的历史现象，有其发生、发展和消灭的过程。在人类历史上，随着社会形态和政权形式的演变，宗教也逐步由拜物教、多神教发展到一神教；由自然宗教发展到人为宗教；由氏族图腾崇拜发展到氏族宗教，最后又出现了世界性宗教。可以说宗教信仰、宗教情感以及与这种信仰和情感相适应的宗教仪式和宗教组织，都是社会的、历史的产物。

当今世界主要的宗教有：基督教、伊斯兰教、佛教等。宗教在世界上有着巨大的影响。

1. 宗教信仰者众多

在当今世界上，一共生活着 70 多亿人口，而各种宗教的信仰者在其中就占了三分之二以上。在我国，各种宗教的信仰者也占了总人口的十分之一左右。

基督教是世界上信仰人数最多的宗教。基督教形成于亚洲的西部，目前主要集中分布在欧洲、美洲和大洋洲。

伊斯兰教教徒被称为穆斯林。伊斯兰教产生于阿拉伯半岛，主要分布在亚洲的西部和东南部、非洲的北部和东部。伊斯兰教在中国又被称为回教或清真教。

佛教是世界三大宗教之一。佛教创始于古印度，后来传入亚洲其他地区，现在主要分布在亚洲的东部和东南部。

2. 宗教影响到习俗

在日常生活里，宗教与人们的风俗习惯相互影响。在宗教影响巨大的国度里，这一点表现得尤为显著。

3. 宗教作用到生活

宗教对人们的思想、文化、道德多有渗透，甚至直接作用到整个社会生活。例如，有的国家、有的民族，全国或全民信仰某种宗教，甚至将其确定为本国国教，或实行政教合一的制度。

二、宗教礼仪

宗教礼仪，是指宗教信仰者为对其崇拜对象表示崇拜与恭敬所举行的各种例行的仪式、活动，以及与宗教密切相关的禁忌与讲究。世界上存在着多种宗教，自然也就存在着多种宗教礼仪。在社会生活里，宗教礼仪不仅是各种宗教之间相互区别的显著标志，而且也是各种宗教用以扩大宗教组织、培养宗教信仰的重要的常规性手段。

从广义上说，对神的崇拜行为都可以称为宗教礼仪；从狭义上说，宗教礼仪是被普遍化和定型化的对神的崇拜形式，是有秩序有规律的宗教行动。

宗教礼仪有三种。第一种是物象礼仪，即向神佛供奉各类供物，几乎所有宗教都有这样的礼仪。第二种是示象礼仪，这是较高层次的宗教礼仪，是指在表达对神佛的崇拜、敬畏和祈祷等感情时，将一些宗教礼仪规范化、符号化、象征化，以增加宗教礼仪的崇高性和神圣性。世界上各大宗教礼仪多为这类礼仪，它是宗教生活的重要组成部分。第三种是意象礼仪，它是超越了一般形式的礼仪，是最高层次的宗教礼仪；它是一种心灵的礼仪，是信教者发自内心深处的对宗教的理性认可。

宗教能够存在的最起码的条件有三个，即神或神物、人以及神与人的结合。神或神物是信仰的对象、崇拜的对象。任何宗教都相传在现实世界之外，存在着超自然的实体——神，他主宰着自然和人类，因而对之敬畏和崇拜。人是信仰的主体，是宗教实践的载体，离开了人，宗教就不能存在。但是，只有神和人这两个条件，宗教还不能成立。还必须有第三个条件，即人和神的关系。人和神的关系是通过一系列宗教礼仪来实现的。礼仪是沟通“人-神”关系，即信仰的主体和客体的中介和桥梁。在宗教的形成史上，只有当“人-神”之间通过礼仪建立起联系，宗教才真正产生。原始人相信万物有灵和灵魂不灭，还不是真正意义上的宗教，只有到后来，当原始人根据他们自己的生活样式和需要来想象和虚构神灵世界及其生活样式，并把自己的本质和心理状态附加给神灵，以为神灵有同人一样的需求和喜怒哀乐，于是规定了一套对神灵崇拜的仪式来表现人与神灵之间的关系，企图用祭祀、崇拜、祈祷、赞颂等仪式讨好神灵，影响神灵的意志，使之多赐福、少降灾，只有在这时，“人-神”关系才能建立起来，真正意义上的宗教才产生。所以，宗教礼仪和宗教是同时产生的。

第五节　宗教礼仪通则

宗教礼仪是宗教意识的行为体现，宗教组织是宗教意识的组织体现，同时又通过宗教礼仪活动的开展来达到强化宗教意识的目的。

一、加强信仰者与他所信仰的神之间的联系，巩固和强化信仰

宗教礼仪使有限存在（人）和超人性存在（神）联系并结合在一起。使人圣化，使神俗化，形成一条沟通“人-神”的道路。所以，礼仪有通过行动，使整个人生接近于神的超越价值。人通过祈祷、献祭这些依赖于人的行动为媒介接触神，同时神对人做出应答，通过这种双向交流，强化宗教对象实在性的感觉，增强人的宗教情感。同时，宗教礼仪通常是集体举行的、有固定的程序，伴之以动人心弦的音乐，充满激情的动作以及物质的祭品，使仪式更具感染力。人们都有这样的体会，当大家参加一个为公共的激情所鼓舞的集会时，会有自己单独活动时所没有的思想感情与行动。宗教礼仪又是定期的，有周期地重复进行的，因而能巩固信徒的宗教感情，加强对宗教的兴趣。

二、满足信徒的心理需要，使他们获得信心、希望和安全感

原始人创造宗教，根源于对异己的自然力量的依赖感、恐惧感和神秘感。在强大的自然力面前，人感到自身力量渺小，无能为力，惧怕自然神的惩罚，又希望获得自然神的帮助。因此，人对神有恐惧和希望交织着的两重心理。他们相信人和神是互相依赖的，不仅人依赖自然神，神也需要人，如果没有人对神的贡献与牺牲，神就会死去。因此，原始人相信，通过一定的礼仪，可以取悦于神，获得神的庇护，缓和严峻的自然异己力量的压迫，保证农作物的丰富，打猎的胜利和人身的安全。原始人相信，礼仪改善了他们同神的关系，使诸神成为他的朋友，他的亲人，他们天然的保护者，这一点在图腾崇拜中表现尤为明显。人们用歌唱、舞蹈、戏剧、祭品等来崇拜图腾神，洋溢其中的是一种愉快的信任感。犹太教和基督教认为，人的生命、人的地位、人的尊严、人的祸福都源于神的恩赐。只有神能够赎人类的罪，拯救人于水火之中，只有神才能使灵魂得以安宁；只有神才能使自己洗净罪过而进入天国，获得永恒的幸福。因此，人对神唯有惧怕和崇敬。人通过各种崇拜上帝的礼仪，能时时得到上帝的宽恕和恩典。礼仪使人获得精神力量。许多宗教礼仪是在人生有重大意义的时刻举行的，例如出生、成人、结婚、疾病、死亡等等。这被认为是使人顺利地从人生的一种状态过渡另外一种状态的必需的宗教措施。举行了这种礼仪，人们获得了心理上平衡，产生了精神力量，否则，人们忧心忡忡，疑神疑鬼，担惊受怕。

一切宗教在某种意义上说都是由精神所支配的，构成宗教力量的主要成分是意识的力量。宗教礼仪似乎是一种神秘活动，但正是通过这种活动，宗教感受进入人们的意识，鼓励他们，熏陶他们，使他们的生命力更旺盛了，激情更高昂了，感觉变得更强烈了。这种精神感受尽管是人间虚幻的神的交往而产生的，但却是一种真实存在的感受，它产生的精神力量也是真实的。

三、维持集团的社会确证性，加强个人和他所从属的社会之间的联系

宗教体验带有个体的性质，对于任何宗教礼仪、任何参加者的个人体验都不可能是完全一样的。但是任何一种宗教都有其普遍的教义，有其共同的信仰，这些信仰通过礼仪表现出来，使之普遍化、固定化。宗教信仰总是有一种共同的特殊的集体性，即表示支持这种信仰，并参加作为其组成部分的礼仪。所以，礼仪在本质上具有集团性，它是集体表示个人已经形成的情绪体系的一种手段。因此，礼仪本身对个人是对象性的东西，并具有社会的约束力。礼仪之所以是礼仪，就在于它具有超个人的权威和制约力，它是作为对个人统治的一种约束力而发生作用的。礼仪使属于个人的宗教体验变为大众所共同体验的情感。礼仪加强了信仰者与他所信仰的神之间的联系，产生群体化的宗教情感，实际上同时就加强了个人与他所从属的社会之间的联系，巩固和发展了群体的共同意识。礼仪之所以进行，是因为它得到了集团的承认，集团赋予它一定的形式和权威，其信仰形态是集团确认的。可以说，礼仪是集团感情、集团统一性的象征化，而定期举行的礼仪又能加深这种共同感情和强化集团的结合力。

四、不断创造和再创造宗教信仰本身，维持信仰形态的永续性

宗教信仰的主观性极强，从纯粹的意义上说，它是个别的、独立的东西。不同的个体必有不同的宗教体验，也可以单独进行崇拜。另外，宗教是随着社会物质生活条件的变化不断变化的，不同的时间和空间，人不可能有同一的信仰。为了维持宗教信仰形态的存在，必须从信仰的个体性、特殊性中抽出其共同性，使之普遍化和一般化，其方法一是颁布教义，二是制定礼仪。由于礼仪在社会上和个人中的习惯化，起到了维持信仰形态的作用。在未开化的社会中，没有文字借以表达教义，礼仪具有教义的作用；在高级宗教中，礼仪使宗教感情群体化，起着巩固教义的作用。宗教礼仪既然是宗教信仰观念的行为化，因而不同的宗教有不同的礼仪，同一宗教在不同的发展阶段上，随着教义的某种变化，礼仪也会发生变化。宗教礼仪的变化可以从一个重要侧面反映宗教的历史，仪式在原始部落宗教生活中起着重大作用，原始社会所有巫术、图腾、萨满等宗教活动都要通过一定的仪式才能发挥作用。因此，宗教礼仪对宗教部落来说是一种把部落成员集结起来进行集体行动和社交的一种重要方式，原始宗教礼仪与原始人的生产、生活、艺术等的关系十分密切。

知识活页　宗教信仰与民间信仰习俗有何区别？

（1）民间信仰没有固定的信仰组织，宗教信仰却有自己特定的教会、教团组织。

（2）民间信仰没有一定的至高信仰对象，宗教信仰却有各自特定的至高崇拜对象。

（3）民间信仰没有支配信仰的权威，宗教信仰却有各自的创教人或布教祖师。

（4）民间信仰没有形成任何信仰宗派，宗教则都有各自的宗派。

(5) 民间信仰没有其信仰的完整体系,宗教信仰则有其伦理的、哲学的完整体系。

(6) 民间信仰没有可遵守的一定规约,宗教信仰则有特定教规的制约。

(7) 民间信仰没有进行信仰活动的固定场所,宗教教会则都拥有各自的活动场所。

(8) 民间信仰没有专司神职的职业人员,宗教各教派则都有其专职的执事人员。

(9) 民间信仰没有特定的法衣、法器或仪仗,宗教活动却有各自的神具、教服、法器或仪仗。

(10) 民间信仰者在民间活动中没有自觉的信仰意识,从而都是自发的、盲目的,宗教信徒则相反。

(资料来源:吴忠军,《中外民俗》(第四版),东北财经大学出版社,2015年版。)

第六节 三大宗教的礼仪与禁忌

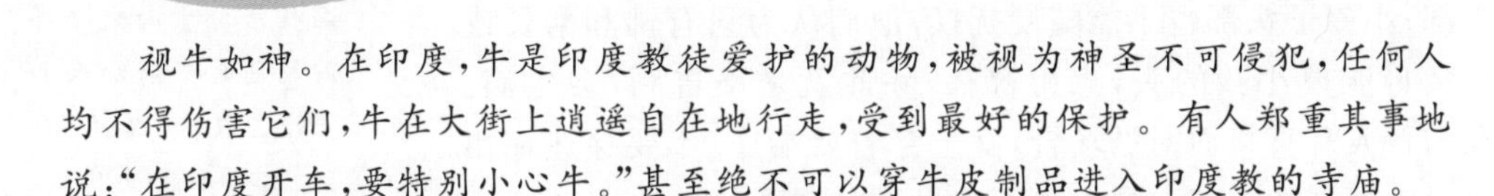

视牛如神。在印度,牛是印度教徒爱护的动物,被视为神圣不可侵犯,任何人均不得伤害它们,牛在大街上逍遥自在地行走,受到最好的保护。有人郑重其事地说:"在印度开车,要特别小心牛。"甚至绝不可以穿牛皮制品进入印度教的寺庙。

绝不可骑在佛像上拍照。在东南亚的佛教国家,如果旅客对寺庙、佛像、和尚等做出轻率的行动,则被视为"罪恶滔天"。有些不明利害的观光客,曾经由于跨坐在佛像上大拍纪念照而受刑罚。对想带回去的佛像纪念品,也不可放置地上。在信奉佛教的国家购买的佛像虽然归自己所有,但必须对它有一份敬意,如随意放置或粗手粗脚地动它,这种行为会引起该国人的不快。

与和尚交谈时,要保持低姿态。到斯里兰卡等佛教国家旅行,经常可以看见有人与和尚交谈,但只要仔细观察便可发觉,一般人绝不会坐在高过和尚的座位,他们必定设法使自己的头低过和尚的头,贵如总统或总理也谨守这一原则。

不要摸小孩的头。印度尼西亚等地的人们不希望别人摸自己身上的任何一部分,相应的,他们也不喜欢去摸别人。他们认为:头部是人体最高的部分,也是人体中最神圣无比的部分,尤其是孩子的头,被视为神明停留之处。所以,在任何情况之下都不许触摸。

被邀去吃饭不必客气。在印度尼西亚人的观念中,吃东西时要大家一起分享,

所以他们邀请人共餐，绝不是碍于情面假惺惺，而是诚心诚意地邀请，如果回绝当然会令人不高兴。

摇头或头歪到一边是表示“yes”。在印度，头歪到一边是表示“yes”。他们表示赞同时，总是先将头往左右轻轻地斜一下，然后立刻恢复原状，令人以为是“不要”或“不愿意”，其实是表示“知道了”或“好的”。

双手交出东西。在印度及东南亚诸国，若以左手将东西交给对方，对方会认为是在蔑视他，或是对他怀有恶意。交东西时，必须使用双手，或是用右手。

买酒有时间限制。泰国有个规定，凌晨2时以后不准再买酒，否则会被警察处以罚款。在标榜甘地精神的印度，禁酒是他们的原则。比如新德里，星期二、星期五、公休日以及每月初一定为禁酒日，在这些天就是再神通广大的人也休想买到酒。

（资料来源：《东南亚旅游禁忌》，载《华东旅游报》，2001年6月7日第4版。）

各宗教的礼仪与禁忌内容多种多样，主要包括生杀、婚姻、饮食、财物和伦理等5个方面，制定一些遵守这些礼仪和禁忌的规定，就是仪规和戒律。

知识关联

禁忌又称“塔布”(taboo或tatu)，这一名称来自于南太平洋波利尼西亚汤加人的土语。汉语“禁忌”一词，禁即“禁止”。一般是指来自社会和文化的约束、干预，多属外在力量；忌即“忌讳”，一般是指基于自我心理和情感的抑制、避戒。

一、佛教礼仪

在信奉佛教的国家里，如缅甸、泰国等东南亚国家，人们非常敬重僧侣。僧侣和虔诚的佛教徒一般都是素食者。他们非常注重头部，忌讳别人提着物品从头上掠过，也不能摸僧侣头部；小孩子头部也不能随便抚摸，他们认为只有佛和僧长或是父母能摸小孩的头，意为祝福，除此就是不吉利，会生病。在与僧人有直接面对的场合，女士穿着要端庄，不要穿迷你裙等过于暴露的衣着。男女也不能做过分亲昵的举动。

佛教禁忌有：

（1）佛教食素，不吃“荤”、“腥”。“荤”是指有恶臭和异味的蔬菜，如大蒜、韭菜、大葱等。“腥”是指肉食。同出家人共处时，不宜向僧人敬烟、敬酒、劝吃肉。佛的戒条里只说不让杀生，没有说不让吃肉，吃肉可以吃三净肉：不见杀，不闻杀，不特为杀。只要没发愿吃长素即可。

（2）佛教在个人生活方面，不结婚、不歌舞、不看相算命。同女士交往要注意，同女士说话时要有另外的人在场，不要主动与女士握手；女士们到男众寺院也要注意，不要随意进入“游客止步”的地方。

（3）过午不食，最严格的只喝白水，连牛奶、茶、椰子水都不喝。但一般的僧人午后可以喝茶、汽水、果汁，也可以吃糖。

二、基督教礼仪

国际上，基督教是天主教、东正教、基督新教的统称，这三个教会的信徒都称为基督徒；在中国民间称之为“耶稣教”。根据教会的传统，天主教的主教、神父、修女是不结婚的。所以，同天主教人士交往时，见到主教、神父、修女不可问他（她们）“有几个子女”、“爱人在哪里工作”等问题。

基督教的禁忌有：

（1）进入教堂和崇拜活动应保持严肃的态度，切忌衣着不整或穿拖鞋、短裤。禁止在教堂内来回乱串、大声喧哗、抢座位等，更不允许在教堂内吃东西、抽烟。

（2）基督教徒可以吃猪肉，一般饮食中不吃血制品，即不吃带血的食物，不吃动物的内脏，不吃鸡、鸭等动物的脚，祭祀的食品同样也不能吃。礼拜天，人们会经常选择禁食，将粮食节省给贫穷的人。

（3）在教堂里，牧师会这样宣讲，我们要吃上帝的血和肉，因为那是我们的圣餐，我们因此得以纯洁。不过，在教堂牧师和长老会以面包块代替上帝的肉，以清水或果汁或葡萄酒代替上帝的血。

（4）忌讳崇拜除上帝以外的偶像。向基督徒赠送礼品，要避免上面有其他宗教的神像或者其他民族所崇拜的图腾。要尊重基督徒的信仰，不能以上帝起誓，更不能拿上帝耶稣开玩笑。

三、伊斯兰教礼仪

信奉伊斯兰教的人统称为“穆斯林”。我们在清真寺旅游的时候要注意这些礼仪禁忌。在中国，有 10 个少数民族信仰伊斯兰教，他们分别是回族、维吾尔族、哈萨克族、东乡族、柯尔克孜族、撒拉族、塔吉克族、乌孜别克族、保安族、塔塔尔族。伊斯兰教在这些民族中有着重要影响。

（一）饮食禁忌

（1）不吃猪肉。

（2）婚嫁：双方必须信伊斯兰教，如有一方不是，必须改信宗教。

（3）不能在酒吧间或猪肉铺工作。严禁饮酒，禁止一切与酒有关的致醉物品，禁止从事与酒有关的营生，禁止出席有酒的宴席。

（4）外出必须戴头盖。

（5）穆斯林忌讳用左手给人传递物品，特别是食物。给穆斯林递东西时，注意不要用左手。

（二）服饰禁忌

（1）严禁男人佩带黄金饰物。

（2）不同地区服装有所不同，重点是女性不能露肉，要戴头巾或帽子，只能看见手掌，只有在结婚时没这么严格；男性不能穿 T 恤和短裤。

本章小结

本章分为两大部分，前面部分介绍了民族、民族习俗与民族礼仪的基本通则，并介绍了我国15个少数民族各种礼俗及禁忌。后面部分则介绍了宗教的含义及宗教礼仪通则，尤其是介绍了世界三大宗教（佛教、基督教、伊斯兰教）的礼仪与禁忌。综合各民族与宗教的习俗，旅游接待人员能更加清晰地认识世界的复杂多变。

思考与练习

1. 简述民族习俗与民族礼仪之间的关系。
2. 关于民族礼仪要注意哪些通则？
3. 请列举朝鲜族老人在家庭和社会上地位的各种体现，是否有值得我们借鉴之处。

4. 简述宗教在世界上的影响。
5. 宗教礼仪通则有哪些作用？
6. 伊斯兰教信徒有哪些饮食禁忌？

案例分析

在广西桂林市龙胜县龙脊梯田附近黄洛瑶寨的歌舞场内，20名身着传统红瑶民族服饰的女子正向观众展示她们引以为豪的长发：她们有的站在窗台后面，弯下腰来梳理超过1.5米长的头发；有的现场表演将长发盘到头上的动作；有的则在一旁唱起了瑶族民谣《长发瑶》。不过仔细看去，台上这些红瑶女子几乎都是四五十岁的“阿嫂”，年轻姑娘甚少。“长头发打理起来太麻烦，很多年轻红瑶女孩在外出打工或出嫁后就把头发剪掉了。”一位红瑶姑娘说。

红瑶是瑶族的一个支系，因穿红色服装而得名，主要居住在龙胜县的泗水、和平乡一带的山区里。红瑶女性有蓄发、梳妆发型的习俗，红瑶女子只有在18岁成人礼时剪一次头发作为珍藏，此后终生不再剪发。然而，近年来，红瑶世代相传的蓄发习俗遇到了传承困境。

黄洛瑶寨现在居住着400多位红瑶居民，都为潘姓。寨里180位女性头发的平均长度为1.7米，最长的达到2.1米。“现在寨子里的22个‘80后’女孩中，还保留着1.5米以上长发的只有4人。”28岁的潘永艳说，“我担心再往后就没有人留长发了。”

对于红瑶女子来说，长发意味着长命富贵，头发越长，就越有福气。"歌里唱得好，'丝丝长发长又亮，父母恩情永不忘。丝丝长发亮堂堂，幸福生活久久长'。"49岁的潘保英说，她的女儿曾多次想把头发剪掉，都被她劝了下来，"我坚决反对把头发剪掉，这是我们祖先传下来的传统，我们一辈子都不能忘记它。"

但是，一些年轻瑶族姑娘却不这么想。当记者问一位红瑶歌舞团里的演员，今后是否会保留现在的长发，她回答说："这就要看我嫁到哪里了！"22岁的瑶族姑娘潘佳就曾剪掉了长发。"难打理是一个原因，另外我们也想时尚一些，看到别人这么漂亮的发型，自己也会心动。再说出到外面去上学，我们的头发确实太特殊。"

然而，由于黄洛瑶寨旅游业的兴起，潘佳重新蓄起了长发。她参加了寨里的表演，收入增加了不少。"或许等我们的旅游业发展得更好，就会有更多的人选择留长发了。"她说。

近年来，随着少数民族习俗传承引起关注，许多少数民族人大代表都在两会期间提交了有关保护民族文化遗产的议案。

北京大学社会学系教授夏学銮认为，许多少数民族习俗随着时代的变迁而变化，改变不能一概而论好还是不好。他建议，既要保护民族文化多样性，又要尊重少数民族自己的选择。

（资料来源：http://www.mzb.com.cn/html/Home/report/328669-1.htm。）

分析：

1. 红瑶女性长发习俗有什么文化内涵？

2. 红瑶蓄发习俗遇到了什么困境？

3. 旅游给红瑶长发习俗带来了哪些影响？

本课程阅读推荐

[1]全国导游人员资格考试教材编写组．全国导游基础知识[M]．北京：旅游教育出版社，2016.

[2]吴忠军．中外民俗[M]．4版．大连：东北财经大学出版社，2015.

[3]乌丙安．中国民俗学[M]．长春：长春出版社，2014.

[4]托卡列夫．世界宗教简史[M]．魏庆征，译．北京：中央编译出版社，2011.

[5]杨建新．中国少数民族通论[M]．北京：民族出版社，2009.

第七章

主要客源国和目的地国(地区)的礼俗

学习导引

随着我国经济的飞速发展，对外交往日益频繁，中国出境游人数每年过亿人次，已经遥居世界第一，也有很多外国人来到中华大地旅游观光和进行商务活动等，而往往被我们称为“老外”的人们有哪些特别的喜好与禁忌？旅游接待过程中我们是毫无忌讳，还是要小心翼翼？我们能做些什么？我们需要了解一些什么？通过本章的学习，让我们去寻找答案。

学习重点

通过本章的学习，重点掌握以下知识点：

熟悉亚洲、欧洲、北美洲、大洋洲和非洲主要客源国和旅游目的地国(地区)人们的主要民俗，掌握各国(地区)人们的喜好与禁忌。

第一节　亚洲国家和地区

案例引导

浙江某台资企业接待其台湾母公司赴内地的投资考察团，由于单位上上下下对此次接待都很重视，因此整个接待过程还算顺利。但没想到，在临近接待尾声的时候，却还是出现了差错。差错主要出在赠礼环节上：接待方认为，自己企业地处杭州，必须挑选最具杭州特色的礼品回赠母公司的领导，于是选取了丝绸手帕、天堂伞、张小泉剪刀和都锦生织锦画 4 种，每人一份。没想到，当场有些客人拒绝接受,而勉强接受礼物的客人,脸上也明显地流露出不高兴。

问题:这些台湾客人为何不愿意接受礼物?

【分析】 上述案例告诉我们,一个地区乃至国家的人们在礼物馈赠方面有着特定的喜好与忌讳,旅游接待过程中购物及礼品赠送是非常常见的,而礼物又只是社会生活礼俗的一方面,那么接下来我们选取十几个与中国有着密切往来的各国(地区),看看他们都有哪些特定的礼俗吧!

一、港澳台地区

(一) 香港特别行政区

香港地区绝大多数家庭恪守粤式传统饮食方式。港人喜欢相约饮茶(早茶、下午茶),饮茶时常互相斟茶。宴请时,客人要待主人说“起筷”才开始进食。用餐时,手肘不能横抬,不能枕桌,不能“飞象过河”(取碟子中远处菜),不能“美人照镜”(将碟子取起倒菜),喝汤不要出声,用餐完毕碗中不要留食。喝酒时,不宜手不离筷,上鱼菜时鱼头要对着客人方向。吃鱼时不要翻转鱼身(含有“翻船”之意)。

因为粤语谐音问题,港人送礼时忌讳送时钟(“送终”)、书籍(“输”)、毯子(“压财”),也忌讳送剑兰、茉莉、梅花等花卉。

港人的吉祥数字有“3”、“8”(与粤语“升”、“发”谐音)、“6”、“9”(与“禄”、“久”谐音)。忌讳数字“4”(与“死”谐音)。

忌讳称丈夫或妻子为“爱人”,因为在香港“爱人”等同于“情人”。

受西方文化影响,香港人一般不大喜欢肢体触碰,在排队、坐车、走路时也尽量避免推挤和肢体接触。香港人忌讳别人打听个人隐私,如住址、婚姻状况、收入、年龄等。

港人热衷的娱乐有相关多属于博彩活动,如“打麻雀”(打麻将)、赌马、六合彩等。每年9月至次年6月是赛马季节,每周两次,分别在跑马地马场和沙田马场举行,由马会经营。马会编设的投注站供成千上万“马迷”投注,还可通过电话投注。输赢由电脑与投注人银行账户结算。

受英国人影响,香港行人和车辆都是靠左行驶,正好与内地相反。

(二) 澳门特别行政区

澳门居民大部分原籍广东。礼仪禁忌与香港差不多。澳门人不喜欢在家里招待客人。土生澳门人保留欧洲生活方式,喜好夜生活和刺激性活动,许多人会粤语,与华人通婚,有华人亲友。

(三) 台湾

台湾与祖国大陆礼俗大体相同,但也有发展。

台湾人在与熟人或亲密朋友见面时,习惯以握手为礼。初次见面时只需点头打招呼,微微弯腰鞠躬即可表示敬意,但不要做得过分。台湾的雅美人在欢迎客人时,一般惯施吻鼻礼

(用自己的鼻子轻轻地擦吻来宾的鼻尖),以示最崇高的敬意。

台湾人投亲访友总习惯将礼物用红纸包起来送人。登门访问时,喜欢带一样小礼品,例如水果、糖果或干点。递送礼品或其他物品时用双手奉上。

他们很喜欢"6",有"六六顺"之说。又因"6"与"禄"同音,又是有钱财、有福气的吉祥表示,因此人们都愿意借"6"数为吉祥。

关于民间忌讳,台湾一般与福建、广东地区相同,与大陆大部分地区类似。例如,到别人家里去,不能随便进卧室或厨房,不能站或坐在门槛上,进屋也不能踏着门槛。吃饭时不能说"吃白饭",也不能将筷子插在饭上。吃鸡、鸭、鹅时不能吃头尾、翅膀、脚爪。在渔民家吃饭不能翻碗,吃鱼也不要把鱼翻身。他们忌讳以扇子赠人,因为他们有"送扇无相见"之说。他们忌讳"4",因其与"死"谐音,平时无论干什么都要设法避开"4"数,或改"4"数为"两双"来说。他们忌以手巾送人,因为在台湾,手巾是给吊丧者的留念品,意为吊丧者与死者断绝来往,有"送巾断根"之说。他们忌讳将刀、剪送人,因其有"一刀两断"之说,送这种物品会让人觉得有一种威胁之感。他们忌讳以雨伞当作礼物送人,因为台湾一些方言中,"伞"与"散"谐音,"雨"与"给"谐音,"雨伞"与"给散"谐音,这样难免引起对方的误解。他们忌以甜果为礼送人,因为逢年过节常以甜果祭祖拜神,以甜果赠人容易使对方感到有一种不祥之兆。他们忌讳将粽子当作礼品送人,因其会被误解为将对方当作丧家。台湾的阿美人十分忌讳打喷嚏,他们将一天之中如果遇到有人打喷嚏,视为遇到了很不吉利的事情。他们忌讳送茉莉花和梅花给商人,因为"茉莉花"与"没利"谐音,"梅"与"霉"同音。

二、韩国

韩国人忌讳数字"4"(与"死"同音),在社会生活各方面尽量避免"4"。他们喜欢单数,不喜欢双数。数字"7"被认为是幸运数字。红色和黄色是皇家的颜色,象征着幸福。送礼不用绿色、白色和黑色纸包装。

见面与分手时行鞠躬礼。男子也行握手礼,但女性一般不与男子握手,往往以鞠躬或点头致意。韩国受儒教影响较深,重男轻女;出门、上车时妇女让男子先行;聚会致辞以"先生们、女士们"开头;在宴会等社交场合,男女分开活动。两人在过道交谈,应让第三者从两人中间通过。一般情况下,称呼他人时爱用尊称或敬语,习惯称呼对方头衔。行事讲究预约,遵守时间,并且十分重视名片的使用。

韩国人特别尊重长者,晚辈在拜见长辈时,有时要行跪拜礼。在长者面前抽烟要获允许,与长者谈话要摘去墨镜甚至一般的眼镜。女子笑的时候要掩嘴。进入住宅或韩式饭店时要换拖鞋。

与韩国人交谈,应回避韩国国内政治、与朝鲜的关系、与日本的关系、男主人妻子等话题。但韩国人喜欢询问个人情况。

韩国人喜爱辣、香、蒜味,最喜欢中国四川菜。一般不吃过腻、过油、过甜的东西,不爱吃羊肉、肥猪肉和鸭子,厌恶香菜,通常不喝稀粥清汤,认为只有穷人才会如此。熟菜中不喜欢放醋,也不爱吃放糖或花椒的菜肴。韩国人宴会礼仪较多。用餐时一定要先给长辈盛饭,长辈先动筷子。对主人头一两次敬茶要推让,第三次才接受。宴会主人则要坚持敬三次茶。他们喜欢相互斟酒。为人斟酒,要右手持酒瓶,左手托前臂,受酒者应举起自己的酒杯。拒喝别人的酒是不礼貌的表现,如不胜酒力,可在酒杯中剩少量酒。妇女则多不饮酒。他们原谅喝醉酒的人。吃饭时不能将菜盘吃光(否则意味着主人准备不足)。饭后喜欢唱歌,邀请唱歌时不应拒绝。

韩国人授受物品均用双手。接受礼品不当面打开。不要用外国烟作礼品(持有或抽外国烟要罚款)。

在他人面前,不得吐痰、擤鼻涕、掏耳朵。

三、日本

与韩国人类似,日本人非常忌讳数字"4"(与"死"同音),因此房号、层号、宴会桌号、车号、礼品数等应尽量避免用"4"开头或结尾。连 4 个一组包装的商品也难销售。"42"的发音是死的动词形,所以医院一般没有 4 和 42 的房间和病床,用户的电话也忌讳用"42"。日本人也忌讳数字"9"(与"苦"同音)、"6"(是强盗的标记)和"13"(因等于"4"加"9")。商人还忌讳"2 月"、"8 月",因为这是营业淡季。在颜色方面,最忌讳绿色(不祥之色)。不喜欢紫色(悲伤色调)。遇到不幸的事情送礼,惯用黑色或灰色。日本人喜欢红色(象征吉祥)和黄色(视为阳光色),也喜欢红白相间或金银色相间的颜色。在图案方面,忌讳荷花图案(用于祭奠),讨厌狐、獾、金眼猫或银眼猫图案。不喜欢淡黄色或白色的花卉和花卉图案。常人不得使用菊花图案(皇室专用)。他们喜欢樱花、乌龟、仙鹤等图案,也喜欢松、竹、梅等图案。忌讳送夕阳风景国画。送礼时忌送梳子和手绢,因梳子发音与"死苦"相同,而手绢会让人联想到擦眼泪,意味着分离。

日本人的见面礼是脱帽鞠躬。日本成年人都有名片。首次见面要带足名片,按职位高低、资历深浅顺序与日本人交换名片。交换名片应行鞠躬礼并说客套话。接到名片应仔细读后再收藏。女性使用的名片大多比男性的要小。日本人爱用自谦语言,如"请多关照"、"粗茶淡饭,招待不周"等,谈话时也常使用谦语。在与日本人交谈时,不要边说边指手画脚,别人讲话时切忌插话打断。在交谈中,不要打听日本人的年龄、婚姻状况、工资收入等私事。对年事已高的男子和妇女不要用"年迈"、"老人"等字样,年事越高的人越忌讳。日本人的姓名一般是 3～6 个字,姓在前,名在后,通常对人只称姓,不呼名。

与日本人相处,切忌有伤他们面子的言语和动作。他们不轻易流露自己的感情,通常视恼怒和急躁的言行举止为粗野。交谈中不宜评论日本国内政治和男女平等问题。与日本人合影,不可三人一起合影(日本人认为左右被人夹着是不祥预兆)。

日本人对坐姿很有讲究。在公司里日本人都坐椅子,但在家里保持着坐"榻榻米"的传统习惯。坐榻榻米的正确坐法称"正座",即双膝并拢跪地,臀部压在脚跟上。轻松一点的坐法有"盘腿坐"和"横坐";"盘腿坐"即将脚交叉在前面,臀部着地,这是男性的坐法;"横坐"是双腿稍许横向一侧,身体不压住双脚,这常是女性的坐法。现在,不坐"榻榻米"的年轻一代在逐渐增多。

在饮食方面，日本人以米饭为主食，副食多吃鱼，喝酱汤。喜欢清淡，除油炸食品外，使用油的菜很少，一般都是低热量、低脂肪，而且营养也平衡。一般不吃肥肉和猪内脏，肉铺里面一般不会摆出猪蹄、鸡爪，宴会里也不会出现猪心、猪肝等。也有人不吃羊肉和鸭子。忌讳客人吃饭一碗就够(象征无缘)。忌讳用餐时整理头发。忌讳将筷子垂直插在米饭中，因为这是日本人祭祀死人的做法。他们的口味偏爱甜、酸和微辣味。喜爱中国京、沪、粤、闽、淮扬菜以及不太辣的川菜。日本的酒中最有代表性的是用大米酿造成的“清酒”，酒精含量为15%～16%，糖分为3%～4%，呈微酸，口感醇和。同时，日本人对中国的绍兴酒及茅台酒极其感兴趣。在日本，招呼侍者时，要将手臂向上伸，手掌朝下，并摆动手指，侍者就懂了。

日本菜素有“五味五色五法菜肴”之称。“五味”即甜、酸、辣、苦、咸；“五色”为白、黄、红、青、黑；“五法”为生、煮、烤、炸、蒸。一方面不失去材料的原味，另一方面讲究色、香、味；既重视春、夏、秋、冬的季节感，也注重材料的时令性。

日本人注重等级。向个人赠礼须在私下进行，如在公开场合送礼，必须每人一份，但礼品应有档次区别。收到礼品不宜当面打开。不用手绢作礼品，因为它会联想到擦眼泪，意味着分离；赠送结婚礼品时，忌送易破易碎物品，因为“破碎”意味着良缘破裂。

日本人给老人祝寿，通常选一些有特定意义的年岁。例如61岁为“还历”，意思是过了60为1岁，返老还童；70岁为“古稀”；77岁为“喜寿”；88岁为“米寿”，因汉字“米”拆开可变成“八十八”；99岁为“白寿”，因为汉字“白”字上面加一横为“百”。

四、马来西亚

马来西亚以伊斯兰教为国教，饮食习俗禁酒，喜欢饮用椰子水、红茶、咖啡等。马来西亚的穆斯林不吃猪肉，不吃自死之物和血液，不使用一切猪制品；通常吃米饭，喜食牛肉，极爱吃咖喱牛肉饭，并且爱吃具有其民族风味的“沙爹”烤肉串。马来西亚的印度人不吃牛肉，但是可以吃羊肉、猪肉和家禽肉。

菜系中，Assam Laksa最负盛名。马来菜以辛辣驰名，椰子是主要配料。印度菜也以辛辣味特色。特色菜沙爹是经过烧烤烹调后搭配好吃的辣酱，风味十足。马来西亚的特色水果主要有榴梿、山竹、红毛丹、香蕉、木瓜等。

马来人一般十分好客，他们认为客人在主人家如果不吃不喝等于不尊重主人。平常用餐时只用右手抓食食物，左手被视为“不洁之手”，禁用其取食食物或饮料。只有在十分正规的宴请中，马来西亚人才以刀叉进餐。

马来西亚民族众多，不同民族采用不同的见面礼节。马来人的常规做法是向对方轻轻点头，以示尊重。马来人传统的见面礼节，是“摸毛礼”。其具体做法为：与他人相间时，一方将双手首先伸向对方；另一方则伸出自己的双手，轻轻摸一下对方伸过来的双手，随后将自己的双手收回胸前，稍举一下，同时身体前弯呈鞠躬状。

马来人通常只有自己的名字，而没有固定的姓氏，儿子以父名为姓，父亲则又姓祖父的名字。

任何人都不可以触摸马来人的头和背部。

五、新加坡

新加坡华人饮食习惯往往受广东、福建、海南和上海的影响，口味喜清淡、偏甜，大都喜欢饮茶；马来人多为穆斯林，忌食猪肉、狗肉、自死之物和动物的血，不吃贝壳类动物，不饮酒；印度人则不吃牛肉。在用餐时，不论马来人还是印度人都不用刀叉、筷子，而惯用右手直接抓取食物，忌用左手取食。不可触摸别人头部，不可露出脚心或鞋底。考虑到马来人的习俗，绝大部分新加坡人忌讳猪的图案和猪制品。

知识关联

新加坡主体民族有华人、马来人、泰米尔人及西方人，因此马来语、英语、华语和泰米尔语均为官方语言。马来语为国语，英语为行政用语。各民族地位平等，均称自己为新加坡人。

新加坡的特色食品有鸡肉沙爹、咖喱鱼头、叻沙、米果汁、汽锅等。

由于长期受英国的影响，新加坡已经西化，人们见面和分手时都要握手。登门拜访主人应预先约好时间。在介绍时，通常应称呼人家“某先生”、“某太太”、“某小姐”。参加社交聚会时会被介绍给每个人，但介绍得很快。

在新加坡，人们是很不赞成吸烟的。在电梯里、公共交通工具上、影院内，特别是政府办公大楼内，法律规定严禁吸烟，违者罚款。要吸烟最好征得对方同意。

新加坡全面禁售、禁食口香糖；忌讳男人留胡须、长头发；忌讳叼着烟走路、随地吐痰、吐唾沫、扔垃圾等行为，在新加坡这些行为要受到严厉的处罚。

在新加坡，用食指指人，或用紧握的拳头打在另一只张开的掌心上，或紧握拳头把拇指插入食指和中指之间，均被认为是极端无礼的动作。双手不要随便叉腰，因为那是生气的表示。用餐时不要把筷子放在碗上或装菜的盘子上，不用时也要交叉摆放，应放在托架、酱油碟或放骨片的盘子上。如果有海员、渔夫或其他爱好划船者同席，不要把盘子里吃了一半的鱼翻转过来，因为那将预示翻船。

新加坡人在新年期间不扫地、不洗头，否则好运会被扫掉洗掉；不要打破屋里的东西，尤其是不要打破镜子，因为那将预示着家庭的分裂或发生其他不幸的事；不穿旧衣，不用针和剪刀，它们会带来坏运气。

新加坡人认为“4”、“6”、“7”、“13”、“37”和“69”是消极的数字，他们最讨厌“7”，平时尽量避免这个数字。新加坡人视黑色为倒霉、厄运之色，紫色也不受欢迎。他们偏爱红色，视红色为庄严、热烈、刺激、兴奋、勇敢和宽宏之象征。他们也喜欢蓝色和绿色。新加坡忌讳“恭喜发财”之类的话，认为这样有教唆他人发“横财”和“不义之财”的意思；忌讳谈论政治、宗教的话题；忌用宗教词句和象征性标志；忌讳猪、乌龟的图案，认为是不祥的动物。

六、泰国

泰国人写死者姓名用红色，故忌用红色签名或刻字。紫色、黑色服装为丧礼服装。

泰国人见面和分手时，习惯稍低头、行合十礼(对儿童、小贩、服务员、劳工等除外)，口说“萨瓦迪卡(您好)”。商人、知识分子也流行握手礼，但男女间不握手。除和尚外，任何人不

能触摸别人头部。切忌左手服务或用左手吃东西。切忌拍打对方肩膀。切忌拿东西从别人头上掠过。切忌用手指人(可用下巴指人)。进门不能踩门槛。泰国家庭一般席地跪坐,不可盘足或两腿叉开。

与泰国人交谈要回避政治、王室等话题,不要赞美别人的婴儿(以免引起恶鬼注意),但可询问个人情况。公开批评人被视为冒犯行为,私下批评也要讲究艺术。在社交聚会上,不要与已婚妇女谈话过久,以免冒犯其丈夫。

在饮食方面,泰国人不喝热茶,忌食牛肉、海参,不喜欢酱油,不爱吃红烧菜肴、甜味菜、香蕉等。他们偏爱辛辣味,喜欢中国的粤菜、沪菜、京菜、川菜。

泰国以佛教为国教,故切忌对佛教、佛像、寺庙和和尚有不敬言行。路遇和尚应主动让路,乘车应主动给和尚让座,不得向和尚赠现金(触犯戒律)。进入寺庙前要脱鞋。泰国和尚绝对不能与女性有任何身体接触,女性在任何情况下都不能触摸和尚,否则会带来很大麻烦。

第二节　欧洲国家

案例引导

某次对外交流活动中,我邀请了三位来自英国、法国和俄罗斯的姑娘到家里做客。由于是第一次接待外国人,我有点兴奋,也有点紧张,很早就开始准备了。

经过商议,我的家人一致认为,当天的晚餐尤其重要,既要体现热情好客,又要表现得轻松自然,富于家庭氛围。因此,我们决定安排一起包饺子,让她们亲自动手来参与。中国菜肴有"山珍海味"一说,所以菜单里要有当地的特产海参和木耳。正值秋冬时节,螃蟹和狗肉也必不可少。有了这几道主菜,再加上几盘爽口的青菜豆腐,晚餐就应该没有多大问题了。晚餐后的饮品,我们首选龙井茶。

到机场欢迎时可以送一束百合花,女孩子最喜欢了。但是馈赠礼物用什么好呢?清凉油、中国结、红木筷子还是真丝围巾?对了,我还在商店里看到孔雀图案的旗袍,非常漂亮!(资料来源:熊国铭,《旅游客源地与目的地概况》,上海交通大学出版社,2012 年版。)

问题:"我"的安排计划有什么问题?

【分析】　作为第一次接待外宾的"我",准备认真,也让老外积极参加有中国特色的食品制作过程,值得肯定。但另一方面只是从中国人的喜好出发,少了一些对英、法、俄等国人们习俗的了解。首先要注意的是:西方人普通养宠物,对猫、狗特别珍爱,所以狗肉上桌是极其令人厌恶的。至于其他好恶则各个国家的认识有所不同,接下来让我们具体来看看部分欧洲国家人们的礼俗,来一探究竟吧!

一、英国

英国人的饮食式样简单,注重营养。早餐通常是麦片粥冲牛奶或一杯果汁,涂上黄油的烤面包片,熏咸肉或煎香肠、鸡蛋。英国人不愿意吃带黏汁的菜肴,忌用味精调味,也不吃狗肉。口味不喜欢太咸,爱甜、酸、微辣味,对烧、煮、蒸、烙、焗和烘烤等烹调方法制作的菜肴较偏爱,喜欢中国的京菜、川菜、粤菜。

英国的“烤牛肉加约克郡布丁”被称为国菜。这是用牛腰部位的肉,再把鸡蛋加牛奶和面,与牛肉、土豆一起在烤箱中烤制的菜肴。上桌时,还要另配些单煮的青菜。普通家庭一日三餐,以午餐为正餐。阔绰人家则一日四餐,即早餐、午餐、茶点和晚餐。

英国人普遍喜爱喝茶。“下午茶”几乎成为英国人的一种必不可少的生活习惯,即使遇上开会,有的也要暂时休会而饮“下午茶”。他们通常不喝清茶,而是在杯里倒上冷牛奶或鲜柠檬,加点糖,再倒茶制成奶茶或柠檬茶。如果先倒茶后倒牛奶会被认为缺乏教养。他们还喜欢威士忌、苏打水、葡萄酒和香槟酒,有时还喝啤酒和烈性酒,彼此间不劝酒。

英国人见面时不爱讲个人私事,而爱谈论天气,否则会受到冷遇。

英国人见面时对尊长、上级和不熟悉的人用尊称,并在对方姓名前加上职称、头衔或先生、女士、夫人、小姐等称呼。亲友和熟人之间常用昵称。初次相识的人相互握手,微笑并说“您好!”在大庭广众之下,人们一般不行拥抱礼。

英国人不轻易动感情或表态。他们认为夸夸其谈是缺乏教养的,自吹自擂是低级趣味的。人们交往时常用“请”、“对不起”、“谢谢”等礼貌用语,即使家庭成员间也一样。

在英国,送礼时最好送较轻的礼品。由于花费不多就不会被误认为是一种贿赂。英国人也像其他大多数欧洲人一样,喜欢高级巧克力、名酒和鲜花。

在英国,人们在演说或别的场合伸出手的食指和中指,手心向外,构成V形手势,表示胜利;如果有人打喷嚏,旁人就会说“上帝保佑你”,以示吉祥;竖起大拇指是拦路要求搭车之意。在英国,当地的所有车辆均沿马路的左侧行驶。英国人遵守纪律,即便是几个人上车,他们也会自觉地排队。

英国老人讲究独立,不喜欢别人称自己老,走路时不喜欢别人搀扶。

对英国人称呼“英国人”是不被接受的,因为“英国人”原意是“英格兰人”,我们通常接待的宾客,可能是英格兰人、威尔士人、苏格兰人或北爱尔兰人,而“不列颠人(Briton)”这个称呼则能让所有的英国人都感到满意。

英国人忌讳用人像、大象、孔雀作服饰图案和商品装潢,他们认为大象是愚笨的,孔雀是淫鸟,连孔雀开屏也被认为是自我吹嘘和炫耀。忌讳“3”、“13”,忌讳用同一火柴给第三个人点烟。和英国人坐着谈话忌讳两腿张得过宽,更不能跷起二郎腿。如果站着谈话,不能把手插入衣袋。忌讳当着他们的面耳语和拍打肩背;忌讳有人用手捂着嘴看着他们笑,认为这是嘲笑人的举止;忌讳送人百合花,认为百合花意味着死亡。

二、德国

德国人饮食具有自己的特色。每人每年的猪肉消费量居世界首位,人均面包消费量也高居世界榜首。德国是当今世界上著名的啤酒王国,人均啤酒消费量居世界首位。

德国的早餐比较丰盛。午餐和晚餐一般是猪排、牛排、烤肉、香肠、生鱼、土豆和汤类等。德国人招待客人讲究节约、简单，饭菜仅够主客吃饱，营养足够即可。

德国人比较注重礼节形式。在社交场合与客人见面时，一般行握手礼。与熟人、朋友和亲人相见时，一般行拥抱礼。在与客人打交道时，总乐于对方称呼他们的头衔，但他们并不喜欢听恭维的旗号。对刚相识者不宜直呼其名。

德国人对工作一丝不苟，在社交场合也举止庄重，讲究风度。德国妇女的特点是“素”，这不光体现在穿着打扮上，也体现在言谈举止上，与德国人相处时，几乎见不到他们皱眉头等漫不经心的动作，因为他们把这些动作视为对客人的不尊重，是缺乏友情和教养的表现。

德国人非常注重规则和纪律，干什么都十分认真。德国人时间观念比较强，无论是在商务上还是在私人交往上，都注重准时。德国人重视商业信誉，一般不轻易更换合作伙伴。他们在谈判时态度明朗，谈生意时一般使用商业名片。

德国人有严格遵守交通规则的习惯，不随便停车，更不会闯红灯。在列车上，大多有禁烟或可抽烟的标志。

德国人忌讳“13”和“星期五”，也不喜欢数字“88”。他们忌讳在公共场合窃窃私语，不喜欢他人过问自己的私事。

知识关联

H是德语字母表中第八个字母，德国极右翼分子常使用88暗指HH，即口号“希特勒万岁”的缩写。第二次世界大战结束后，绝大多数德国人已与纳粹划清界限，在德国公然使用88会触动德国人的敏感神经。

知识活页　准时就是帝王的礼貌

西方人一般都讲究遵守时间，德语中有“准时就是帝王的礼貌”这样一句话。德国人邀请客人，往往提前一周发邀请信或打电话通知被邀请者。如果是打电话，被邀请者可以马上口头做出答复；如果是书面邀请，被邀请者可通过电话口头答复。但不管接受与否，回复应尽可能早，以便主人做准备，迟迟不回复会使主人不知所措。如果不能赴约，应客气地说明理由。既不赴约，又不说明理由是很不礼貌的。在德国，官方或半官方的邀请信，往往还注明衣着要求，这并非多此一举，因为谁也不想在要求穿戴庄重的场合，由于穿戴不合适而出洋相。接受邀请之后如中途有变不能如约前往，应尽早通知主人，以便主人另作安排。如临时的原因，迟到10分钟以上，也应提前打电话通知主人一声，因为在德国私人宴请的场合，等候迟到客人的时间一般不超过15分钟。客人迟到，要向主人和其他客人表示歉意。电影院中的迟到，人们可以容忍，但对于音乐会的迟到，则是令人讨厌的。迟到者最好等到一幕或一个乐章结束后再入座。如等不及，要慢慢走到自己的座位上，并且要对站起来让路的人轻声说“谢谢”。赴约、赴宴，如遇交通高峰期，一定要提前出门，以免迟到。迟到固然不礼貌，但早到也欠妥。

德国人如遇正式邀请，往往提前出门，若到达时间早，便开车转一圈或在附近散散步，到时再进主人家。如果有机会到德国人的家里做客，宜比约定的时间早到10～15分钟。要是被邀请共进晚餐，可以带上一瓶酒、一小束花，或者自己做的一份菜。

(资料来源：舒静庐，《欧洲国家礼仪》，上海三联书店，2015年版。)

三、法国

作为举世皆知的世界三大烹饪王国之一，法国人十分讲究饮食。法国饮食源远流长，品种繁多，用料讲究，颇具特色，其烹调技术在西餐中首屈一指。法国菜的口味特点是香浓味纯、鲜嫩味美，注重色、形和营养。法国人烹调时喜欢用酒，肉类菜烧得不太熟，牡蛎一般都喜欢生吃，配料喜欢用蒜、丁香、香草、洋葱、芹菜、胡萝卜等，不吃辣的食品。

在肉食方面，他们爱吃牛肉、猪肉、鸡肉、鱼子酱、鹅肝，不吃无鳞鱼和带刺骨的鱼。法国人爱吃面食，面包的种类很多；他们大都爱吃奶酪，奶酪消费量居全球之首，有“奶酪王国”之称。

法国人一年到头似乎离不开酒，但贪杯而不过量。一日三餐，除早餐外，顿顿离不开酒。他们习惯于餐前用开胃酒，饭后喝干邑白兰地之类的烈性酒，佐餐时吃肉类配红葡萄酒，吃鱼虾等海味时配白葡萄酒；玫瑰红葡萄酒系通用型，既可用于吃鱼，也可用于吃肉。法国人不仅看菜下酒，什么酒用什么杯子也很有讲究。除酒水之外，法国人平时还爱喝生水和咖啡。

法国人用餐时，两手允许放在餐桌上，但却不许将两肘支在桌子上；在放下刀叉时，他们习惯于将其一半放在碟子上，一半放在餐桌上。法国女宾有化妆的习惯，所以一般不欢迎服务员为她们送香巾。

法国人在社交场合与客人见面时，一般以握手为礼，少女和妇女也常施屈膝礼。在男女之间、女士之间见面时，他们还常以亲面颊或贴面来代替相互间的握手。法国人还有男性互吻的习俗，一般要当众在对方的左、右面颊上分别亲一下。在法国一定的社会阶层中，“吻手礼”也颇为流行。施吻手礼时，注意嘴不要触到女士的手，也不能吻戴手套的手，不能在公共场合吻手，更不得吻少女的手。

法国人在餐桌上敬酒先敬女后敬男，哪怕女宾的地位比男宾低也是如此。走路、进屋、入座，都要让妇女先行。拜访告别时也是先向女主人致意和道谢。介绍两人相见时，一般职务相等时先介绍女士。按年龄先介绍年长的，按职位先介绍职位高的。若介绍的客人有好几位，一般是按座位或站立的顺序依次介绍。有时介绍者一时想不起被介绍者的名字，被介绍者应主动自我介绍。到法国人家里做客时别忘了带鲜花。

法国人在交谈时习惯于用手势来表达或强调自己的意思，但他们的手势与我们的有所不同。例如我们用拇指和食指分开表示“八”，他们则表示“二”；表示“是我”这个概念时，我们指鼻子，他们指胸膛。他们还把拇指朝下表示“坏”和“差”的意思。

在人际交往中，法国人对礼物十分看重，但又有其特别的讲究。宜选具有艺术品位的纪念意义的物品，不宜选刀、剑、餐具或是带有明显的广告标志的物品。在接受礼品时若不当着送礼者的面打开其包装，则是一种无礼的表现。

法国人把每一种花都赋予了一定的含义，所以送花时要格外小心。忌送菊花，因在当地送菊花表示对死者的哀悼。忌送黄色花，认为黄花象征不忠诚。玫瑰花只能送单数。除了表达爱情外，不能送红色花。不能送杜鹃花、纸花，认为不吉利。男士不能送红玫瑰给已婚女子。

男士忌讳送香水或化妆品给恋人、亲属之外的女人，因为这有过分亲热和图谋不轨之嫌；忌讳对老年妇女称呼“老太太”，她们会很不高兴的。

法国人忌讳“13”和“星期五”，认为这些数字隐含着凶险；忌讳黑桃图案，认为不吉祥；忌讳墨绿色，因为第二次世界大战期间德国纳粹军服是墨绿色；忌讳仙鹤图案，认为它是蠢汉和淫妇的象征；视孔雀为恶心鸟，并忌讳乌龟。

法国人视鲜艳色彩为高贵，很受欢迎；视马为勇敢的象征；认为蓝色是“宁静”和“忠诚”的色彩，粉红色是积极向上的色彩。

四、意大利

意大利人用餐十分讲究。首先是冷盘，头盘一般是各种面食、米饭、汤或其他主食等。第二盘是各种肉、鱼等，接着是各种蔬菜等，再接下来是甜品、水果和冰激凌等，最后是咖啡。意大利的比萨饼美味无比，真正的比萨饼是在烧木材的炉子上烤出来的，再加上莫兹阿勒奶酪。意大利人以各种面食类如葱卷、馄饨、通心粉、炒饭等作为菜用，而不当粮食食用。

意大利盛产葡萄酒，酒的名目繁多，是家庭中必备饮料。午餐和晚餐时，不论男女老少很少不喝葡萄酒，客人来了也以酒相待。意大利人均的年饮酒量大约 120 升，但人们很少酗酒，席间也不劝酒，各人量力而为。意大利人习惯吃西餐，以法式菜为主，大多数人也都喜欢中国饮食。他们一般重视晚餐，用餐时往往边喝酒、边聊天，一顿饭往往要一两个小时甚至更长时间。

知识关联

意大利人特别喜爱体育运动，尤其是足球。每年的甲级联赛、洲际以及国际的重要赛事都会吸引大量的球迷。因此，在这些时候，不宜给他们安排重要的活动和会议。每年 7 月中下旬和 8 月份是意大利人休年假的时间，8 月份企业基本全停，所以这段时间不能联系商务事宜。

在意大利，进餐的习惯是男女分开就座。在用餐过程中，不要把刀叉弄的叮当作响；在吃面条时，用叉子将面条卷起来往嘴里送，不可用嘴吸，尤其是在喝汤时不要发出响声。每道菜用完后，要把刀叉并排放在盘里，表示这道菜已用完。

意大利人开朗、热情，十分注意礼貌，见面有互致问候和拥抱的习惯。问候时，按情况分别称对方为“先生”、“夫人”、“小姐”等。意大利人的姓名通常由两部分组成，前面部分为名，后一部分为姓。意大利有称名而不称姓的习惯。

在意大利，互相赠送礼物也是很普遍的。意大利人交谈的话题一般有足球、家庭事务、公司事务以及当地新闻等，避免谈美式足球和政治。

女士受到尊重，特别是在各种社交场合，女士处处优先。宴会时，要让女士先吃，只有女士先动刀叉进餐，先生们才可用餐。进出电梯时,要让女士先行。

意大利习惯对死者进行土葬。各地都有公墓。大城市的公墓十分讲究,就像一座花园,里面还有许多精美的雕刻。

意大利时间观念上的要求不是很强,特别是出席宴会、招待会等活动时,习惯迟到。

意大利忌讳"13"和"星期五",认为"13"这一数字象征着噩运;"星期五"也是不吉利的象征。

意大利忌讳菊花。因为菊花是丧葬场合使用的花,因此人们把它视为"丧花"。如果送鲜花,切忌送菊花,也不能送带有菊花图案的礼品。

如果送其他鲜花时要注意送单数。红玫瑰表示对女性的一片温情,一般不宜送。

意大利忌讳用手帕作为礼品送人。他们认为手帕是擦泪水用的,是一种令人悲伤的东西。所以,用手帕送礼是失礼的,同时也是不礼貌的。

意大利还忌讳别人用目光盯视他们,认为目光盯视人是对人的不尊敬,可能还有不良的企图。在与不认识的人打交道时,忌讳用食指侧面碰击额头,因为这是骂人"笨蛋"、"傻瓜"。一般也忌讳用食指指着对方。

意大利人忌紫色,也忌仕女像、十字花图。意大利人对自然界的动物有着浓厚的兴趣,喜爱动物图案、鸟的图案,尤其是对狗和猫异常偏爱。

五、俄罗斯

在饮食习惯上,俄罗斯人讲究量大实惠,油大味厚。他们喜欢酸、辣、咸味,偏爱炸、煎、烤、炒的食物,尤其爱吃冷菜。

俄罗斯人一般以面包为主食,很爱吃用黑麦烤制的黑面包。他们喜爱牛、羊肉,但不大爱吃猪肉。俄罗斯人的早餐一般较简单,吃上几片黑面包,喝一杯酸奶就可以了。但中餐和晚餐很讲究,他们要吃肉饼、牛排、红烧牛肉、烤羊肉串、烤山鸡、鱼肉丸子、炸马铃薯、红烧的鸡和鱼等。他们爱吃中国的许多菜肴,对北京的烤鸭很欣赏,但不吃海蜇、海参、乌贼和木耳之类的食品,有的不吃虾和鸡蛋。不禁酒,也不禁食猪肉。

俄罗斯人在中餐和晚餐一定要喝汤,并且要求汤汁浓,如鱼片汤、肉丸汤、鸡汁汤等。在凉菜小吃中,他们喜吃生西红柿、生洋葱、酸黄瓜、酸白菜、酸奶渣和酸奶油拌色拉等,吃凉菜时间较长。他们喝啤酒佐餐,酒量也很大,喜欢烈性的伏特加酒,对我们国产的"二锅头"等白酒也是爱不释手。他们在喝红茶时有加柠檬和糖的习惯,通常不喝绿茶。酸奶和果汁则是妇女、儿童喜爱的饮料。吃水果时,他们多不削皮。

用餐时,俄罗斯人多用刀叉。他们忌讳用餐发出声响,并且不能用匙直接饮茶或让其直立于杯中。吃饭时,他们通常只用盘子而不用碗。

俄罗斯人性格豪放、开朗,喜欢谈笑,组织纪律性强,习惯统一行动。他们与人见面先问好,再握手致意。亲人和好友在见面和告别时,习惯于接吻和拥抱,要在面颊上连吻三下,顺序是左、右、左。在迎接贵宾之时,俄罗斯人通常会向对方献上"面包和盐",这是给予对方的一种极高的礼遇。称呼俄罗斯人要称其名和父名,不能只称其姓。目前在俄罗斯"先生"、"同志"、"公民"三种称呼并存。

俄罗斯人讲究准时。他们尊重女性,在社交场合,男士还帮女士拉门、脱大衣,餐桌上为女性分菜等。他们爱清洁，不随便在公共场所扔垃圾。他们重视文化教育，喜欢艺术品和艺术欣赏。当代俄罗斯青年中也有不少人开始崇拜西方文化。他们普遍习惯洗蒸气浴，洗法也很特别，洗时要用桦树枝抽打身子，然后用冷水浇身。

俄罗斯人酷爱鲜花，无论是生日、节日，还是平常做客，都离不开鲜花。赠送鲜花，少则一枝，多则几枝，但是必须是单数。被视为“光明象征”的向日葵最受人们喜爱。妇女节时，给女友送相思花；送给男人的花一般是高茎、颜色艳丽的大花；对方有人去世时，要送双数的鲜花，可以送康乃馨或郁金香。

通常情况下，俄罗斯人在寒暄、交谈时，对人的外表、装束、身段和风度都可以夸奖，而对人的身体状况不能恭维，这习惯正好与中国人不同。在俄罗斯，几乎听不到诸如“您身体真好”、“您真健康、不生病”这些恭维话，因为在俄罗斯人的习惯中，这类话不准说。

与俄罗斯人交往不能说他们小气。初次见面不可问对方私事。不能与他们在背后议论第三者。对妇女忌问年龄。

俄罗斯人认为，如果在路上看见有人手提空桶，或者挑着两只空桶，是不祥之兆。如果遇见桶里盛满了水，就是好兆头。俄罗斯人也不喜欢“666”这个数字，认为它是魔鬼。俄罗斯人特别忌讳“13”，认为它是凶险和死亡的象征。相反，认为“7”意味着幸福和成功。俄罗斯人忌讳黑色，不喜欢黑猫，认为它不会带来好运气。俄罗斯人认为镜子是神圣的物品，打碎镜子意味着灵魂的毁灭。但是，如果打碎杯、碟、盘则意味着富贵和幸福，因此在喜筵、寿筵和其他隆重的场合，他们还特意打碎一些碟盘表示祝贺。俄罗斯人通常认为马能驱邪，会给人带来好运气，尤其相信马掌是表示祥瑞的物体，认为马掌既代表威力，又具有降妖的魔力。

知识关联

在基督教世界里，传说魔鬼撒旦是公元6年6月6日出生，所以西方人普遍不喜欢“666”这个数字。

第三节　美洲国家

美洲国家除了美国、加拿大与中国往来非常密切，再就是巴西、墨西哥、阿根廷等国与中国有着越来越多的联系。由于美洲国家普遍有过欧洲国家殖民的历史，主流文化与西方文化比较接近，通常旅游接待人员了解了欧洲国家的礼俗，大致也能掌握美洲国家人们的喜忌，这里我们谈谈美国和加拿大的基本习俗。

一、美国

美国人早餐一般在家中吃，比较简单，有果汁、麦片、咖啡、香肠、鸡蛋等。午餐一般食用快餐，像三明治、汉堡包、热狗等，加上一些蔬菜和饮料。晚餐是一天中最丰盛的，如在家中吃饭，通常的主菜是牛排、猪排、烤肉、炸鸡等，再配以青菜、面包、黄油等。

许多人有到餐馆中吃晚餐的习惯，晚餐的最后一道菜是甜食，最后再喝一杯咖啡。此外美国人还喜欢在睡觉前吃些小吃，孩子们大都是喝牛奶、吃块小甜饼，而成年人则吃些水果和糖。

美国人用餐一般不追求精细,但追求快速和方便。主食是肉、鱼、菜类,面包、面条、米饭是副食。美国人一般喜欢比较清淡口味,喜欢凉拌菜,还喜吃嫩肉排。

美国人的主要饮料是咖啡,茶也很受欢迎。除此之外,可乐和各种果汁也是其主要饮料。喝饮料时大都喜欢方冰块,如不加冰块必须事先声明。他们还喜欢喝啤酒、葡萄酒或其他酒类饮品。加州所产的优质酒很受欢迎,但更多人则喜欢鸡尾酒。

一般而言,美国人以不拘礼节、自由自在著称,习惯主动和人打招呼。只在正式场合行握手礼,一般场合见面时相视一笑,说声"嗨!"或"哈罗!"即为见面礼节。

初次见面,相互介绍也很简单,介绍后握手须简短有力。若女士无意主动伸手,则男士点头或鞠躬致意即可。关系密切的亲朋之间,可行亲吻礼。对于别人的握手、拥抱、吻手、注目、点头等礼节,美国人也以同样的方式回礼。告别时也不必握手,挥挥手说声"再见!"即可。

美国人相互称呼一般直呼姓名,不用"先生"、"太太"、"小姐"等称呼,一般也不用正式头衔;只对法官、医生、高级官员、教授、高级神职人员称呼头衔;一般不用职务作为称呼;称呼长者忌用"老"字。

美国人十分重视隐私权,最忌讳打听别人的私事。交谈时重视礼貌用语,注意保持一定距离,声音不可太大,不可大笑。惊讶时不可伸舌头,这是污辱他人之举。美国人交谈、示意喜欢用手势,习惯于打完招呼即谈正事,不把互赠名片视为礼节,送名片只为便于日后联系,并不期待他人回送。

美国人重视生日,尤其是孩子的生日,应邀出席生日聚会的客人应送礼以示祝贺。

美国人认为"13"不吉利,因而回避这个数字,"星期五"也被认为是不吉利的日子。

美国人讨厌蝙蝠,认为是凶神恶煞的象征。黑猫也被看成是不吉利的动物,如果黑猫从面前经过就认为会倒霉。美国虔诚的清教徒最忌讳轻慢地谈论上帝,甚至"混蛋"、"该死"之类的词也被看成对上帝不恭而属于禁忌之列。美国人出于礼貌而不用一根火柴为3个人点烟。在街道上行走时,鞋子"啪啪"作响是没修养的行为。美国人忌讳穿着睡衣出门或会客,因为他们认为穿着睡衣会客等于没有穿衣服,是一种没有礼貌的行为。

二、加拿大

加拿大人的早餐最简单,通常是烤面包、鸡蛋、咸肉和饮料。午餐一般从家里带,或在快餐店、单位食堂就餐。午餐食品也很简单,通常是三明治面包、饮料和水果。在工商企业或政府部门,除午餐时间外,上午10点和下午3点还有15分钟的休息时间,雇员可以喝些咖啡或茶,吃些点心。晚餐一般是一天中最丰盛的正餐,全家人团聚,共进晚餐。正规的晚餐主食有鸡、牛肉、鱼或猪排,加上土豆、胡萝卜、豆角等蔬菜和面包、牛奶、饮料等。

加拿大人忌食各种动物的内脏,也不爱吃肥肉。

加拿大人朴实、友善、随和,易于接近,熟人见面直呼其名,握手拥抱。在正式的社交场合则十分注重礼节。交谈要选择大家共同感兴趣的话题,喜欢谈论天气和政治,忌讳涉及私人生活和隐私的话题。

加拿大人不随便送礼,但在遇到分别、朋友过生日或结婚时都要送礼,并附上一张签名的贺卡。礼品的包装很重要，一般都要用彩色礼品纸包好，并扎上彩带等加以装饰。礼品一定要当面打开，不论礼品大小、贵贱，都应对送礼者表示感谢。

加拿大人十分注重公众场合的文明礼貌。在教堂做礼拜时，要穿着整齐，不随便说话、吃东西、出入。在影剧院看戏、听音乐会，要衣着整齐，同时还要在开演前入座。节目开始后，一般不准再入场，直到中间休息才能入场。

加拿大人中英裔主要信奉基督教新教，法裔主要信奉天主教，虽禁忌不完全相同，但大致一样。加拿大人信奉《圣经·旧约》中的摩西"十诫"，凡是关系到圣人、圣事的，不能直呼其名，不能说失礼的话。

在家中吃饭时，不能说使人悲伤的事，也不能谈与死亡有关的话题。在家中不能吹口哨，不能呼唤死神。尽量不要在梯子下面走，不要把玻璃制品打碎，不要把盐弄洒。孩子出生后要施洗礼，长到 11 岁要举行向上帝宣誓仪式。

加拿大人忌讳说"老"字，年纪大的人被称为"高龄公民"，养老院被称为"保育院"。

加拿大人在送礼时，不送白色的百合花，因为白色的百合花是追悼会用的。一般也不喜欢黑色和紫色。

第四节　大洋洲国家

澳大利亚和新西兰是大洋洲最具影响力的两个国家，他们都有过被大英帝国殖民的历史，居民中也以欧洲移民为主，但是当地的土著居民也有一定的社会地位。因此，作为旅游接待人员要认识这两个国家的民俗礼仪，同样需要认识欧洲人的基本习俗，然后也要了解一些当地土著居民的文化特征，方能更好地与他们交往。

一、澳大利亚

澳大利亚土著居民以狩猎为生，独特的狩猎武器为"飞去来器"，盛行图腾崇拜。土著居民往往赤身裸体，或在腰间扎一条围巾，或围巾披在身上。有的佩戴臂环、项圈、前额箍和骨制鼻针，装饰品丰富多彩。节日时，人们还在身上涂上各种颜色。

澳大利亚盛产海鲜，乳类食品质量上乘，其出产的葡萄酒享誉全球。澳大利亚人在饮食上以吃英式西菜为主，一般喜欢吃牛肉、羊肉、鸭、蛋、野味等。菜品要清淡，讲究花样，不吃辣，对中国菜颇感兴趣；爱吃各种煎蛋、炒蛋、冷盘、火腿、虾、鱼、西红柿等。西餐喜欢吃奶油烤鱼、炸大虾、什锦拼盘、烤西红柿等。他们爱喝牛奶和啤酒，对咖啡很感兴趣。

澳大利亚人很讲究礼貌，在公共场合不大声喧哗，秩序井然。握手是一种相互打招呼的方式，拥抱亲吻的情况不多。澳大利亚同英国一样有"女士优先"的习惯；他们非常注重公共场所的仪表，男子大多数不留胡须，出席正式场合时西装革履，女性是西装上衣加西装裙。澳大利亚人的时间观念很强，约会必须事先联系并准时赴约。澳大利亚人待人接物都很随和。

澳大利亚人对兔子特别忌讳，认为兔子是一种不吉利的动物，人们看到它会感到倒霉。与他们交谈时，宜多谈旅行、体育运动等。

二、新西兰

新西兰人用欧洲大陆式的用餐方式,即左手握叉,右手拿刀。新西兰对酒类限制很严,经特许售酒的餐馆,也只能售葡萄酒;可售烈性酒的餐馆,客人必须买一份正餐,才准许喝一杯。但啤酒销售量相当大,人均消耗量名列世界前茅。

新西兰人见面和告别均行握手礼,习惯的握手方式是紧紧握手,目光直接接触,男士应等候妇女先伸出手。鞠躬和昂首也是他们的通用礼节。初次见面,身份相同的人互相称呼姓氏,并加上"先生"、"小姐"等,熟识之后,互相直呼其名。

在新西兰,毛利人仍保留着浓郁的传统习俗。他们大都信奉原始的多神教,还相信灵魂不灭,尊奉祖先的精灵。每遇重大的活动,他们便照例要到河里去做祈祷,而且还要相互泼水,以此表示宗教仪式上的纯洁。他们有一种传统的礼节:当遇到尊贵的客人时,要行"碰鼻礼",即双方要鼻尖碰鼻尖两三次,然后再分手离去。据说,按照其风俗,碰鼻子的时间越长,就说明礼遇越高,越受欢迎。毛利人的舞蹈别具一格,鲜艳的民族服装、美丽的花环、项上挂着的绿佩玉以及腰上系着的蒲草裙充分展现了毛利人独特的民族风情,其迎宾舞蹈则成为新西兰官方迎接贵宾的最高礼仪。给毛利人拍照,一定要事先征得其同意。

新西兰人时间观念很强,约会须事先商定,准时赴约。交谈以气候、体育运动、国内外政治、旅游等话题为宜,避免谈及个人私事、宗教、种族等问题。应邀到新西兰人家里做客,可送给男主人一盒巧克力或一瓶威士忌,送给女主人一束鲜花。礼物不可过多,不可昂贵。

当地大部分居民是英国人的后裔,因此,这里流传有许多英国人的手势语和示意动作的习俗。他们对大声喧嚷和过分地装腔作势会表示不满,当众嚼口香糖或用牙签被认为是不文明的行为。新西兰人性格拘谨,即使观看电影,也往往男女分场观看。

第五节　非洲国家

案例引导

埃及东方舞俗称"肚皮舞",是埃及人们最喜闻乐见的舞蹈,盛行于开罗等大城市的高级宾馆、夜总会和城乡婚礼上,频频出现在电影中。一种说法是它源于古埃及人对专司生育女神的崇拜。还有一种说法是它源于土耳其,初为供帝王寻欢作乐的宫廷舞。东方舞为女子舞蹈,多为独舞。专业演员称为东方舞舞女或舞星,而不能称舞蹈家。舞女首先必须有一副迷人的好身段,她应丰乳肥臀,曲线优美,不瘦不胖。其演出时,一般头戴亮片环,胸前挂着闪亮的一丝丝短条,小肚下飘垂着一条条金色的尼龙绸带,露肚、裸腿、赤足。定睛细瞧,腹部有一层薄薄的肉色尼龙纱,沿后脊背有一条拉锁。乐声起,她随着鼓点和悠扬的阿拉伯曲调,张开双手,舒展腰肢,颤抖腹部,动作轻松活泼,欢乐明快。舞蹈以颤抖和扭摆胸、腹、腰、臀为主

要特点，自始至终，身上的肌肉处于抖动状态。演技精湛的舞女可自如地控制腹部任何一块肌肉，令其发颤，而周围肌肉全然不动。舞姿自然不拘，无统一动作，两手自然配合屈伸，脚步移动不大，边走边扭，有时停步颤腹抖臂。每个舞女各有其独特的风格，或以轻松舒展、柔软优美出名；或以热情奔放、活泼欢乐见长；或以颤抖剧烈、难度大为特色。

东方舞在埃及人民群众中有着广泛而深刻的影响，是其他任何艺术形式无法比拟的。

问题：东方舞究竟是一种什么样的舞蹈？对它的评价如何？

【分析】 对于东方舞，埃及上下众说纷纭、褒贬不一、毁誉参半。埃及文化部规定，东方舞不允许在正式舞台上演出，它与暴力、色情同属电视禁演之列。但是大多数到埃及旅游观光的游客都愿意一睹东方舞舞女的“风采”，在埃及旅游接待安排中往往有此一项内容。而这与传统的埃及民俗又有什么不同呢？下面我们来看看。

一、埃及

埃及人的主食有米饭、面包等，荤菜有牛肉、羊肉等，素菜有洋葱、黄瓜等。埃及人通常以“耶素（不发酵的平圆形埃及面包）”为主食，进餐时与“富尔（煮豆）”、“克布奈（白乳酪）”、“摩酪赫亚（汤类）”一并食用。他们喜食羊肉、鸡、鸭、鸡蛋以及豌豆、洋葱、南瓜、茄子、胡萝卜、土豆等。在口味上，一般要求清淡、甜、香、不油腻。串烤全羊、烤全羊是他们的佳肴。

他们习惯用自制的甜点招待客人，客人如果谢绝一点也不吃会让主人失望，也失敬于人。埃及人在正式用餐时，忌讳交谈，否则会被认为是对神的亵渎行为。他们习惯用右手就餐，认为左手不洁净，忌用左手与他人接触或给别人递送食物及其他物品。认为左手是肮脏、下贱之手，因此使用左手为他们服务是蔑视人的做法，并有污辱人的意思。

埃及人一般都遵守伊斯兰教教规，忌讳喝酒，喜欢喝红茶。他们有饭后洗手、饮茶聊天的习惯。他们爱喝一种加入薄荷、冰糖、柠檬的绿茶，认为这是解渴提神的佳品。他们忌吃猪肉、狗肉，也忌谈猪、狗；不吃海参、虾、蟹等怪状海味；不吃除肝以外的动物内脏；不吃鳝鱼、甲鱼等怪状的鱼。埃及人还不吃红烩带汁和没熟透的菜，不喜欢吃整鱼和带骨刺的鱼。埃及人大多信奉伊斯兰教。他们绝对禁食自死物、血液和猪肉，以及未诵真主之名而宰杀的动物，也禁止使用猪制品。

当地人就餐前一般都要说：“以大慈大悲真主的名义”。请客时菜肴丰盛，气氛热烈，主人总是希望客人多吃点。

埃及人与朋友相见时，常称呼对方为“阿凡提”，意思是“先生”，原来这一称呼只限于王室，现在已被广泛使用。

埃及人与宾朋相见或送别时，一般都惯以握手为礼，或施“拥抱礼”。他们还时兴“亲吻礼”，并有多种亲吻礼节，如男女亲昵性亲吻、抚爱性亲吻、敬重性亲吻、崇敬性亲吻。“亲手礼”往往是对恩人的“亲吻礼”的另一种形式。“飞吻”是情人间的一种亲吻礼。“亲脸”多是妇女们相见时的一种礼节,即先亲一下右颊,后亲左颊;若是亲戚或关系密切者,再亲一下右颊。男人间也亲吻,不过他们是先亲左颊,再亲右颊;若是亲戚或关系密切者,再亲一下左颊。

埃及人谈话时习惯靠近些,他们的目光注视对方但不盯视。他们认为用手指招呼人是不礼貌的。

在埃及,忌讳夸人身材苗条,因为他们认为体态丰腴才算美。埃及人忌讳称道别人家里的东西,忌讳谈论宗教纠纷和中东政局及男女关系,男士不主动和妇女攀谈。

埃及人喜欢金字塔形莲花图案,喜爱绿色、白色、红色、橙色,忌讳蓝色和黄色,认为蓝色是恶魔,黄色是不幸的象征,因此他们常把蓝天说成是绿色的;禁穿有星星图案的衣服,有星星图案的包装纸也不受欢迎;忌讳猪、狗、猫、熊。埃及人喜爱数字"3"、"5"、"7"、"9",忌讳"13"。他们忌讳当众吐唾沫,认为这是对仇人的诅咒举动。埃及人特别忌讳谈"针"这个字和找别人借针。下午3—5点,商人决不卖针,人们也不买针,即使有人愿意出10倍的价钱买针,店主也会婉言谢绝。

按伊斯兰教义,妇女的"迷人之处"是不能让丈夫以外的人窥见的;即使是同性之间,也不应相互观看对方的私处,因此,短、薄、透、露的服装是禁止的;哪怕是婴儿的身体也不应没有遮盖,因此街上也不见公共澡堂。在埃及,看不见袒胸露背或穿短裙的妇女,也遇不到穿背心和短裤的男人。在埃及,穿背心、短裤和超短裙是严禁到清真寺去的;进伊斯兰教清真寺时务必脱鞋,且举止恭敬,态度虔诚,忌讳踩祈祷用的铺垫。

埃及人讨厌打哈欠,认为哈欠是魔鬼在作祟。一个人若打哈欠,便如同犯罪似的急忙说:"请真主宽恕"。打喷嚏认为不一定是坏事,一个人如果在众人前打喷嚏,则说:"我作证:一切非主,唯有真主。"而旁边的人则说:"真主怜爱你。"他接着说:"真主宽恕我和大家。"

二、南非

南非当地白人平日以吃西餐为主,经常吃牛肉、鸡肉、鸡蛋和面包,爱喝咖啡与红茶。南非黑人喜欢吃牛肉、羊肉,主食是玉米、薯类、豆类;不喜生食,爱吃熟食。

南非著名的饮料是如宝茶。在南非黑人家做客,主人一般送上刚挤出的牛奶和羊奶,有时是自制的啤酒。客人一定要多喝,最好一饮而尽。

南非社交礼仪可以概括为"黑白分明"、"英式为主"。所谓"黑白分明"是指受到种族、宗教、习俗的制约,南非的黑人和白人所遵从的社交礼仪不同;"英式为主"是指在很长的一段历史时期内,白人掌握南非政权,白人的社交礼仪特别是英国式社交礼仪广泛地流行于南非社会。

以目前而论,在社交场合,南非人所采用的普遍见面礼节是握手礼,他们对交往对象的称呼则主要是"先生"、"小姐"或"夫人"……在黑人部族中,尤其是广大农村,南非黑人往往会表现出与社会主流不同的风格。比如,他们习惯以鸵鸟毛或孔雀毛赠予贵宾,客人此刻得体的做法是将这些珍贵的羽毛插在自己的帽子上或头发上。

南非人视羊为宠物,对双角卷曲的羚羊尤为喜爱。信仰基督教的南非人,忌讳数字"13"和"星期五"。南非黑人非常敬仰自己的祖先,他们特别忌讳外人对自己的祖先言行失敬。与南非人交谈,有四个话题不宜涉及:一是不要为白人评功摆好;二是不要评论不同黑人部

族或派别之间的关系及矛盾;三是不要非议黑人的古老习惯;四是对方生了男孩不要向对方表示祝贺。

本章小结

本章通过对亚洲、欧洲、北美洲、大洋洲和非洲十几个主要的旅游客源国与目的地国(地区)民俗风情进行介绍,了解各国(地区)在饮食、礼俗、信仰等方面的不同,有利于旅游接待人员在与相关国家(地区)人们交往过程中,进行更加恰如其分的接待工作;也能够使旅游者更好地融入相关国家(地区)人们的社会生活,避免产生不必要的麻烦。

思考与练习

1. 与台湾同胞交往,哪些礼物是不能赠送的?
2. 日本与韩国的饮食各有什么特点?
3. 欧美国家的人们为什么普遍不喜欢“13”和“星期五”?
4. 与南非人交谈,有哪些话题不宜涉及?

案例分析

在许多国家,中国游客都是一个非常鲜明的群体。不少中国游客的不文明行为给外国人留下了非常深刻的印象,也严重影响了中国的形象。对于中国游客的特点,导游们是最有发言权的。

一、泰国导游:“心软带不了中国大陆团”

“我这人心太软,带不了中国大陆团。”提到中国游客,50多岁的泰国导游荣差用很流利的汉语说。他是曼谷一家旅行社的老导游了,他说,中国大陆来泰国的旅游团,很多都是低于成本价的“零团费”团。到了泰国后,旅行社压缩在景点的时间,拉着游客到处购物,并且安排很多表演、娱乐的自费项目。吃饭在街边大排档,住宿也不是当初承诺的星级酒店。荣差认为,造成这种现象屡禁不止的原因,是中国国内的旅行社欺诈性地压价竞争,不管三七二十一,把人骗来了再说。到了泰国,中国游客和导游吵架、打架的现象十分普遍。荣差说:“大家在低档宾馆里吵成一团,小孩哭、大人叫。你说中国的形象能不受影响吗?泰国导游也没办法,只能硬下心来。你们吵吧、闹吧,我找个地方睡觉去了。”荣差说,他没有铁石心肠,没法把老人孩子扔在一边不管,所以公司就安排年轻导游带大陆团。

小红是泰国人,和中国人合伙开了家旅行社,以接待中国大陆游客为主。她会说汉语,公司人手不够时也亲自带团。她说,带中国团有"三怕":一怕声音太大,说话声音大,吃饭声音也大,常吼得周围的泰国人不知所措;二怕动不动就吵架,稍谈不拢就发火,不只是和导游吵,夫妻当众吵嘴的情况也有,甚至还有在公共场合大打出手的,吓得导游只好叫警察;三怕服务完扬长而去,不给小费,也不觉得不好意思。总之,许多中国大陆游客好像没受过教育的人刚出门,什么也不懂,口气又大得很,看似财大气粗,可一到价格稍贵一些的地方,就沉不住气了,责怪导游"宰人"。

二、美国导游:"中国游客往往不拘小节"

在美国,中国游客的形象比较鲜明:在公共场合吐痰、大声喧哗、随手扔垃圾、吃自助餐不给小费等等,似乎都是中国人的专利。斯科特当导游已经5年多了,每月至少接待3个团,其中不少是中国人。他说很多中国客人往往"不拘小节",到了一处景点,根本不理会导游的解说,也没有心思欣赏风景,而是不停地交头接耳,拍照留影;一些人没有时间观念,常常是最后"归队"的成员,有时候把他急得团团转。

"不可否认,美国当地华人也有不良习惯,但他们与短期来美度假的人有所不同。"一名不愿透露姓名的马里兰州华人社团的负责人告诉记者,许多赴美旅游的中国游客往往沉浸在新鲜感中,忽略了尊重当地礼仪这些软文化规则,加上生活习惯和语言沟通的障碍,给当地人留下不良的形象。"这既是文化观的冲突,也是公民社会道德意识的矛盾。"

三、日本:为中国游客提供专门标识

不论在大阪还是在东京,不少公共卫生间里都用中文写着类似"卫生间是给大家用的,请您保持卫生间的干净"等字样,而且这种字条只有中文的,并不像日本机场里所有的标识会有日、英、韩、中四种文字。不难想象,比我们先一步来到日本的同胞,把不重视公共环境的陋习带到了这里,做了一些让人家不高兴而且不得不提醒的事,而这样的字条,又像一块抹不去的记录牌,让每个来到这里的中国人蒙羞。

一位专门负责给中国旅游团当导游的日本朋友说,中国游客最让她感到担心的就是到哪里都大大咧咧,不仅说话声音大,还表现出财大气粗的样子,稍微不顺心就发脾气。特别是到了日本的景点显得非常莽撞,胡乱拍照,大声议论。有的地方明明写着"土足禁止"(意译为换拖鞋入内)。可是,很多中国人看都不看就穿着鞋到处踩。你告诉他换拖鞋,还有人理直气壮地辩护,我们中国人到这种地方就是不换拖鞋。(资料来源:http://news.cctv.com/china/20131009/100518.shtml。)

分析:

1. 造成出境中国游客在外国导游眼中是"不拘小节"鲜明群体的原因是什么?

2. 倘若你是出境旅游团的领队,针对这些情况,应对游客做好哪些提醒工作?

本课程阅读推荐

[1]舒静庐.亚洲国家礼仪[M].上海:上海三联书店,2015.

[2]杨白劳.最冷和最热的俄罗斯[M].北京:现代出版社,2013.
[3]熊国铭.旅游客源地与目的地概况[M].上海:上海交通大学出版社,2012.
[4]金正昆.涉外礼仪教程[M].北京:中国人民大学出版社,2010.
[5]威尔森.文化的震撼:埃及[M].王岩,译.北京:旅游教育出版社,2008.

参考文献

References

[1] 艾米莉·博斯特. 礼仪——雕饰最优雅的你[M]. 西安:陕西师范大学出版社,2009.
[2] 里希克. 文化的震撼:南非[M]. 孟艳梅,译. 北京:旅游教育出版社,2009.
[3] 森娜. 民间节日:北美民俗文化阅读[M]. 张金芹,译. 北京:外文出版社,2006.
[4] 托卡列夫. 世界宗教简史[M]. 魏庆征,译. 北京:中央编译出版社,2011.
[5] 威尔森. 文化的震撼:埃及[M]. 王岩,译. 北京:旅游教育出版社,2008.
[6] 蔡践. 礼仪大全[M]. 北京:当代世界出版社,2007.
[7] 陈联,王欢芳. 现代公共礼仪[M]. 长沙:中南大学出版社,2008.
[8] 顾颉刚. 民俗论文集[M]. 北京:中华书局,2011.
[9] 金常德. 现代交际礼仪[M]. 大连:大连出版社,2012.
[10] 金正昆. 服务礼仪教程[M]. 4 版. 北京:中国人民大学出版社,2014.
[11] 金正昆. 涉外礼仪教程[M]. 北京:中国人民大学出版社,2010.
[12] 吕大吉. 宗教学通论新编[M]. 北京:中国社会科学出版社,2012.
[13] 梅宪宾. 现代公共礼仪[M]. 北京:人民出版社,2013.
[14] 欧阳正宇. 西部民族民俗旅游[M]. 北京:北京大学出版社,2014.
[15] 彭蝶飞. 酒店服务礼仪[M]. 上海:上海交通大学出版社,2011.
[16] 全国导游人员资格考试教材编写组. 全国导游基础知识[M]. 北京:旅游教育出版社,2016.
[17] 任聘. 中国民间禁忌[M]. 济南:山东人民出版社,2012.
[18] 舒静庐. 亚洲国家礼仪[M]. 上海:上海三联书店,2015.
[19] 舒静庐.《欧洲国家礼仪》[M]. 上海:上海三联书店,2015.
[20] 王琦. 旅游实用礼仪[M]. 北京:清华大学出版社,2010.
[21] 王丽华,谢彦君. 旅游服务礼仪[M]. 北京:中国旅游出版社,2016.
[22] 王兴斌. 中国旅游客源国概况[M]. 6 版. 北京:旅游教育出版社,2013.
[23] 王志成. 当代宗教多元论[M]. 北京:宗教文化出版社,2013.
[24] 伍海琳. 旅游礼仪[M]. 长沙:湖南大学出版社,2009.
[25] 吴忠军. 中外民俗[M]. 4 版. 大连:东北财经大学出版社,2015.
[26] 乌丙安. 中国民俗学[M]. 长春:长春出版社,2014.
[27] 乌丙安. 中国民间信仰[M]. 长春:长春出版社,2014.

[28] 熊卫平.现代公关礼仪[M].北京:高等教育出版社,2011.

[29] 薛建红.旅游服务礼仪[M].3版.郑州:郑州大学出版社,2014.

[30] 熊国铭.旅游客源地与目的地概况[M].上海:上海交通大学出版社,2012.

[31] 鄢向荣.旅游服务礼仪[M].北京:科学出版社,2013.

[32] 杨白劳.最冷和最热的俄罗斯[M].北京:现代出版社,2013.

[33] 周晨萌.风土人情读本[M].北京:对外经济贸易大学出版社,2010.

[34] 中国旅游饭店业协会.中国饭店行业服务礼仪规范(试行)[M].北京:旅游教育出版社,2007.

[35] 张金霞.导游接待礼仪[M].北京:旅游教育出版社,2007.

[36] 张良采,尚秉和.中国风俗史[M].北京:中国社会科学出版社,2012.

[37] 赵杏根.中国民俗学通识[M].南京:东南大学出版社,2011.

[38] 杨建新.中国少数民族通论[M].北京:民族出版社,2009.

[39] 周国宝,张慎霞.现代国际礼仪[M].广州:华南理工大学出版社,2006.

[40] 常州中华恐龙园有限公司,常州市标准化协会.主题公园服务规范(GB/T1.1—2009).[EB/OL].[2011-12-01].http://www.lwcj.com/ztgy/w/Regulations00001_1.html.

[41] 国家旅游局办公室.国家旅游局关于旅游不文明行为记录管理暂行办法.[EB/OL].[2016-05-26].http://www.cnta.gov.cn/zwgk/201605/t20160530_772536.shtml.

教学支持说明

全国普通高等院校旅游管理专业类“十三五”规划教材系华中科技大学出版社“十三五”规划重点教材。

为了改善教学效果，提高教材的使用效率，满足高校授课教师的教学需求，本套教材备有与纸质教材配套的教学课件(PPT电子教案)和拓展资源(案例库、习题库视频等)。

为保证本教学课件及相关教学资料仅为教材使用者所得，我们将向使用本套教材的高校授课教师免费赠送教学课件或者相关教学资料，烦请授课教师通过电话、邮件或加入旅游专家俱乐部QQ群等方式与我们联系，获取“教学课件资源申请表”文档并认真准确填写后发给我们，我们的联系方式如下：

地址：湖北省武汉市东湖新技术开发区华工科技园华工园六路

邮编：430223

电话：027-81321911

传真：027-81321917

E-mail:lyzjjlb@163.com

旅游专家俱乐部QQ群号：306110199

旅游专家俱乐部QQ群二维码：

群名称：旅游专家俱乐部
群　号：306110199

教学课件资源申请表

填表时间：________年____月____日

1. 以下内容请教师按实际情况写，★为必填项。
2. 学生根据个人情况如实填写，相关内容可以酌情调整提交。

★姓名		★性别	□男 □女	出生年月		★ 职务	
						★ 职称	□教授 □副教授 □讲师 □助教
★学校				★院/系			
★教研室				★专业			
★办公电话		家庭电话				★移动电话	
★E-mail（请填写清晰）						★QQ 号/微信号	
★联系地址						★邮编	

★现在主授课程情况		学生人数	教材所属出版社	教材满意度
课程一				□满意 □一般 □不满意
课程二				□满意 □一般 □不满意
课程三				□满意 □一般 □不满意
其　他				□满意 □一般 □不满意

教 材 出 版 信 息		
方向一		□准备写 □写作中 □已成稿 □已出版待修订 □有讲义
方向二		□准备写 □写作中 □已成稿 □已出版待修订 □有讲义
方向三		□准备写 □写作中 □已成稿 □已出版待修订 □有讲义

请教师认真填写表格下列内容，提供索取课件配套教材的相关信息，我社根据每位教师/学生填表信息的完整性、授课情况与索取课件的相关性，以及教材使用的情况赠送教材的配套课件及相关教学资源。

ISBN（书号）	书名	作者	索取课件简要说明	学生人数（如选作教材）
			□教学 □参考	
			□教学 □参考	

★您对与课件配套的纸质教材的意见和建议，希望提供哪些配套教学资源：